雍正

關於作者

南宮不凡

自小學五年級暑假無意中看到《三國志》，開始對歷史產生莫名狂熱，國一時已經讀完柏楊版《白話題治通鑑》與《二十四史》。

白天是認真負責的科技公司小主管，晚上化身成為歷史名人研究專家，對於古今中外的名人有相當專精而獨到的看法。

對於中國帝王學尤其偏愛，耗時近十年，在繁浩的歷史典籍史料、民間流傳軼事中去蕪存菁，經過反覆的消化、整編，運用古典小說形式，完成秦始皇、漢文帝、漢武帝、唐太宗、宋太祖、成吉思汗、明太祖、康熙、雍正、乾隆、孫中山、毛澤東等十二位深具特色的領袖人物少年時代的風雲變幻。

書中每一位主宰歷史的偉大人物，都蘊藏著一部感人至深的故事。書中將這些領袖人物的親情、友情、愛情，以及自身對命運的努力和追求都融入到了扣人心弦的故事情節當中。

作者的生花妙筆讓書中主角仿如活生生的重現眼前，讓讀者深切感受他們的理想、信唸、胸懷、情操，對我們學習如何做人、做學問、做事業都有很大的益處。尤其對於青少年朋友來說，這些故事除了好看之外，更是瞭解歷史、啟迪人生的最佳朋友。

總序

「江山如此多嬌，引無數英雄競折腰。」五千年的歷史風煙，數百計的王朝興替，太多的帝王傳奇，讀來無不令人盪氣迴腸、掩卷低吟。中華帝王自秦統一六國起，秦皇漢武、唐宗宋祖、一代天驕成吉思汗……或以蓋世雄才稱霸天下、或以雄韜偉略彪炳史冊、或以勤政愛民流芳千古、或以絕妙文采震古鑠今，譜寫了一曲曲世世代代傳唱不衰的浩氣長歌。

當我們追溯這些歷史巨人的足跡，不難發現他們建立豐功偉業時大多數始於風華正茂、才思敏捷的青少年時期：秦始皇十三時歲即位，二十一歲時正式「親理朝政」，三十九歲終於完成了統一中國的歷史大業；唐太宗十六歲應募勤王，嶄露頭角，十八歲晉陽起兵反隋，並成為獨當一面的大將軍；康熙皇帝十四歲親政，十六歲智擒權臣鰲拜，二十歲剷撤三藩，三十歲南收台灣，三十二歲北拒沙俄；國父孫中山十三歲便遠離家鄉，由香港乘船赴夏威夷，去實現「有慕西學之心，窮天地之想」的志向……他們追求卓越的精神和把握機遇的能力，以及在一連串關乎國家前途命運的抉擇中所表現出來的少年睿智、堅毅果敢、沉著隱忍、顧全大局、百折不撓的性格特質，無不令人肅然起敬。這一切對今天的青少年朋友都具有極大的啟迪、教育和滲透力。正是基於這一點，我們編撰了《少年帝王》這套系列書籍。

本系列書籍選取了中國歷史上的十大著名帝王和近代孫中山、毛澤東兩位來做為陳述的主體，在史料記載和民間傳說的基礎上，運用中國古典小說形式，向讀者展示秦始皇、漢文帝、漢武帝、唐太宗、宋太祖、成吉思汗、明太祖、康熙、雍正、乾隆、孫中山、毛澤東這些九五之尊和開國領袖少年時代的風雲變幻和個人奮鬥歷程。

正所謂高山仰止，以上這些主角有的脫穎於帝王之家，有的揚名於行伍之中爍古有的雄起於部落之上、有的崛起於市井之鄉；或雄才、或豪邁、或隱忍、或倔強，文治武功各有偏長，運籌帷幄隨才器使。但無一例外的是，他們都憑藉著自身的努力，在風雲際會中抓住了歷史的機遇，走上了成功的頂峰。

這些主宰歷史的偉大人物，都蘊藏著一部感人至深的故事。作者將這些領袖人物的親情、友情、愛情，以及自身對命運的努力和拼勁都融入到了扣人心弦的故事情節當中，同時也彰顯了人性與欲望的較量，情感與倫理的衝突，智慧時時閃耀在字裡行間。

作者在尊重歷史的基礎上又不拘泥於歷史，用一種演義的手法，展示古今帝王領袖精彩的少年生涯，為我們深入人物的內心世界，拓展開一個嶄新的視角，提供一個詮釋人物命運的獨特方式。仔細閱讀這些書，猶如看到主角的少年生活在面前完整呈現，讓我們感受到他們的理想、信唸、胸懷、情操，對我們學習如何做人、做學問、做事業都有很大的益處。

尤其對於準備高飛人生的青少年朋友來說，這些故事除了好看之外，更是青少年擴大胸懷、啟迪人生的最佳朋友。

序文

清世宗雍正，即愛新覺羅胤禛，是大清入關後第三位皇帝。他繼承父親康熙開創的盛世偉業，以「惟以一人治天下，豈為天下奉一人」自勉，勤政為民，大刀闊斧地推行改革措施，在政治上，他整頓吏治，清查虧空，致使政治清明，出現了「彼時居官，大法小廉，殆成風俗，貪冒之徒，莫不望風革面」的局面。同時，他大規模推行改土歸流政策，穩定了西南局勢，有利於國家統一。在經濟上，他實行攤丁入畝的政策，剝奪了一些士紳階層的特權，鼓勵墾荒，興修水利，進而保證了生產力發展，農業和手工業數量都有提高，國家收入增多。為乾隆朝興隆發達和清朝長遠統治奠定了基礎。可以說，雍正朝在大清歷史上起到了承前啟後的重要作用。

愛新覺羅胤禛出生於1678年，由於母親身分較低下，從小由皇貴妃佟佳氏撫育。太平天下，深深皇宮，做為一名皇子，他生長在錦衣玉食的環境中，可謂享盡人世榮華。然而，他沒有沉溺富貴之中，而是遵照父親康熙的要求，不足6歲就進入尚書房苦讀詩書，接受了完整、正統的儒學教育。而且，他還學習騎射、武術等軍事科目，得到了嚴格的訓練。胤禛好學要強，尊重師長，友愛兄弟，度過了一段美好的讀書歲月。

在嚴父慈母的呵護下，禛胤健康成長，品行貴重。他對養母佟佳氏懷有深深的感情，在她病重期間，多次為之祈福，有一次，他不顧酷暑去廟裡祈福，引來一段日書百「孝」的故事。

12歲時，胤禛跟隨父親出塞秋獵，為了與蒙古諸王比賽，他大膽使用火器，獵獲很多。在慶功宴上，他積極推薦人才爭奪「巴圖魯」，並機智地破解了蒙古王的謎題，獲得眾人稱讚。

15歲時，胤禛奉命祭孔，恪守禮儀，跪拜先聖，顯示出對儒家的虔誠心態。接著，他跟隨父親巡視河工，開始了出宮視察民情，深入了解天下的歷程。在這個過程中，他了解了很多民間習俗，也深深認識到官吏的貪污腐敗。他在一次永定河視察時，發現樁木不合格，堅決要求返工。

胤禛對貪官污吏深惡痛絕，多次與他們進行較量，由此上演了怒懲鄉紳、智懲嗜賭官員、吐飯求雨等等許多有趣故事。

胤禛個性鮮明，行事果斷，只是本性急躁、喜怒不定。為此，父親康熙多次批評教育他。為了改正缺點，他參佛修性，刻苦磨礪，書寫「戒急用忍」的匾額掛在房中，日夜觀摩，以求改進。19歲時，胤禛跟隨父親征討噶爾丹，掌管正紅旗大營，他參議軍事，得到了鍛鍊。就在他透過讀書、實踐不斷進步之時，清宮內矛盾叢生，康熙和太子之間、太子和眾多皇子之間，為了爭奪儲位，展開了你死我活的鬥爭。

本書將為您一一呈現胤禛少年時代的精彩故事，讓您看到一位誠孝遵禮、性情剛直、嫉惡如仇、聰明好學的皇子形象，從中感知成長的快樂和艱辛。對今天生活優裕、缺乏傳統文化教養的少年來說，少年胤禛的故事也許更有啟迪意義。

目錄

導讀

他孝至行躬，卻一直背負著弒父殺兄的罵名；他廉政清明，卻不能見容於後來的史家；他隱忍倔強，雷厲風行，卻癡迷佛道的修身養性……在雍正皇帝身上，集中了太多的神祕性格：登基是謎，駕崩也是謎；勤政為民的是他，殺戮功臣的還是他……

暴君乎？明君乎？千秋功過，任後人評說。

康熙17年10月30日，愛新覺羅胤禛降臨在紫禁城裡一處不起眼的宮室中。少小年紀的他生性倔強好強，不足6歲就進入無逸齋讀書。然而，小小的書房裡卻暗流洶湧，兄弟手足明爭暗鬥，不知少小的他能否立得住腳跟？

皇貴妃病重，胤禛日書百「孝」，誠孝名顯。康熙皇帝舐犢情深，深受父親賞識的他卻又為什麼屢犯龍顏？

潛龍寺投宿，老僧為他算出「萬」字命；五臺山拜佛，又引出了智救才子和黃瓜治病的故事。

燈節來臨，胤禛和兄弟們出宮遊玩，誰料想鬼影重重，暗伏驚天祕密。

監修河道，巧遇「河神」陳天一；悲天憫人，皇子借用軍糧賑濟災民，進而惹下大禍。

徵糧還糧，胤禛受命下江南，路遇李衛，主僕兩人用巧計迫使縣令當眾誦唱《戒賭歌》，成為一時笑談。回歸途中，船隻漏水，性命懸於一線之間，竟出現了雙魚救主的奇觀。

少年胤禛弓馬騎射無不精通，9歲時就揚名於木蘭圍場，19歲時，跟隨父皇征討噶爾丹，掌管正紅旗大營，昭莫多一戰更是聲名雀起。可是在慶功之日，卻失去了應得的爵位，這期間究竟發生了怎樣的變故？

受封貝勒，胤禛依然勤奮讀書，崇尚節儉，竟被兄弟們戲稱「守財阿哥」。

太子兩廢兩立，引發儲位之爭，面對父子反目，兄弟成仇，胤禛將扮演什麼樣的角色？

打開這本書，讓我們一起走入雍正皇帝多彩的少年時代，穿過古老的深宮，穿過層層的迷霧，來還原一個真實的愛新覺羅胤禛……

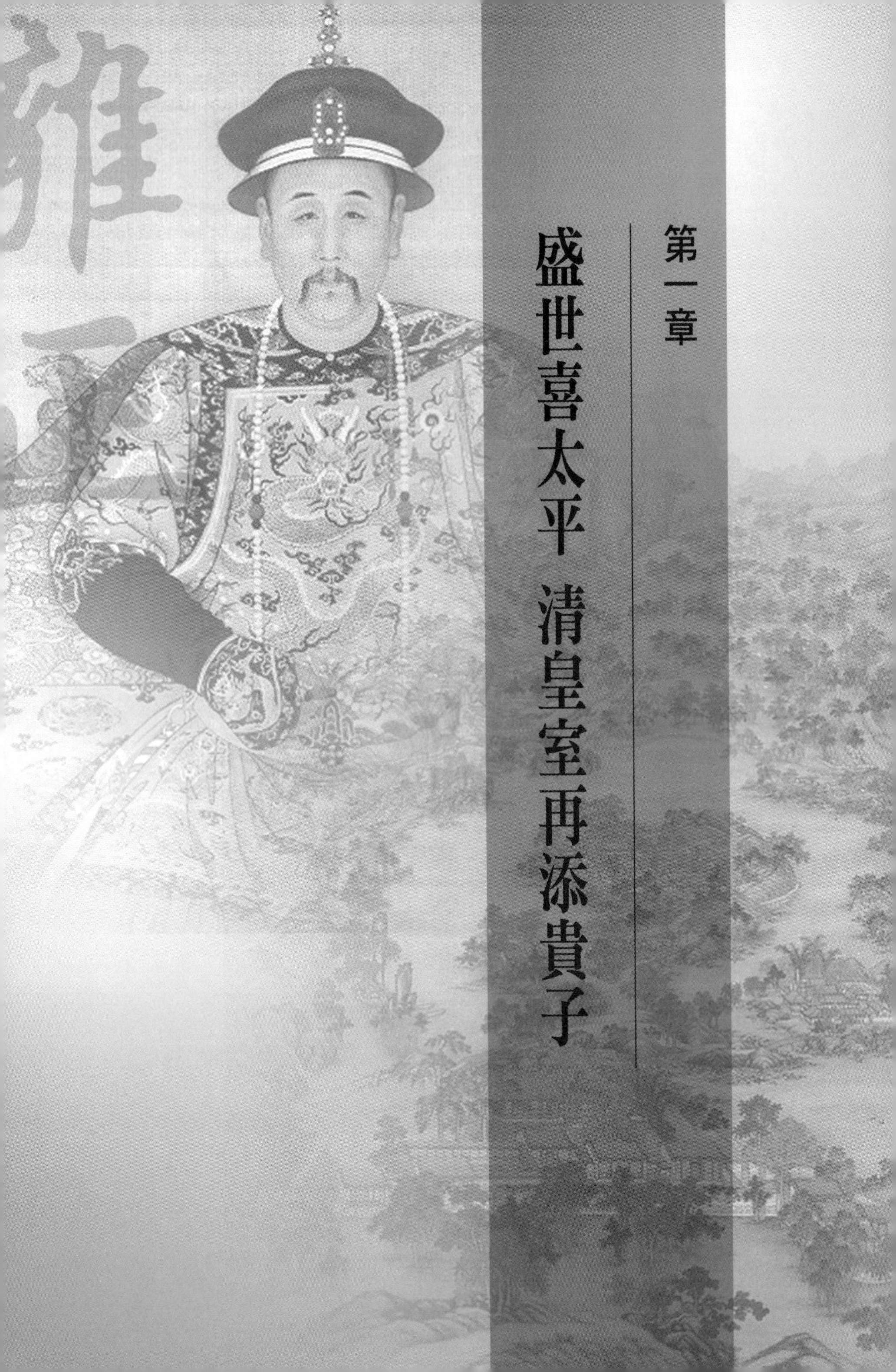

第一章

盛世喜太平　清皇室再添貴子

第一節

降世之初

天下方太平

回顧大清帝國二百六十八年的歷史，其中湧現出好幾位雄才大略、彪炳青史的帝王。在這些人物中，有一個帝王的故事特別耐人尋味，曾引起後人無休止地爭論和猜測，他也因此成為中國兩千多年封建歷史上最具爭議的天子之一。那麼，這位皇帝究竟是誰呢？也許您已經有了答案，他就是滿清入關後的第三位皇帝——雍正。現在，我們就從雍正皇帝的少年時代說起，看看這位極具傳奇色彩的天子是如何從垂髫稚兒成長為一代名君，為大清帝國做出了傑出的貢獻。

話說康熙17年，也就是西元1678年秋天，對於大清皇朝來說，這個秋天意義非凡。這年8月，起兵謀反的平西王吳三桂在稱帝後一命嗚呼，以他為首的「三藩之亂」逐漸走向潰敗。在清軍的步步緊逼下，「三藩」的殘餘勢力節節敗退，已無還手之力。大清帝國在入關34年後，徹底消除了威脅朝廷的各方勢力，在中原大地上真正站穩了腳跟。這年，康熙皇帝25歲，正是風華正茂的大好年齡。5年前，他不顧部分朝臣和祖母孝莊太后的反對，毅然決定撤藩，進而引起了「三藩之亂」。戰事既起，眾說紛紜。大臣們有的抱怨康熙太急躁，不該觸怒漢族權臣；有的擔心朝廷失敗，禍及自身，於是悄悄轉移家屬財物出京，準備逃回故土盛京；有的還不斷勸說康熙與吳三桂議和，以免落得死無葬身之地。面對種種猜疑和抱怨，康熙皇帝鎮靜自如，他聰明果敢地和三藩進行鬥爭，終於換來了今天的勝利，當然格外高興。

萬歲爺一喜，天下皆歡，大清後宮內一派喜氣洋洋的景象。康熙帶領幾位前線將士向孝莊太后彙報戰況。在宮女們攙扶下，孝莊太后一一接見將領，並問訊吳三桂死亡的經過。一

銅瓦寺，位於昆明市區東北郊7公里處的鳴鳳山麓，坐東向西，是雲南著名的道觀。主殿為青銅鑄造，熠熠生輝，耀眼奪目，故名之「金殿」。它是清康熙十年（西元1671年）平西王吳三桂在昆明重建的。

位叫圖海的將軍聲音洪亮地說：「回老佛爺，吳三桂知道自己末日到了，可還不死心，總想過把皇帝的癮，就在衡州搭了一席棚子，刷上黃漆，慌慌張張地稱帝了。老天哪能容他這樣的亂臣賊子！本來風和日麗的天突然狂風驟起，烏雲漫天，頃刻之間電閃雷鳴，大雨傾盆而下，那席棚子被狂風捲上了天，黃漆也被雨水沖掉了。把吳三桂嚇得從座位上摔了下來，頓時嘴歪眼斜，再也不會說話了。」

滿清入關後統治中國的第一任皇帝——愛新覺羅福臨。

「阿彌陀佛，」聽到這裡，孝莊太后口宣佛號，點著頭說，「好啊，報應得好！吳三桂也想坐龍椅，真是異想天開！皇上，吳三桂死了，這天下可算太平了，要好好慶祝一下才是。」

「是，」康熙微笑著答道，「孫兒已經傳旨，京城和全國各地都要慶祝。」

此時此刻，孝莊太后不免憶起大清入關前後的種種往事，想起幾十年來輔佐兒孫鞏固帝業，治理天下，終於換來今日安寧，真是感慨萬千。

就在這時，5歲的皇太子胤礽在宮女引領下走了進來，他見過太后和父皇，滿臉喜色地說：「皇阿瑪，聽說吳三桂死了，這是真的嗎？」

本來，大清舊制沒有立太子的規矩。當年，努爾哈赤設立八旗議政制度，共同治理國家。皇太極繼位後，逐步削弱八旗權力，鞏固皇權，可他也一直沒有立嗣。後來他突然去世，沒有來得及指明皇位繼承人。八旗舉行會議，選舉新君主，由於他們爭奪激烈，互不相讓，年僅6歲的九阿哥福臨意外地成為新天子，他就是大清入關後第一位皇帝順治。

順治24歲時，看破紅塵，出家為僧，他與母親孝莊太后共同指定三阿哥玄燁為帝，這就是康熙。由此來看，大清沒有立太子的先例，那麼，康熙為什麼立了太子呢？這說起來也與「三藩之亂」有關。

三藩叛亂之初，叛軍勢頭甚猛，打得八旗兵連連後退。為了穩定人心，爭取支持，康熙毅然決定冊立太子。他先後有過幾位皇子，可是大多夭折，只有大兒子胤禔和二兒子胤礽尚在，其中胤礽是皇后赫舍里氏生的。赫舍里氏家族顯貴，人才輩出，皇后的祖父索尼曾經是康熙初年首輔大臣，叔父索額圖是康熙重臣之一，深受重用。所以，太子之選自然而然落到胤礽頭上。就這樣，康熙破例立了太子，胤礽也就成為清朝第一位皇太子。可是，皇后赫舍里氏因生此子產後大出血而去世，小太子只好由孝莊太后親自撫育。康熙16年，鈕祜祿氏被冊立為新皇后，她是康熙初年四大輔臣之一遏必隆的女兒，不幸的是，第2年年初，新皇后患病夭亡。年紀輕輕失去了兩位皇后，康熙的心情可想而知，如今，年幼的太子聽說吳三桂已死的消息，趕到父皇面前道喜，激起康熙種種複雜的情懷，他攬過太子說：「是啊，吳三桂死了，天下總算太平了。」

看到康熙有些失態，孝莊太后默默地唸誦佛號，說道：「這天下是我孫子的，不是誰想奪就奪得了的。吳三桂一死，剩下的那些烏合之眾不足為患。皇上，這下你該放心了。你啊，小小年紀繼位，這些年來除鼇拜，撤三藩，勞心費力，也該歇一歇了。照顧照顧你的後宮和子女，享一享天倫之樂吧。」

康熙笑了：「祖母教訓的是，孫兒正琢磨著為太子請師傅呢。」

康熙的後宮和子女出現了什麼問題？孝莊太后為何說出這番話？

四阿哥降生

康熙是位雄才大略的君主，他繼位後以「三藩、河務和漕運」做為自己為政的三大要務，為實現政治理想，他刻苦努力，勤政不怠，堪稱君王楷模。這樣一位年輕有為、人才出眾的天子，自然深得後宮嬪妃和宮女愛慕。在康熙身邊，先後出現過數位美麗聰慧的女子，她們為他生兒育女，陪伴他度過人生當中一段段豐富多彩的時光，這些女子中既有他的皇后、嬪妃，也有不少地位低微的宮女。其中一位姓烏雅氏的宮女，就與他演繹了一段後宮愛情故事。

烏雅氏本是鈕祜祿皇后的宮女，滿洲正黃旗人，父親名叫威武，是三品護軍參領，這在滿清貴族中地位不算高。烏雅氏14歲進宮，四年來一直陪伴在鈕祜祿皇后左右，品行端莊大方，性格直爽剛毅，在深深後宮中倒是難得一見的女子。自從鈕祜祿氏受封皇后，她的地位也逐漸提高，與康熙見面的機會增多。有一次，康熙與皇后談論三藩之事，皇后說：「後宮不可以干預朝政，這是祖宗訂下的規矩，臣妾不敢議論朝廷大事。」當時，三藩之事頗為棘手，康熙本想與皇后交談一二，藉此抒發心中鬱悶，沒想到皇后拒絕了自己，不由得有些掃興。站在一邊的烏雅氏看出了皇帝的心思，她沉著地接口說道：「現在戰事吃緊，皇后娘娘身在後宮，卻十分牽掛前方的軍情。她常常對我們說，古代的花木蘭替父從軍，不但殺敵立功，還成為一名大將軍。我們雖不能衝鋒陷陣，但可以捐贈財物，發動兄弟姐妹，盡自己所能支持朝廷平叛。」

這番話讓康熙皇帝大吃一驚，他是絕頂聰明之人，對皇后非常了解，知道這番言論絕不可能出自她的口中。他盯著烏雅氏打量了一會兒，緩緩說道：「嗯，還是皇后想得周到。」

自此，康熙就注意上了烏雅氏，對她率真、剛強的性格產生了好感。一來二去，兩人產生了感情。就在鈕祜祿皇后去世不久，烏雅氏受孕懷子，由宮女晉升為答應，進而成為常在。

雍正皇帝的生母——孝恭仁皇后烏雅氏。

答應和常在是清後宮裡的一種級別稱謂。在大清後宮中，為皇帝挑選嬪妃和宮女非常嚴格，一般3年進行一次選秀。其中選出的秀女是專門為皇帝準備的女子，她們不用出力工作，一旦得到天子臨幸，可以直接晉升為貴人。宮女則不同，她們負責後宮各種工作，包括衛生、飲食、衣物等等，很難與皇帝接近。就是得到天子臨幸，也必須先成為答應、常在，才能晉升為貴人，跨入嬪妃行列。

烏雅氏得到康熙臨幸，自然十分激動。特別是受孕後，她更加高興，似乎看到了自己更為光明的未來。她終日裡小心謹慎地護持胎兒，盼望著孩子能夠早一天降臨世間。

康熙皇帝是一位性情天子，雖說已有許多子女，可對出身較低微的烏雅氏還是十分照顧，常常親自去看望她。這一來，身為後宮之主的孝莊太后就不滿意了，她提醒康熙不要厚此薄彼，應該顧全大局，不能冷落了其他嬪妃。康熙自幼由祖母養育成人，和她的感情非常深厚，一直聽從她的教導。在太后的干預下，他不得不壓抑著自己的感情，周旋在眾多嬪妃之間，有意冷淡烏雅氏。好在烏雅氏知書達禮，明白自己的處境，並不爭風吃醋，只是默默地孕育皇子。

轉眼間，1678年12月來到了。烏雅氏懷胎十月，臨產在即。做為一名身分較低的常在，她被安排到一處普通的宮室裡等待生產。康熙17年10月30日，她順利地產下一名男嬰。聽到孩子嘹亮的哭聲，烏雅氏長長地呼出了一口氣，她掙扎著坐起來望著兒子粉紅的小臉，心裡有說不出的喜悅。可是這份喜悅沒有持續多久，接生的嬤嬤走進來抱起孩子，無情地說：「小阿哥該抱走了，您安歇吧。」說完，她抱著孩子頭也不回地走了。

烏雅氏清楚宮中制度，身分在妃以下的嬪妃無權撫養自己的子女。孩子生下來後，必須交由貴妃、皇貴妃或者皇后養育。如今，後宮沒有皇后和皇貴妃，自己的兒子又會交給哪位貴妃撫養呢？皇上知不知道自己生了兒子呢？帶著種種疑慮、不忍和難過，烏雅氏悄悄流下了眼淚。

孩子一落地，康熙就得到了消息，他立即傳旨讓嬤嬤把孩子抱到佟佳氏貴妃處。佟佳氏是康熙生母孝康章太后的侄女，康熙的親表妹，一等公佟國維的女兒。佟佳氏品行高貴，性情和善，與康熙關係極佳。她入宮多年來，只生過一個女兒，可惜殤逝了。所以，康熙有意讓她育養新生皇子。

當嬤嬤把新生皇子抱進佟佳氏宮內時，她高興地一把接過來，端詳著嬰兒的臉蛋連連說道：「多可愛的孩子，多可愛的孩子。」那神情舉止，竟比自己生了兒子還要得意。不一會兒，康熙也來到了，他看了看孩子，半是喜悅半是傷感地說：「算起來，這是朕的第11個兒子啦。可惜啊，那麼多都夭亡了。」在此之前，康熙有過10個兒子，不過幼殤的很多，存活下來的只有康熙11年（1672年）、13年（1674年）、16年（1677年）先後出生的胤禔、胤礽和胤祉，其中胤礽已經封為太子。清室的規矩，皇子夭折不序齒，所以，這個新生皇子如果健康長大，算起行次來，反倒居了第4位，成為康熙朝的四阿哥。

不知這位皇子能不能健康成長，他日後的人生之路會遭遇哪些故事呢？

第二節 特殊的生長環境

子以母貴

貴妃佟佳氏喜得貴子，勸慰康熙：「皇上不要想那麼多，你瞧這個孩子虎頭虎腦，健壯著呢，肯定會健健康康地長大的。算起來，他該是四阿哥了。請皇上為他賜名吧。」

康熙想了想，搖搖頭說：「過些日子再說吧。」康熙一度在皇子取名上下過工夫。起初，出生的皇子取名比較隨意，大多取吉祥之意，像承瑞、承慶、長生等。胤禔原名保清，胤礽原名保成。可是，由於皇子幼殤過多，康熙心生煩惱，於是他效仿漢族取名方法，為孩子選中了「胤」字輩，「胤」即血胤，是後代的意思。為了祈求兒子健康成人，康熙又選中了漢字中含有「福」的意義的文字，寄予有福的願望，希望兒子們健康長大。像「禔」是安享福壽的意思，「祉」是福氣的意思。如今，為新生皇子賜名，自然也不能脫離這一慣例。由此可見，康熙對待兒子們可謂用盡了心思，體現出一位父親的愛子之情。

康熙沒有急著為兒子賜名，這個新生的皇子也就暫時以「四阿哥」相稱。「四阿哥」長大成人後，康熙為他取名胤禛。「禛」是「以真受福」的意思，看來康熙希望這個兒子對上天和祖宗真誠，以此得到福佑。胤禛就是後來著名的雍正皇帝。從這裡開始，我們就用胤禛這個名字來敘述下面的故事。

胤禛初來人世，即遭遇離別生母之痛，尚在襁褓之中的他成為養母貴妃佟佳氏懷裡的嬌兒。佟佳氏細緻地為孩子挑選乳母，安排著孩子的滿月席、百歲宴，忙得興高采烈，整個皇宮都沾了份喜慶氣息。由於佟佳氏地位尊貴，又深得康熙寵愛，初來人間的胤禛子以母貴，自然備受後宮諸人關注。這不，就連孝莊太后也送來了禮物，一把鑲金白玉長命鎖和一對伏虎玲瓏鐲，精巧別緻，十分貴重。佟佳氏高興地收下禮物，和乳母一道抱著胤禛前去慈寧宮謝恩。

慈寧宮是太后居所，平日裡少有人走動。胤禛在乳母的懷裡甜甜地熟睡著，根本不知道周圍人為他所做的一切。孝莊太后正在宮門外擺弄花草，看見她們來了，停下來仔細端詳孩子好一會兒才說：「面相飽滿，是個有福氣的。」

這時，胤禵和胤祄一前一後跑了過來，邊跑邊喊：「小皇弟在哪？小皇弟在哪？」

要是平日，孝莊太后看到皇子們如此無狀瘋跑，早該訓斥他們了。今日她卻格外高興，笑咪咪地說：「太子不要慌張，你看，你又多了位皇弟，將來又多了位助手。對了，你父皇為你請師傅了嗎？」

「請了，」胤礽說，「請了大學士湯斌、耿介和熊賜履，我和大阿哥一起學習。」大阿哥就是胤禔，他的母親那拉氏，封號惠妃。胤禔雖是長子，由於母親身分低，只能屈居胤礽之下，是一名普通皇子。目前，這些稚齡幼子只知玩耍嬉鬧，生長在皇宮內院，上有父皇母妃疼愛，下有太監宮女侍奉，生活無憂，其樂融融。哪料想得到，等到長大成人，這幾位血肉至親的皇子阿哥為了爭奪皇位，展開了一場場你死我活的明爭暗鬥，上演了一齣「無情最是帝王家」的真實慘劇。

長命鎖又叫「寄名鎖」，它是明清時掛在兒童脖子上的一種裝飾物，古人相信，只要佩掛上這種飾物，就能避災去邪，「鎖」住生命。

說話聲驚醒了胤禛，他瞪著一雙黑亮的大眼睛注視著眾人，好像在想什麼心事。胤礽突然指著他脖子上的長命鎖說：「他也有這樣的鎖，和我的一模一樣。」

胤禔摸摸脖子，有些失望地說：「你們都有，我怎麼沒有？」

說者無心，聽者有意。孝莊太后猛然記起一事，胤礽出生時，她送過長命鎖。今日高興，疏忽了這件事，竟然把同樣的長命鎖送給了胤禛。太子身分與普通皇子不同，這一下不是惹了麻煩？孝莊太后畢竟身經三朝，閱歷極深，在這樣的時刻並沒有露出絲毫慌張，沉著地說：「四阿哥出生時，我在佛祖前禱告。佛祖顯靈，說四阿哥命弱，需要佩戴金玉合體的長命鎖才能健康長大。我想，我有一對長命鎖，一把送給了太子，這把就為四阿哥求福吧。太子，你說老祖母這麼做，對嗎？」

太子年幼，哪裡曉得孝莊太后的深意，歡快地說：「對，老祖母從不做錯事。我喜歡小皇弟和我有同樣的長命鎖。」

這件事就這樣過去了。不過，深深的後宮，可不像孩子們想的那麼純真歡樂，其間充滿了爭鬥、猜忌、圈套和暗器，稍不留神，就會成為他人的眼中釘，或者落入別人的圈套。當胤禔回到惠妃宮中，告訴母親太子和胤禛佩戴同樣的長命鎖時，惠妃好不氣惱。她認為孝莊太后有意偏袒佟佳氏，對自己不公。可是又無可奈何，自己入宮以來，很少得到皇帝的歡心，這樣的怨恨又能向誰訴說？

降臨在帝王之家的胤禛面臨的並非全是錦衣玉食、歡聲笑語，更多的是錯綜複雜的人際關係，莫名的怨恨之情，以及暗藏殺機的宮廷生活。如此特殊的環境會給胤禛的成長帶來哪些影響呢？

母以子榮

又是一年冬日至，四阿哥胤禛已經滿1周歲了。1年的時間裡，他得到貴妃佟佳氏無微不至的照料，長得結結實實，十分健壯。康熙甚為寬慰，常常去看望她們母子。這本是人之常情，可做為日理萬機、子女眾多的天子來說，卻是很難得的事情。每每看到胤禛天真活潑的樣子，康熙都會露出開心的笑容，無不感激地對佟佳氏說：「四阿哥能健康成長，多虧妳悉心呵護。」

佟佳氏坦然地說：「這是臣妾的兒子，臣妾怎會怠慢？」她始終把胤禛當作自己的親生兒子一樣對待，這為胤禛的成長帶來許多有利的條件，也給胤禛生母烏雅氏帶來說不清的煩惱。

自從兒子被抱走，烏雅氏幾乎沒有見到他，她日思夜想，特別希望見到胤禛。無奈深宮重重，戒律森嚴，豈是她一個普通宮人能夠隨意走動的？陷入深深思念之中的烏雅氏常常以淚洗面，卻不敢聲張。好在康熙有情有義，沒有忘記她，反而常來看望安慰她，這給了她很大的慰藉。

這天，烏雅氏在皇宮中散步，不知不覺來到佟佳氏宮外。望著高大威嚴的宮門，琉璃翡翠的廊柱屋簷，門口兩邊依然青蔥的樹木，她心裡兀自忐忑不安，一時間不知該進該退。忽然，宮內傳出一個孩童爽朗的笑聲，接著一位宮女牽著胤禛的兩隻小手蹣跚著走出來。胤禛身穿錦緞棉袍，頭戴鹿皮小帽，一眼望去，貴重端莊，一副皇家子嗣的氣派。烏雅氏看到親生兒子，撲過去喊道：「兒子，額娘想死你了！」

哪知，胤禛甩甩小手，根本不理睬烏雅氏。烏雅氏陪着笑容，拉著胤禛的手問長問短，完全不想兒子年幼，還聽不懂自己的話語。

這時，宮內傳出一陣響動，佟佳氏在宮女太監簇擁下走了出來。她看到烏雅氏和胤禛在一起，不由得眉頭一皺，似乎有些不快。烏雅氏思子心切，忘記見到貴妃應該行禮叩頭，呆呆地站在那裡。一位太監上前呵斥道：「見到貴妃娘娘還不趕緊行禮？」

烏雅氏這才回過神來，忙不迭地施禮問安。佟佳氏輕輕一笑，說聲「罷了」，招呼著胤禛說：「老佛爺讓我帶四阿哥去呢，這會兒沒工夫和妳說話了。等妳有空了，常到這裡來坐坐。」說完，帶著胤禛和眾多太監宮女揚長而去。

烏雅氏望著她們一行遠去的身影，淚水在眼眶裡轉了幾轉，差點流下來。

這件事讓烏雅氏傷心了好久，一向剛強的她似乎有些支撐不住了。她的想法自然瞞不過康熙，眼看著胤禛一天天健壯長大，他決定晉封烏雅氏為德嬪。雖然位列嬪妃最末，卻也有了正式的封號和地位，烏雅氏因子得福，心情開朗了許多。

不久，德嬪烏雅氏再度受孕，這樣一來，她對胤禛的感情沖淡了不少。此後，她接連生育了三女二男，成為康熙嬪妃中生育子女最多的人之一。可見她與康熙的感情還是十分深厚的。

不過，在她生育的6個孩子中，先後夭亡了3個，只有胤禛、胤禵和一個女兒存活長大。胤禵排行十四，比胤禛小10歲，是康熙諸多皇子中特別優秀的一位。

在接連不斷的生育過程中，烏雅氏與胤禛的感情日益淡漠，而胤禛，在佟佳氏身邊快活地成長，對養母佟佳氏感情日深。隨著年齡漸長，這種特殊的關係對他產生的影響越來越大，不知道日後還會發生哪些故事？

第三節
倔強的小皇子

我沒輸，我沒輸

康熙20年，佟佳氏晉封為皇貴妃，位列六宮之首。當時，清宮制度規定，皇帝嬪妃包括皇后1人，皇貴妃1人，貴妃4人，嬪6人，貴人以下包括常在、答應在內，數額不限。由於康熙兩次冊立皇后，皇后都不幸去世，所以他不再立后，那麼皇貴妃自然就是後宮中地位最尊貴的嬪妃，成了實際上的皇后。

佟佳氏榮升皇貴妃，虛齡4歲的胤禛由此日顯尊貴。這幾年時光，在佟佳氏精心呵護下，他已經成長為一個小男子漢，不僅體格健壯，頭腦聰穎，而且性情善良，活潑剛直，十分可愛。康熙非常喜愛胤禛，特意把他養育在宮中，每每閒暇，都會親自調教一番，告訴他許多道理。

說也奇怪，胤禛似乎懂得父皇心思，每當康熙親自看護他時，都表現得特別乖順。佟佳氏開玩笑說：「四阿哥淘氣，見到父皇就老實多了。」

康熙笑著說：「是嗎？我看他倒是很懂事。」說著，繼續為他講述歷史上有名的人物或事蹟，並教他背誦簡單的詩詞文章。

胤禛認真地聽著、誦讀著，不時提出一些奇怪的問題。康熙很有耐心，一一為他解答，並啟發他如何思索。看見他們父子其樂融融的樣子，佟佳氏開心地笑了。不過，這樣的時光卻是非常難得的，康熙身為一國之君、眾多子女之父，不可能把所有精力都放到佟佳氏母子身上。小小的胤禛常常盼望與父皇相聚，卻很難如願。

一天，胤禛與三阿哥胤祉一起玩打羊踝骨遊戲。羊踝骨就是連接羊的腿骨和脛骨的那塊骨頭，是北方民族的傳統遊戲器具，滿語為「嘎拉哈」。「嘎拉哈」的玩法多樣，是滿洲子弟最喜歡玩的遊戲。兩個孩子一人一個羊踝骨，相互碰撞，誰的碎了誰就輸了，誰的完好無損誰就獲勝。大清入關後，清廷一直鼓勵子弟們保留傳統習俗，習武騎射等都不可荒廢，孩子們玩的遊戲當然更不會丟棄。所以，雖然身在後宮，過著榮華富貴的生活，皇子們還是喜歡玩這種簡單有趣、具有濃厚草原氣息的遊戲。

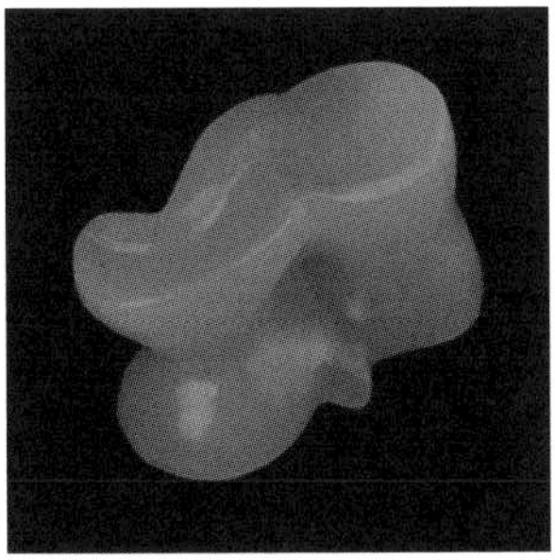

清代用和闐白玉雕琢而成的「嘎拉哈」。

胤祉是個愛靜不愛動的孩子，擅於思考，性格文靜，有些內向，雖比胤禛大一歲，體格卻不如他健壯，也沒有他活潑愛玩。

兩人一起玩遊戲，胤祉常常輸給胤禛。這次，兩人拿著羊踝骨碰來碰去，只聽「啪」一聲，胤祉的又碎了。胤禛高興地跳起來：「我贏了，我贏了。」

看他喜形於色，胤祉不動聲色，從隨行的太監手裡又拿過一個羊踝骨，衝胤禛說：「三局兩勝，你才贏了一次，再來！」

胤禛說：「來就來。」說著，從自己的跟班太監手裡抓起一個羊踝骨就與三哥胤祉比拼。幾次碰撞之後，胤禛的羊踝骨碎了，他頓時怒氣沖沖，臉漲得通紅，捽打著胳膊，不服氣地又拿過一個羊踝骨，急急地說：「再比，再比！」

胤祉似乎成竹在胸，慢吞吞挑出一個羊踝骨，笑呵呵地與胤禛繼續玩遊戲。結果，胤禛再度失利，按照事先講好的三局兩勝的規則，胤禛徹底輸了。這下他不玩了，一把抓過太監手裡所有的羊踝骨，扔到地上，大聲哭叫起來。

跟班太監一看，連忙哄勸，胤祉有些不耐煩的說：「輸了就輸了，哭鼻子沒出息。」

胤禛一聽，更加生氣，連蹦帶跳地叫嚷著，似乎只有這樣才能抒發心中的不甘。胤禛的跟班太監擔心亂子鬧大了受到連累，急忙勸說胤禛回宮。就在這時，康熙恰好退朝路過這裡，聽到孩子們的叫嚷聲，好奇地趕了過來。

聽了事情的前後經過，康熙笑著問道：「四阿哥，你輸了就認輸算了，還哭叫什麼？」

胤禛年幼，他也說不清自己哭叫的原因，只是不服地說：「我沒輸，我沒輸，我就是不輸！」

胤祉說：「皇阿瑪，他輸了也不承認，他撒謊。」

胤禛急了，也顧不上父皇在場，高聲叫道：「我就是沒輸，你輸了！你輸了！以前都是你輸。」

胤禛的跟班太監害怕康熙生氣，慌忙勸阻胤禛：「四阿哥，不要吵了，以前都是你贏，現在也都是你贏，下次還是你贏。」

出乎太監們意料的是，看到兒子率真的表現，康熙反而很欣慰，他看了看地下的羊踝骨，對兩個兒子說：「你們都不要吵了，上一局誰輸誰贏已經過去了。這樣吧，你們再來一局，皇阿瑪當裁判，看看誰厲害？」

胤禛破涕而笑，立即撿起地上的羊踝骨，衝著胤祉喊道：「來，繼續比。」

胤祉不情願地撿起一個羊踝骨，噘著嘴說：「比就比，誰怕你！」

兄弟倆再次比鬥，胤禛如願勝利，他高興地手舞足蹈，向康熙誇耀著：「皇阿瑪，我贏了，我贏了！」

康熙點點頭，看著兩個天真可愛的兒子，一個喜笑顏開，一個嘟嚕著臉蛋一言不發，語重心長地說：「皇阿瑪像你們這麼大的時候，也愛玩遊戲，也總想贏，不想輸。後來長大了，慢慢懂得輸贏乃兵家常事的道理，才知道認輸是一種勇氣，只有認識到失敗，承認失敗，才會從

失敗中得到教訓，才會有更大的進步。」

胤祉聰慧善思，聽了父皇這番言論，接口說：「父皇，我輸了也不怕，我還會贏的。」

「對，」康熙撫摸著他的腦袋說，「不要怕輸，要想辦法去贏，這才像個男子漢。」

胤禛似懂非懂，天真地說：「我就想贏，我不想輸。」

康熙樂呵呵地瞧著胤禛，吩咐太監們照顧兩位阿哥回宮，自己轉身向御書房走去。

佟佳氏聽說了這件事，特地向康熙說起胤禛的表現，康熙若有所思地說：「四阿哥性情率真，要強不服輸，這是好事。可是，他太過剛烈，喜怒分明，還需要學會韜光養晦才是。」

佟佳氏是有心人，她品味著康熙的話中之意，一時間產生許多想法，說道：「四阿哥還小，慢慢調教會好起來的。」然而，胤禛倔強好強的個性越來越分明，不久又惹了一場是非。

不是我的錯

轉過年來，1682年的秋收時節，一天，康熙帶領一大幫臣子到御花園查看自己試驗耕種的稻子。原來，康熙勤學好進，喜歡接觸和吸收先進的科學知識，他為了提高水稻產量，親自在御花園做試驗，打算孕育優良品種推廣。這可是千古帝王中絕無僅有的事情。在精心培育和科學管理下，試驗稻種豐收了，望著一大片沉甸甸、黃澄澄的稻穀，康熙心情激動，一面吩咐臣工準備鐮刀農具，親自下地收割稻穀；一面傳旨讓皇子們前來御花園，參加收割稻穀的勞作。

胤禔兄弟得到旨意，好奇極了，他們誕生於帝王家，生長在錦衣鄉裡，哪裡曉得耕種勞作之事。太子胤礽說：「聽說稻穀是黃色的，會不會和我穿的衣服一樣？」太子的穿著服飾與普通皇子不同，顏色一律是象徵皇權的杏黃色，更顯高貴氣派。胤禔說：「稻穀是糧食，怎麼會和衣服一樣。我聽額娘說，稻穀就是大米，我們吃的米飯是白色的，所以稻穀也是白色的。」胤祉雖小，卻有些學問，插嘴說：「稻穀去掉殼才是大米，它們不一樣。」最小的胤禛跟在幾位兄長身後，聽他們說得興高采烈，不由得心花怒放，又蹦又跳，好像得了什麼寶物一般。

弟兄幾人邊說邊走，一個個心情愉悅，腳步加快，不一會兒就來到了試驗田邊。太子胤礽看到康熙一副農人裝扮正在工作，皺起眉頭不解地問：「皇阿瑪，您這是幹什麼呢？」

兒子們來了，康熙並沒有停下勞作，邊工作邊說：「收割稻

《勸農圖》——清代王雲所畫，體現了封建政府重視農耕，以農為本的治國方針。

穀啊。你們過來，幫著撿落下的稻穗，不要浪費一粒糧食。」

胤禛第一個衝到前面，跳到地裡，撿起地下的一根稻穗問：「父皇，這就是稻穀嗎？它是什麼糧食？怎麼吃它？」

康熙拿起一粒稻穀，一邊剝掉外殼一邊說：「這就是稻穀，收割下來，去掉外面的硬殼，裡面就是白花花的米粒。你們瞧，這是不是我們平常吃的米飯？」

胤禔兄弟看著父皇的演示，發出驚異的感嘆：「哎呀，大米是這樣來的，真是好玩。」

康熙說：「你們不要只覺得好玩，要體驗勞動的艱辛，才能珍惜糧食，愛惜天底下辛勤耕種的老百姓。這樣，你們才是一位合格的皇子，才能為我們大清的江山社稷盡力。」

胤禛爽朗地說：「皇阿瑪，我們知道了，我們該勞動了吧？」

康熙笑了：「四阿哥性子急，幹什麼都沉不住氣。好吧，你們四人就在這片地上找一找，看看有沒有落下的稻穗，撿起來歸攏到一起，交給管事的太監。」說完，他讓太監們帶領皇子勞動，自己帶領大臣們去乾清宮議事。

四個皇子一聽，高興地一頭栽進田地，低頭弓腰，認真地尋找起來。平日這些皇子受到的規矩管束非常嚴格，言談舉止都要遵守一定的禮儀，生活雖然優越，卻很枯燥乏味。今日可以在這片小田地自由活動，當真像「撒野」的小馬一樣，其心情可想而知。

一會兒工夫，他們找尋遍了整塊實驗田，每人手裡攥了幾根稻穗，可是他們意猶未盡，不肯離開稻田，仍在田地裡四下張望著，一是渴望找到稻穗，二是希望多玩一會兒。就在他們躊躇之際，胤禛又發現一根稻穗，他急忙跑過去撿。不巧，這根稻穗在胤禔腳邊，他搶在胤禛前面撿了起來。

胤禛著急地上去搶奪：「這是我的，我的。」

胤禔不給他，躲閃著說：「我撿的，憑什麼說是你的？」

「就是我的，就是我的。」胤禛追趕著說，「還給我，還給我！」兄弟倆互不相讓，你追我趕地爭奪著，胤禛人小，追不上胤禔，又氣又惱。胤禔呢，被追得氣喘吁吁，滿頭大汗，十分狼狽。

周圍的太監們一看，著急地上前勸架，有人拉住胤禛，有人勸住胤禔，不住聲地說著：「阿哥們息怒，息怒，您要生氣了，懲罰奴才吧，不要跑了，不要跑了。」

胤禛奮力掙脫著，不依不饒地喊叫著：「還給我稻穗，還給我稻穗。」

胤禔已經10多歲了，懂得如何對待手下太監，呵斥他們說：「你們都看見了，這是我撿的稻穗，四阿哥非說是他的，你們作證，這根稻穗到底應該歸誰？」

領頭的太監一聽，忙說：「奴才眼拙，眼拙。剛才萬歲爺吩咐了，把所有稻穗歸攏到一起，奴才看各位阿哥爺已經撿完稻穗，就收起來吧。」他哪裡敢評論皇子們對錯。

太子胤礽站出來說：「你真乖巧，想一句話了事嗎？你說，稻穗究竟該歸誰？」

太監嚇壞了，忙不迭跪倒在地，衝著太子胤礽磕頭說：「太子爺，奴才忙著工作，沒有看到阿哥爺們的事，您還是饒了奴才吧！」

胤祉也上前湊熱鬧：「皇阿瑪安排你負責這裡的事，你說沒有看清，這能饒了你嗎？」

「快說，快說！」四個皇子圍住太監，齊聲威逼。

其他太監見事不妙，悄悄派人向宮裡送訊。宮裡的大太監聽說皇子們威逼太監，擔心事情鬧大，趕緊稟告了康熙。康熙聽了，十分生氣，立即派人將兒子們帶回宮中，嚴厲訓斥他們，要他們反思自己的過錯。

哪知，胤禛脾氣倔，竟然頂撞道：「那根稻穗是我先看到的，大哥搶先撿了，這不是我的錯。」

康熙沒想到他敢頂嘴，怒火上升，提高嗓門說：「這件事情由你而起，你卻看不到自己的錯誤，還在這裡爭辯，你說，你錯了嗎？」

胤禛拉長著脖子說：「不是我的錯。」

「好，」康熙氣極了，真想打他幾巴掌，可還是努力忍下了，「不是你的錯，那是誰的錯？如果你能忍耐一下，會出現這樣的局面嗎？身為皇子，小小年紀脾氣如此急躁，不能容忍他人，這樣將來怎麼治理國家？」

胤禛不再言語，慢慢低下了頭。

此事最終還是驚動了孝莊太后，她親自向康熙問起幾位皇子的情況。康熙想了想說：「四阿哥脾氣急躁，性情率真，需要好好調教。」

不知道此後康熙會採取哪些措施管教胤禛？胤禛又會如何成長？

太平盛世，深宮大院，錦衣玉食，生活優裕，性情率真的胤禛沒有迷戀物質上的享受，反而追求讀書進步。不足6歲時，他進入尚書房讀書，叩拜孔子像，開始在各位名家大儒的指導下學習。

少小年紀的他表現出好強的個性，不顧酷暑嚴寒，苦讀不輟。他尊敬師長，友愛兄弟，有一次，一位老師懲罰諸皇子，引起康熙不滿。可是胤禛卻為老師求情，眾人深感不解。

在苦讀聖賢書的同時，康熙還有意地引導兒子們學習西學，這天，他領著兒子們觀察月食，這時又會發生怎麼樣的故事呢？

一生經歷太宗、世祖、聖祖三朝，輔佐兩代幼主，譽為「清朝興國太后」的孝莊文皇后。

第二章

勤學又苦讀　兄弟友愛共進步

第一節 入尚書房讀書

父皇的決策

年幼的胤禛倔強好強，性情率真，一次次引起父皇康熙注意。康熙多次對佟佳氏談起他，每次都會說：「四阿哥秉性不錯，就是有些焦躁，需要仔細錘煉才能成材。」

佟佳氏用心記下這些話，每每與胤禛相處時，總是耐心地教育他，看到他焦躁不安，為了一點小事發脾氣時，會嚴厲地制止他，告訴他遇事忍耐的道理。俗話說「江山易改，本性難移」，儘管父母從多方面教導影響胤禛，他的性格脾氣依然很難改變。看到這種情況，佟佳氏頗為擔憂，經過深思熟慮，決定向康熙提議，讓他入學讀書，在誦讀史書典籍中逐漸陶冶個性。

康熙不僅是位有為君主，也是位嚴厲的父親。看著皇子們一日日長大，他意識到，對他們的教育必須加快腳步，不可鬆懈。所以，在皇長子胤禔和太子胤礽不足6歲時，就為他們挑選了大學士湯斌、熊賜履、耿介、尹泰等人做講官，給他們上課。當時，不少人覺得皇子們年齡太小，過早接受教育，曾經向康熙提出反對意見。可是，康熙斷然否決了這樣的說法，他說：「朕從書上，在生活中，常常讀到、看到一些貴胄之家過於溺愛子孫，害怕他們吃苦受累，不讓他們讀書學習，放縱他們貪玩暴戾的個性。結果，這些孩子長大後，不是癡呆無知，就是任性狂惡，這樣一來，父母豈不是害了子孫？因此，做父母長輩的對子孫必須從幼年就嚴格管教，不能任其妄為。」

在他要求下，胤禔和胤礽不但拜師讀書，還非常刻苦用功，功課頗為出色，得到老師們一致稱讚。這件事在後宮中很有影響，皇貴妃佟佳氏當然更清楚。所以，她思來想去，打算讓胤禛也拜師入學。

當佟佳氏把自己的想法告訴康熙時，康熙說：「四阿哥不足5歲，還不懂事，等來年再說吧。」

佟佳氏說：「四阿哥從小跟著臣妾讀過不少詩詞歌賦，有些基礎，也喜歡學習。眼看著三阿哥也入讀了，只剩下他，多孤單啊！」當時，康熙年齡稍長的皇子只有胤禔、胤礽、胤祉、胤禛4人，胤祉6歲，已經到了入讀的年齡。

康熙琢磨了一會兒說：「這樣吧，哪天朕有空了，考考四阿哥，要是達到要求，就讓他明年春天跟三阿哥一起入讀。」

清代華嵒所畫的《金谷園圖》，此圖取材於西晉時曾任荊州刺史的石崇在所營建的金谷園內，坐聽侍妾綠珠吹簫的故事。

幾天後，外國使節來朝，進貢了不少貢品。康熙將貢品分賞下去，其中賜給佟佳氏一株珊瑚樹。這株珊瑚樹高2尺左右，枝柯扶疏，條幹絕俗，煞是好看。佟佳氏很高興，將珊瑚樹供奉起來，日夜賞玩。這天，康熙來到宮中，看到佟佳氏如此珍愛珊瑚樹，也很開心，一邊和她一起觀賞，一邊閒聊。聊著聊著，康熙突然想起一事：「對了，四阿哥呢，喊他來，朕要以珊瑚樹為題考考他。」

不一會兒，胤禛在宮人的帶領下走了進來，看到父皇，他高興地上前問安。康熙不動聲色地問：「四阿哥，你想讀書嗎？」

「想，」胤禛興奮地說，「皇阿瑪，我想讀書，我要和兄長們一起讀書。」

「好，」康熙說，「想讀書是好事。不過，父皇要先考考你。你看，這株珊瑚樹好看嗎？今天，你就說說這株珊瑚樹，讓皇阿瑪聽一聽。」

胤禛眨眨眼睛，仔細地盯著珊瑚樹看了又看，張口說道：「我聽說過石崇鬥富的故事，裡面就講到了珊瑚樹。皇阿瑪，石崇擁有那麼多珊瑚樹，比皇帝還富有，我覺得珊瑚樹不是好東西，讓人變壞了。」

佟佳氏嚇了一跳，忙阻止胤禛：「四阿哥，不要亂說，珊瑚樹是珍品，你怎麼能說它不好？！」

胤禛認真地辯解：「石崇因為有很多珊瑚樹，覺得自己錢多，就跟天下人比鬥，他這樣做不對。他還蔑視皇帝，太放肆了。」

康熙被他的話吸引住了，點著頭說：「沒想到你小小年紀還有這番見解，倒是稀奇。依你看，像石崇這樣的人該怎麼處置？」

胤禛歪著腦袋想了想，然後一字一句地答道：「石崇是個大貪官，貪污了很多錢，應該讓他把所有的財寶交出來。還要讓他和普通老百姓一樣聽從皇帝的安排，不能瞧不起皇上。」

康熙眉頭舒展，輕輕地笑了：「孺子可教。好，皇阿瑪答應你和三阿哥一起入讀。」

佟佳氏和胤禛連忙謝恩，喜笑顏開地與康熙繼續談話。到了吃晚飯的時候，康熙傳旨讓胤禛陪他一起吃飯。這是皇子們十分難得的榮耀，胤禛非常珍惜，畢恭畢敬地坐在康熙身邊，享受了一頓物質和精神上的豐盛晚餐。

初入無逸齋

春回大地，柳綠花紅，在燕語鶯歌聲中，新的一年開始了。佟佳氏安排宮人準備胤禛入學的各項事務，像服飾、筆墨等等。德嬪烏雅氏聽說了這個消息，特意趕來看望兒子。見到胤禛，她心裡像是打翻了的五味瓶，酸甜苦辣一起湧上心頭，卻什麼話也說不出口。最後，她叮囑胤禛好好學習，不要辜負了父皇的期望。胤禛奇怪地看著她，毫不客氣地說：「皇額娘早就跟我說了，不需要妳管！」說完，他繼續準備自己的學習用具，不再理會烏雅氏。

烏雅氏碰了一鼻子灰，心情更加難過，她還想說什麼，佟佳氏走了進來，委婉地說胤禛明天一大早就要起床去書房，應該早早休息。烏雅氏知道她是趕自己走，也不敢停留，轉身匆匆回自己的住處去了。這一去，她原來的思念之情變成了惱恨之意，有一陣子甚至想，「四阿哥這個不孝子，竟然不肯認我，真是太可恨了，這都是佟佳氏從中挑撥的！」想歸想，在規矩森嚴的大內後宮她能幹什麼？只有將恨意深深埋藏心底。

大清皇宮又稱紫禁城，佔地廣闊，屋宇重重，樓臺宮殿一座挨著一座，有的高大巍峨，氣派莊嚴，有的小巧玲瓏，構造精細，當真是無與倫比的建築奇觀。整個紫禁城的建築佈局有外朝、內廷之分。外朝以太和、中和、保和三大殿為中心，是封建皇帝行使權力、舉行盛典的地方。內廷以乾清宮、交泰殿、坤寧宮為中心，是封建帝王與后妃居住之所。此外還有文華殿、武英殿、御花園等。清朝皇子皇孫讀書的地方叫「尚書房」，這時候的尚書房位於北京西北郊建造的第一座「避喧聽政」的皇家園林——暢春園裡。康熙將尚書房命名為「無逸齋」，就是避免他的子孫貪玩，要無逸，不要閒著，不要貪玩，不要貪圖享樂。後來，尚書房改在乾清門左側的五間房子裡，專供皇子們讀書所用。

尚書房——滿清皇子皇孫上學讀書的地方。清道光帝之前，叫「尚書房」，道光年間改為「上書房」。位於乾清門內東側南廡，建於雍正初年，門向北開，共五間，凡皇子年滿六歲，即入書房讀書。

第二天，胤禛早早起床，漱洗完畢，在宮人帶領下向胤禔和胤礽讀書的尚書房走去。他穿過幾重宮門，路過一座座亭臺樓閣，在鋪滿鵝卵石的甬道上疾步前行，恨不能立即走進尚書房。終於，古樸的無逸齋屹立眼前了，胤禛心裡一陣興奮，他們兄弟幾人深得父皇喜愛，常常來此接受父皇教導，對此並不陌生。他飛快地穿越一片整潔有序的竹林，向尚書房跑去。身後的太監們連忙加快腳步，緊緊跟著他，生怕出什麼事。

尚書房內，胤禔和胤礽端坐桌前，正在聽大學士張英講四書五經。看到胤禛闖進來，他們吃了一驚，張英問：「四阿哥，你怎麼來了？」

胤禛認真地說：「我來讀書。」

張英恍然明白，說道：「四阿哥，萬歲爺准許你讀書了。不過，你要等到三阿哥來了，一起拜過聖人，才能正式入讀。」

「誰是聖人？」胤禛天真地問。

太子胤礽有些不耐煩，搶先回答：「就是那邊的孔子像，學習漢文必須先向他叩拜，這是規矩。四弟，你怎麼來的這麼早？你三哥呢？」

胤禛一邊好奇地望著孔子先師像，一邊回答太子的問話：「我起來就來了，不知道三哥在幹什麼？」

胤禔說：「這個老三，恐怕偷懶不想來了。」

兄弟三人你一言我一語，根本沒有顧忌先生張英，似乎把課堂當作了閒聊的處所。張英官至大學士，朝中大員，學識淵博，名聲赫赫，受命教導皇子，是何等榮耀的職責。幾年來，他恪盡職守教導太子，太子進步很快，深受康熙重視。如今，他眼看著幾位皇子光顧說話，忘記讀書本分，沉不住氣了，厲聲制止他們：「大阿哥，這是講書學習的地方，請您不要隨意說話了。」

胤禔瞅了一眼張英，低低地嘟囔著：「哼，又不是我一人說話，為什麼只批評我？」由於聲音低，誰也沒有聽到他說什麼。太子胤礽知道張英旁敲側擊，提醒自己遵守紀律，有些生氣，站起來衝他說：「三阿哥和四阿哥今日入讀，這是皇阿瑪吩咐的事情。現在他們來了，你應該趕緊安排他們，不能推托責任。」

胤礽是太子，與普通皇子身分不同，說出的話具有一定的權威，臣子不可隨意頂撞違背。所以，張英聽了這句話，強忍怒氣回道：「太子說的是。請您和大阿哥抄寫《論語．為政篇》，我這就安排三阿哥和四阿哥入讀的事。」

胤禔和胤礽本想趁機玩耍，沒想到張英老謀深算，給他們留下這麼重的作業，兩人你看看我，我看看你，沒有了主張。平日康熙屢次教導他們尊重師長，不能任性妄為，因此他們也不敢過分，只好乖乖地坐下來，一筆一畫地在紙上書寫著。

這邊，三阿哥胤祉也來到了。張英正要帶領胤祉和胤禛叩拜先師孔子，康熙走進來，他要親自看著兒子們行禮，告訴他們：「一定要尊重師傅，勤奮努力，不可侮慢懶惰。」胤祉和胤禛一一答應，然後在張英安排下入座，開始了正式的讀書歲月。

第二節　老師的獎罰

屢屢受到表揚

1683年，康熙二十二年春天，虛齡6歲的胤禛正式進入尚書房讀書。學習的課程有滿、漢、蒙古文和經史等文化課，還有騎射、游泳等軍事、體育課目。與他一起讀書的除了幾位皇子外，還有幾位郡王、名臣的子孫侍讀。這些侍讀的人員天資聰穎，性情敦良，都是康熙親自為皇子們挑選的，是他們學習、生活的最佳夥伴。在這個新集體中，胤禛很快嶄露頭角，文學武功有了一定長進。由於他年齡最小，進步又快，屢屢受到老師誇獎。康熙對皇子們的教育非常用心，常常到尚書房查看，得知胤禛喜歡學習，也很高興。

一天，康熙忙完政務，順路到尚書房查看皇子們的學習情況。走到窗下，他聽到書房內傳出朗朗讀書聲，不由喜上眉梢，悄悄對身旁的太監李德全說：「不要聲張，朕在外面看一看。」說完，他不顧夏日炎熱，站在窗下靜靜地觀望。

書房內，皇子們正在用滿文誦讀。讀了一會兒，老師徐元夢開始為他們講解。滿文是大清的國文，是皇子們必修課目，平日康熙與兒子們之間的交流也喜歡使用滿文。時值盛夏，天氣燥熱，皇子們穿著整齊，端坐不動，一個個熱得滿臉通紅，汗珠不停地往下滴。由於制度規定學習時不允許搧扇子，所以他們誰也不敢違反制度，只用汗巾不住地擦汗。康熙看到這種情況，也不由自主掏出汗巾，擦了一把額頭的汗珠。這時，他注意到一個現象，胤禛坐在那裡，身板筆直，注意力集中，儘管汗水淋漓，他卻一次也沒有擦汗。康熙好生奇怪，又不便詢問，只好耐心地觀看下去。

徐元夢講了一會兒，吩咐皇子們和各位侍讀繼續誦讀文章，並說過一會兒點讀。點讀就是讓皇子們和各位侍讀輪流背誦文章。天氣太熱，大家有些坐不住了，誦讀聲越來越緩慢低沉，這時，大阿哥胤禔提議道：「午飯時間快到了，吃完飯再背讀吧。」

其他人聽了，大部分紛紛附和，要求午飯後再上課。徐元夢有些遲疑，一時拿不定主意。胤禛卻提出與眾不同的看法：「不到午飯時間怎麼能吃飯

《胤禛讀書像》。

呢？這是不合規矩的，不能這麼做！」

胤禔說：「規矩是死的，人是活的，難道我們要在這裡熱死嗎？」

胤禛認真地說：「提前吃飯就是不行，與熱不熱沒有關係。」

胤禔生氣地說：「那好，你自己在這裡背吧，我們先去吃飯。」皇子入讀後，一般在書房統一吃午飯。午飯後，略作休息，接著學習下午的課程內容。

「讀就讀，」胤禛說，「反正我不提前吃飯！」

徐元夢看他兩人爭吵，制止道：「二位阿哥不要吵了，大家先休息一會兒，到了吃飯時間再吃飯。」他選擇了折中的辦法，既不得罪胤禔，也不得罪胤禛。

胤禔等人一聽，高興地扔下書本，說笑著玩耍起來。可是胤禛依然端坐苦讀，並不與他們一起玩樂。胤祉看到眼裡，伸過腦袋問：「你怎麼還讀書呢？你不熱嗎？」

胤禛頭也不抬，乾脆地回答：「熱也要讀書，背熟了再玩不遲。」說著，用手背抹掉額頭上的汗珠，繼續讀書不輟。

康熙一直盯著書房內的情況，被胤禛的舉動吸引了，他想，這個孩子做事認真、用心，與眾不同，實在難得，看他的樣子，背不熟文章就不吃飯了。果如他所料，胤禛一直不為他人所動，堅決地背誦著文章，直到背熟了，才主動對徐元夢說：「師傅，我背熟了，你檢查吧。」

徐元夢奇怪地看著他，拿起書本說：「好，你背吧。」

胤禛開始背誦，雖有些停頓遲疑的地方，還是背完了。他的背誦聲引起書房內所有人注意，幾位皇子和侍讀停下玩耍，一起轉向他。徐元夢對他們說：「你們看，四阿哥年齡最小，做事卻最認真、用功，值得大家學習。」

他們聽了，有人露出敬佩神色，有人覺得不以為然，大阿哥胤禔說：「老四，有你的，這麼快就背熟了。這叫什麼來著？『笨鳥先飛早入林』，對不對？你這隻小笨鳥飛到我們前面去了。」

胤祉也說：「比我背的還快，真是想不到。」他非常聰明，特別愛好學習，記憶力超群，是皇子中非常優秀的學生。

徐元夢趁機說：「學習不僅需要動腦子，也需要付出艱辛的體力勞動，誰下的工夫多，誰就會獲得更大的成就。今天就到這裡吧，大家先去吃午飯。下午萬歲親自教導大家騎射武功。」滿洲人入關前是遊牧民族，以騎射見長，男子從小練習騎馬射箭，個個功夫了得。為了培養子弟們健壯的體魄和尚武愛鬥的精神，滿清從皇室到一般人家都不忘教育子孫們騎射之術。

大家聽說下午不用讀書，一個個喜笑顏開，歡天喜地走出書房，在各自隨身太監帶領下去吃午飯。一直站在窗下的康熙來不及走開，與他們碰了個對面。大家慌忙跪倒施禮，給康熙請安。康熙說：「不用多禮了。四阿哥，父皇有一事不明，你現在說給大家聽聽。」

胤禛奇怪地問：「什麼事？」

康熙說：「剛才大家熱得都用汗巾擦汗，你怎麼忍住了？」

胤禛回答：「入讀的時候父皇就告訴我們，不管天氣多麼熱，都不能搧扇子，不能隨意亂動，所以，我不擦汗。」

原來如此。康熙再次盯著胤禛，被他堅毅的品格深深感染，脫口說：「難怪師傅們多次誇獎四阿哥，真是不簡單啊。」這句話出自康熙之口，可不是一般的誇獎，立刻得到眾人應和。徐元夢上前說：「四阿哥讀書認真用功，非常刻苦，實在難得。」

康熙笑著說：「時候不早了，大家都去吧，下午還要繼續學習。」許多次，他從老師們口中聽到的都是兒子們不愛讀書、不肯用功的話，如今胤禛以刻苦贏得老師誇獎，讓他倍感欣慰。

可是事情總是不盡如人意，過了一段時間，胤禛也受到了老師的批評和懲罰。這次懲罰因何而起呢？

一次懲罰

初冬時節，康熙為皇子們又聘請了一位老師。這位老師姓張，名莊，字謙宜，山東膠州城水寨人。他出身學問世家，自幼深受家庭熏陶，加之天分極高，少年時代便以詩詞聞名於世。青年時代起，他潛心宋儒性理之學，是有名的大家。後來，他考中進士，因為癡迷學問，閉門潛心著書，不肯入仕做官。他的著作內容包括經史、地理、詩文、理論、方志、譜牒、傳記等，數量之大，範圍之廣，在山東膠州學者中首屈一指，在明清山東學者中也少見。康熙見他學富五車，才高八斗，打算請他做皇子們的老師。

一開始，張謙宜沒有答應康熙的邀請，不肯入宮。後來，在張英等大學士勸導下，才勉強答應下來。不過，他依然堅持自己為人做事的風格，不但執教很嚴，而且不避權貴，視皇子如平民，經常批評處罰他們。很多次，在皇子們完成不了他交代的作業時，都會毫不留情地體罰他們，罰站或不讓按時吃飯。這在大清皇宮可是前所未聞的事情，以致於皇子們聽到張謙宜的名字，都會皺起眉頭。

春節過後的一天，張謙宜又給皇子們上課，他講完內容後，要求皇子們抄寫課文三遍。剛剛下過一場大雪，雖然書房內有暖爐，天氣還是很冷，皇子們打開筆墨，展開紙張，認真地書寫著，時間久了，手腳發麻，於是不住地往手上呵氣。張謙宜看著看著，不由板起面孔說：「學子們十年寒窗苦讀，才會有所成就。你們坐在這麼暖和的地方，還嫌冷怕熱，太不應該了。」

胤禔放下手裡的筆，抬頭說道：「誰嫌冷怕熱了？大家不都在認真地寫嗎？真是個老學究。」康熙曾經賜給張謙宜「山東學究」的匾額，為此，很多人稱呼他「老學究」。

張謙宜生氣了，怒沖沖地說：「哼，認真地寫？就你們這麼慢吞吞，什麼時候才寫完？」

太子胤礽不高興了，也扔下筆，盯著張謙宜說：「你是不是又看我們不順眼了？告訴你，皇阿瑪為我們請的師傅多著呢，沒有一人像你這樣苛責不通情理的。」

張謙宜十分惱火，啪的扔下手裡的書本，提高嗓門說：「萬歲爺讓我來，是來教你們的，不是來通情理的。既然太子這麼說，看來我是來錯了，我走！」說著，他當真大踏步往外走去。

被文學大家王國維評為「北宋以來，一人而已」的清朝著名詞人納蘭性德。

這可嚇壞了胤禔和胤礽，康熙一直要求他們尊重師長，要是得知他們把張謙宜氣走了，還不嚴厲地懲罰他們？想到這裡，兩人趕忙對幾位侍讀使眼色，讓他們攔住張謙宜。侍讀中有一人名叫納蘭性德，清滿洲正黃旗人，原名成德，字容若，號楞伽山人。大學士明珠長子。納蘭性德才氣出眾，善詩古文辭，尤工於詞，後又潛心經史，著有《納蘭詞》、《通志堂集》，另編有《通志堂經解》，是滿清貴族中首屈一指的才子。他科舉中了進士，授三等侍衛，晉一等侍衛，本來前途無量，可他無意仕進，喜交文士。從20多歲起，就被康熙選定為皇子侍讀。他年紀最長，看到這種局面，忙起身追趕張謙宜，勸說他不要離去。

皇兄與張謙宜爭執，樂壞了胤祉和胤禛，他們年紀小，喜歡湊熱鬧，看到一向威嚴的張謙宜被氣走了，覺得好玩，也放下筆墨，跟著起鬨。這邊，張謙宜在納蘭性德的勸說下轉回書房，本想著皇子們有所收斂，看到他們依然故我，根本沒把自己當回事，惱羞成怒，拍打著書桌說：「萬歲爺讓我來教導你們，你們不尊師教，任性妄為，今天我就好好懲罰你們。」說完，他親自走到書房外，搬回一摞磚頭，喝令幾位皇子跪到上面。這可讓納蘭性德和其他侍讀十分驚嚇，他們連聲說：「老師，使不得！使不得！」

張謙宜固執地說：「我以前在鄉下做過先生，經常罰學生們跪磚，有什麼使不得？」

納蘭性德說：「阿哥們身分貴重，哪能和村野小兒相比？」

張謙宜不聽勸阻，堅持說：「不尊師教，就該罰跪！」

結果，幾位皇子拗不過張謙宜，被迫跪到了孔子先師像前。侍讀們哪敢讓皇子們單獨受罰，也一個個搬磚塊，乖乖地跪下來。為了懲治幾位皇子，張謙宜還拿來幾個碗放到他們頭頂上，不准他們隨意亂動。這種絕無僅有的處罰自然嚇壞了書房內外隨侍的太監，他們慌不迭地跑去乾清宮向康熙奏報。

康熙沒有想到張謙宜竟敢如此大膽，大吃一驚，放下手裡的奏章趕向尚書房。當他看到兒子們頭頂瓷碗，膝跪青磚，一動不敢動的樣子時，心疼、受辱以及憤恨的情緒一股腦湧上腦門，他一腳踏進門來，大聲喝問：「張謙宜，你太放肆了！朕叫你教導阿哥們，你就是這麼管教他們嗎？」

張謙宜毫不膽怯，落地有聲地回答：「是，阿哥們不尊師教，學習懈怠，就該受罰。」

「你……」康熙氣得臉都紅了，「你大膽！阿哥們身分與常人不同，怎能隨意下跪？」

張謙宜想也沒想就說：「學為堯舜之君，不學為紂桀之君！既然萬歲爺知道阿哥們肩負國家重任，更應該從小就要求他們勤奮學習，尊重師長，不能助長他們享樂和懶惰的習氣。」看來，這位來自山東的老學究將帝王之家真當成了一般人家。

康熙雖然知道張謙宜說的有理，可依然怒火升騰，無法控制自己的情緒，他從鼻孔裡哼了一聲，拂袖而去。眾人看著他離去的身影，一個個膽戰心驚，不知道他會如何處置張謙宜？

第三節 仁愛為本

為老師講情

張謙宜懲罰皇子觸怒龍顏，不少人暗暗猜測康熙肯定會嚴懲張謙宜，都為他捏了一把冷汗。康熙本人呢，回到宮中後仍然怒氣不減，對佟佳氏說：「這個老學究，看朕怎麼懲治他。」佟佳氏不敢多言，想了想說道：「萬歲息怒，不要氣壞了身體。」

這時，胤禛從書房回來了，他小心地走進來站在父母身邊，垂頭不語。佟佳氏剛要派人帶他下去，康熙喊住了他：「四阿哥，你不要走，你說，今天到底怎麼回事？」

胤禛一五一十說明事情的經過，又不敢言語了。

康熙聽完了，琢磨一會兒突然有了個主意，他問：「四阿哥，依你看，皇阿瑪該如何處治張謙宜？」

「處治？」胤禛臉色漲紅了，顯然無法想像這樣的事情，遲疑了一會兒才說，「師傅處罰

我們，是為了讓我們好好學習，這也是皇阿瑪一直教導我們的。今天我們做錯了，師傅就該處罰我們。要是皇阿瑪因此處治師傅，我覺得……覺得……」

「覺得什麼？」康熙追問。

「不應該處治張謙宜，他又沒做錯。」這句話脫口而出，胤禛長長出了口氣。

康熙驚訝非常，他盯著胤禛好像不認識他一樣，一時語塞。佟佳氏不明白康熙是什麼意思，擔心胤禛說錯了話，小心地插嘴道：「四阿哥，張謙宜敢罰阿哥們下跪，這還了得。你怎麼說他沒做錯呢？應該處治他，狠狠處治他！」

胤禛抿著小嘴，膽怯而又堅定地看著康熙，並不說話。

康熙忽然笑了，愛撫地拍拍胤禛的肩頭：「嗯，不錯，小小年紀有些胸懷。」其實，康熙被張謙宜頂撞，一開始心裡不太高興，可他是個明智的君主，很快就想開了。同時，他又是個謀略極深的人，立刻想到透過這件事考察兒子的心懷和智量。胤禛沒有記恨張謙宜，還真誠地為他講情，認為他沒有做錯，這在康熙看來，確實難得。

佟佳氏看到康熙誇獎胤禛，莫名其妙，問道：「萬歲剛剛不是要處治張謙宜嗎？怎麼……」

「呵呵，」康熙繼續笑著，「阿哥們身為皇子，將來要治理天下，不僅需要淵博的知識，出眾的才能，更要有寬廣的胸懷，才能容納天下，成就帝王之業。如果為了一丁點小事動輒發怒施威，毫無仁愛之心，怎麼可能得到百姓愛戴？」

佟佳氏恍然明白，高興地說：「萬歲以仁愛治理天下，也以仁愛教導阿哥們，他們肯定會成為出色的人才。」

胤禛認真地聽著父母談話，知道他們贊同自己的主張，格外開心，開口說道：「皇阿瑪，以後我一定刻苦學習，不再惹師傅生氣，也不讓您和皇額娘跟著操心。」

聽著他稚嫩真誠的話語，康熙和佟佳氏相視而笑：「四阿哥知道心疼父母，真是仁孝的孩子啊。」

從這件事中，康熙看到了胤禛真誠和仁孝的個性特色，十分滿意。接下來他在考察其他皇子時，這種印象更加深刻了。幾天後，他分別向胤禔、胤礽和胤祉提出了同一個問題：如何處治張謙宜？結果得到的答案與胤禛不同，胤禔認為：「張謙宜太狂傲了，不但處罰皇子下跪，還敢頂撞父皇，這樣的人應該重重地處治。」胤礽的說法是：「張謙宜目無萬歲和儲君，是對皇權和滿清的蔑視，多年來，漢人一直不服我們的統治，我看他也是這樣的漢人，留之無益。」胤祉卻說：「張謙宜一介學究，學問做得好，卻太固執，不適合為人師表。」康熙仔細分析他們的答案，雖說各執己見，但透露出共同一點，這就是張謙宜做錯了，而皇子們沒錯。這與胤禛主動承認錯誤，為張謙宜求情，是截然不同的心態和做法。經過這番比較，康熙更加喜愛胤禛了。

此後，張謙宜依然留教尚書房，數年之後，他成為胤禛的專職老師。在他嚴厲督導下，胤禛學業進步很快，擁有了紮實的儒學基礎。康熙對張謙宜的了解也不斷增多，發現他一心著書，家裡很窮，就想了個辦法讓他發財。他命人逮捕了一位貪官，放出話說只有四阿哥胤禛的師傅求情才能釋放，意思明擺著是讓張謙宜揩點油水。果然，貪官的家人聽到風聲，立即攜帶千兩銀票去拜見張謙宜。張謙宜正在屋內讀書，見到來人遞上的銀票，伸手拂到地上說了聲：「該殺！」接著埋頭讀書，再也不理睬來人。康熙知道事情的經過後，嘆口氣說：「這個老學究，真是書呆子，我還想放他出去做幾年官，看來確實不是做官的料，就讓他教一輩子書吧。」後來，胤禛長大成人，張謙宜就回鄉教書了。等到胤禛做了皇帝，想起恩師張謙宜，覺得他知識淵博，為人正直，正是他對自己嚴格要求，才學到了豐富的知識，在諸位皇兄皇弟中脫穎而出。於是下詔讓他進京做官。遠在膠州的張謙宜得到消息，不肯入京為仕，悄悄隱退山林，從此再也無人知道他的下落。胤禛聽說後，非常感慨，特意命人給他家送去禮品，感激張謙宜當年教導之恩。

替兄受過

宮苑深深，歲月匆匆，胤禛在尚書房讀書兩年多了，在各位名家大儒教導下，他不但學習了經史文章，還讀了不少理學典籍，熟練地掌握了滿漢兩種文字。另外，每天下午，他和皇兄們還在師傅帶領下學習騎射，練習強身健體的功夫。經過這段時間的磨練，他變得更為健壯，常常騎馬飛奔，夢想著能夠參與南苑圍獵活動。

我國特有的世界稀有動物——麋鹿，早在三千多年前的周朝時，麋鹿就被捕進皇家獵苑，一直到清康熙、乾隆年間，在北京的南海子皇家獵苑內尚有二百多頭。

南苑俗稱南海子，位於北京南二十里，方圓一百六十里，是元、明、清三代的皇家苑囿。大清入關後，擅長狩獵騎射的滿族貴族對南海子情有獨鍾，投入大量人力物力重加修葺，以南苑名之。據《日下舊聞考》，「南海子即南苑，在永定門外。元時為飛放泊，明永樂時復增廣其地，周垣百二十里。我朝因之，設海一千六百，人各給地二十四畝。春蒐冬狩，以時講武。恭遇大閱，則肅陳兵旅於此。」每年冬日，天子都會率領文武大臣在南苑圍獵，他們把狼、狐等食肉動物列為主要捕殺對象，稱之為「打狼圍」。

圍獵日期一天天臨近了，這天，胤禛在尚

書房讀書，課間休息時，大家不免議論起圍獵的事來。大阿哥胤禔已經十四、五歲了，從10歲起他就參與圍獵，幾年來每每狩獵都有所收穫，有時捕獲幾隻野兔，或射中幾頭小鹿，獵物雖然不多，可對於尚未參加過圍獵的胤祉和胤禛來說，就是極大的誘惑。兩人無限嚮往，恨不能立即趕到圍獵現場，親眼看一看壯觀的狩獵場景。

胤祉和胤禛被圍獵深深吸引，兩人商量後，決定前去求太子胤礽幫忙，帶他們參加今年的圍獵。由於太子身分特殊，需要接受的教育和掌握的知識與普通皇子不同，1年前他已經搬到單獨一間的書房，與他們分開學習了，這叫出閣講學。胤祉和胤禛探頭探腦來到胤礽書房外，趴在窗子上往裡瞧，巧的是，書房裡只有胤礽一人。他們從窗子裡爬進去，拜見過太子後說出了自己的請求。胤礽看看左右無人，悄悄說：「帶你們去不難，可你倆太小了，不懂騎射，去了能幹什麼？」

胤禛說：「怎麼不懂？我早就會騎馬了，也能拉弓射箭了。」

「是嗎？」胤礽有些不信，「你能拉弓射箭？恐怕你還拿不動弓箭吧。」

「拿動了，拿動了，」胤禛著急地辯解，擔心胤礽不相信，巡視四周，用力搬起一張小桌子說，「你看，我能搬動桌子呢。」

胤祉在一邊為他作證：「老四比我有力氣，前幾天他還射中了練武場的一塊靶心呢。」

胤礽瞧著胤祉說：「那你呢？你射中了嗎？」

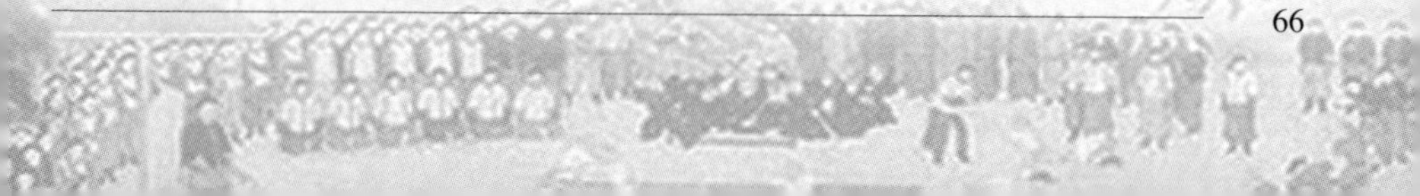

胤祉搔搔頭皮，不好意思地說：「沒有，我不愛騎射，我喜歡讀書，我能熟背《詩經》全篇啦。」

康熙接受歷朝歷代在冊立太子問題上遇到的教訓，試圖透過嚴格而系統的教育，為自己塑造一位成功的接班人。因此，胤礽自幼得到的教育比起幾位兄弟來，可以說更為全面而細緻，在學業上尤顯突出，不管文采還是武功，都是相當優異。他已經參與三次圍獵，每次都有所斬獲，得到康熙和大臣們一致誇獎。受此影響，年少的他不免有些驕傲，聽說胤祉只會背誦詩篇，更是不以為然，對他說：「背誦《詩經》有什麼用？能獲得強壯的身體和統帥天下的本領嗎？你呀，就是個書呆子。我看還不如老四呢，雖說剛直一些，可還是個有用的。」

胤禛聽到太子誇獎自己，欣喜不已，急忙道：「那你答應帶我們去圍獵了？」

胤礽說：「答應了，到時候你們就跟在我的衛隊後面，我會安排他們照顧你們。記住了，不要亂跑，萬一讓父皇看見，事情就麻煩了。」

胤祉和胤禛忙忙地謝過胤礽，歡天喜地地跑回書房去了。

半月後，圍獵活動開始了，在胤礽安排下，胤祉和胤禛喬裝改扮，混入衛隊行列。第一天，他們跟在衛隊後面觀望他人射獵，只見從康熙到普通士兵，一個個都是全副武裝，騎著精良的馬匹，手挽弓弩，時而奔馳，時而勒馬，顯得格外威武。兄弟倆覺得十分有趣，緊緊追隨在隊伍後面，不住地為射殺到獵物的人喝彩叫好。黃昏時分，胤礽射獲了一隻麅子，胤祉和胤禛非常激動，湊過去與侍衛們一起收拾獵物。結果，事情露餡了。

康熙聽說胤礽射中獵物，親自過來觀看，他一下子發現了胤祉和胤禛，當即喝問：「你們好大膽子，不知道沒有允許不准參與圍獵的規矩嗎？說，是誰讓你們來的？」

清代《射獵圖》，表現滿清貴族冬季圍獵生活的畫卷。

胤祉和胤禛慌忙跪在地上，互相對視一眼，誰也不敢說話。

康熙似乎明白了事情的原委，轉向胤礽問：「是你帶他倆來的？」

胤礽也趕緊跪下了，張口結舌地推託道：「事情與兒臣無關，是……是……」

胤禛忽然接口說：「回稟皇阿瑪，這件事情不是太子的錯，是我和三哥求他，他才帶我們來的，求皇阿瑪不要怪罪太子。」胤祉一聽，也忙應承：「是，是我和老四的錯，與太子無關。」

康熙微微點頭，語氣緩和地說：「你們兄弟倒是重情義，肯為他人擔當。太子，你說，這件事情該如何處置？」

胤礽想了想，有些不情願地說：「兒臣帶頭犯錯，聽憑父皇責處。」

康熙由怒轉喜，望著幾位兒子說：「三阿哥9歲了，已經到了參加圍獵的年齡，四阿哥雖說小1歲，不過能文愛武，體格不錯。既然你們這麼想參加圍獵，朕准許了。」

三兄弟不但沒有受罰，反而獲准參加圍獵的資格，一個個喜笑顏開，謝恩而去。這邊，一位叫尹泰的大臣提醒康熙：「萬歲，這麼做會不會縱容阿哥們和太子爺？」

康熙笑道：「太子既是將來的君主，又是兄弟們中的一員，他要依靠這些兄弟治理天下，朕應該給他機會。你沒看見，三阿哥和四阿哥主動為太子開脫嗎？這兩孩子倒是仁義。」說到這裡，他眼前不由浮現胤禛為張謙宜求情的事，覺得這個兒子經過學習，與先前急躁、倔強的個性相比，更多了份真誠和仁愛，心裡頗感欣慰。

尹泰聽罷，信服地說：「萬歲考慮得真周全。」

圍獵過後，胤禛和兄弟們又恢復了以往刻苦讀書的歲月，尚書房內，又響起了朗朗的誦讀聲。在這些時日中，他的學問漸漸增長，遇到了許多有意思的事情。

第四節 學問長進

評論《長相思》

胤禛在學習中一天天成長，知識不斷增加，思考問題的能力也逐漸增強，養成了讀書的好習慣。更為重要的是，在父皇和師傅們的影響下，他的心胸和眼界逐漸開闊，性格得以磨練，這為他日後的成功打下了基礎。

有一天，侍講顧八代為皇子們講授滿文課程。課畢，眾人討論時，他對在座的納蘭性德說：「納蘭公子，你是我朝有名才子，請為阿哥們用滿文賦詩一首吧。」

納蘭性德緩緩起立，略一沉思，說道：「在下曾經隨從萬歲爺赴盛京，途中日行夜宿，跋山涉水，越過重重關隘，一路上感慨很深，寫了一首《長相思》，今日獻醜，讀給大家聽聽。」

「好！」眾人拍手喊好。

納蘭性德用低緩的語調唸道：

山一程，水一程，身向榆關那畔行，夜深千帳燈。

風一更，雪一更，聒碎鄉心夢不成，故園無此聲。

他用滿文唸完，似乎意猶未盡，又用漢語唸了一遍。這首詞是納蘭性德最出色的詩詞之一，自從問世，得到無數文人墨客賞識，就連康熙也評論說：「納蘭性德經過刻苦學習，做出如此優秀詩詞，不亞於漢人文學家，這是我們滿人的驕傲。」滿清入關前，一向重視騎射武術，沒有正式的文字，缺乏文學素養。入關後，他們之中不少人依然認為文學無用，不肯學習，也不培養子孫讀書。為此，康熙以身作則，努力攻讀漢書經典，還嚴格要求皇子們學習。所以，納蘭性德做出著名的《長相思》之後，他格外激動，在滿清大臣中多次提到此事，無非就是要提高他們學習文化的興趣。

顧八代是滿洲鑲黃旗人，去年入值尚書房，成為皇子們的老師。他早就讀過《長相思》，今日聽納蘭性德親自朗誦，依然十分欣賞，對皇子們說：「請各位阿哥評一評這首詞。」

大阿哥胤禔的母親是納蘭性德的父親明珠的妹妹，也就是說，納蘭性德與大阿哥是表兄弟。明珠

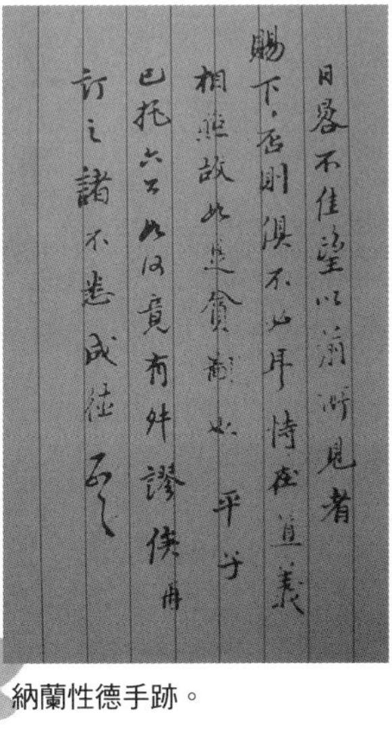

納蘭性德手跡。

在朝中地位很高，與太子的叔外公索額圖並列宰臣之首，他們憑藉著特殊的身分，影響很大。胤禔母子與明珠一家交往很深。現在胤禔第一個發言：「皇阿瑪說了，這首詞是我們滿人的驕傲，超過任何漢人作品。」

太子胤礽今日也與大家一起學習，他打斷胤禔的話：「皇阿瑪只是說這首詞非常優秀，並沒有說超過任何漢人作品。」

胤祉富有文學天賦，經常對文章做出深刻的見解，插嘴說：「這是滿人作家中絕無僅有的作品，用詞簡潔凝練，意境優美感人，我最喜歡最後一句，『風一更，雪一更，聒碎鄉心夢不成，故園無此聲』。多麼形象，多麼逼真，真是絕妙！」

納蘭性德謙虛地說：「三阿哥過獎了。」

胤禛開口說：「三哥分析得精闢，不過我卻有新看法。」眾人一驚，同時望著胤禛，等他發表高見。胤禛說：「我喜歡這首詞的前半段，『山一程，水一程，身向榆關那畔行，夜深千帳燈。』富有豪邁氣概，讀起來更覺過癮。要是我也隨父皇遠征，能夠領受在帳篷過夜的滋味，那該多好！」

胤礽笑著說：「瞧你這點出息，在帳篷中過夜有什麼好的？哪裡比得上皇宮大院。」

胤禛反駁道：「行程萬里，志在天下，這是好男兒的嚮往，在皇宮大院能見識什麼？我讀過辛棄疾的『醉裡挑燈看劍，夢回吹角連營。八百里分麾下炙，五十弦翻塞外聲，沙場秋點兵。馬作的盧飛快，弓如霹靂弦驚。了卻君王天下事，贏得生前身後名，可憐白髮生！』覺得這種豪俠氣概真是不同一般。」

胤礽依然不同意他的觀點，說：「文人墨客喜歡誇張做作，寫出來的東西很多不合時宜，過分推崇只會讓他們驕傲自大。」

「現在我們討論文章，並不是討論文人。」胤祉不滿地說。

「對，」胤禛說，「皇阿瑪經常對我們說，文章天下事，說明文章是很重要的，我們天天學習，就是透過文章學習做人做事的道理。」

「哼，」胤礽生氣了，「你們倆知道什麼？讀過幾天書？敢在這裡賣弄！」

胤祉本想繼續發言，看到太子發火了，欲言又止，慢慢坐下來用書本遮住面孔，悄悄地觀望著。胤禛一時性起，沒有想到這麼多，衝著胤礽反問：「我和三哥已經讀了3年書，讀過許多典籍，怎麼不能評論文章？」

「3年算什麼？」胤礽不屑地說，「你隨便問問朝中的哪位臣子，誰不是讀了幾十年書？他們都不敢胡亂評論文章，哪輪得到你們？」

顧八代一直細心地聽著皇子們辯論，見他們對文章、文人有自己獨特的見解，十分欣慰。特別是胤禛說出豪邁之感時，他不由想到，四阿哥生在富貴鄉中，生活安逸，卻有大丈夫志在四方的氣概，倒是可喜可賀。這時，他見皇子們爭執起來，擔心事情鬧大了不好收場，出面說道：「各位靜一靜，討論結束了。這幾天我聽說了幾個謎語，給大家猜一猜好不好？」

「好！」皇子們與普通孩子一樣，也是愛玩的。

顧八代說：「一月復一月，兩月共半邊，上有可耕之田，下有長流之川，六口共一室，兩口不團圓。猜一個字。」

胤禛和幾位兄弟、侍讀聽了，有的在手心裡比劃，有的在桌子上寫畫，還有的閉目苦思，爭相猜測謎底。納蘭性德顯然知道謎底，他一動不動地坐在那裡，靜靜地看著皇子們猜測。不一會兒，各位皇子開始輪番說出自己的謎底，可惜都錯了。顧八代提醒道：「我們學習儒學，學習中庸之道，其中最要緊的是什麼？」

沒等他的話音落地，胤禛搶先回答：「中庸之道乃為之用，謎底是『用』字。」

顧八代點頭說：「好，回答得好。還有一個謎語，大家聽好了，『上不在上，下不在下，不可在上，只宜在下！』」

這又是個什麼字呢？大家疑惑地猜測著，不知道這次是誰猜對了？

用千里鏡觀測月食

眾人苦思冥想，不知道謎底是什麼，顧八代看看時候不早，說：「回去繼續猜吧，今天的作業就是它了。」

胤禛走出書房，在太監護送下轉回宮中，一路上他只顧思索謎語，竟然幾次走錯方向。隨行太監叫小鐘用，他不住地提醒說：「四阿哥，您往東，四阿哥，您往西。」這樣說來說去，胤禛有些煩了，訓斥道：「我在思考問題，你不要說話打擾我。」

小鐘用嚇得不敢出聲了，可又擔心出問題，只好亦步亦趨地跟隨著，一步不離左右。他們主僕兩人這般趕路，引起一人注意，這就是前來皇宮拜見皇貴妃的隆科多。隆科多是皇貴妃佟佳氏的弟弟，一等公佟國威的兒子，朝廷一等侍衛，算起來是胤禛的娘舅。由於他經常進宮，與胤禛早就熟識，兩人關係不錯。隆科多奇怪地看著胤禛和小鐘用，不解地上前詢問：「四阿哥，您怎麼啦？小鐘用為何跟得這樣緊？」

胤禛見到隆科多，這才回過神來，高興地說：「舅舅，你什麼時候來的？對了，今天師傅出了一個謎語，我們都沒有猜出來，你知道答案嗎？」說著，他把謎題告訴了隆科多。

隆科多想了想，搖搖頭說：「阿哥們都猜不出來，我哪裡知道？走，回去問皇貴妃娘娘。」他們正準備回宮，突然遠處跑來一位太監，急急地喊住胤禛說：「四阿哥留步，四阿哥留步。萬歲有旨，宣各位阿哥進宮見駕。」

胤禛覺得好奇怪，心想，這麼晚了有什麼事？他不敢耽擱，急忙和隆科多一起向乾清宮而去。路上隆科多小心地向太監打聽發生了什麼事，太監悄悄告訴他：「宮裡來了幾個洋人，萬歲打算讓阿哥們向他們學習新鮮的學問。」

「有這樣的事？」隆科多十分驚奇，他知道康熙喜歡西學，先後拜過幾位西洋師傅，還在宮中任命幾位西洋人做欽天監，負責氣象等事，可他沒想到康熙會讓皇子們也學習西學。這樣一路想著，很快來到乾清宮。

果然，康熙召見皇子，正是為了西學一事。負責氣象的西洋欽天監根據天文觀測，預報今天將有月偏食發生。康熙了解到月食是一種自然現象，並非傳說中的天狗吃月亮。為了驗證其中的科學道理，他特意讓幾個兒子到乾清宮，與他一起用科學儀器觀測月食現象。

這件事顯然出乎胤禛兄弟想像，他們奇怪地盯著桌子上的千里鏡，不過黑禿禿一個鐵架子，怎麼可能看到遙遠的月亮呢？再說，傳說中天狗吃月亮時，人們應該敲鑼打鼓驅趕天狗，現在卻要搬著一個鐵架子觀望，會不會觸怒天神？他們深受傳統思想影響，對於先進的西學缺乏認識，自然無法想像月食的真實情況。康熙似乎看出了兒子們的疑慮，招呼說：「來，誰幫皇阿瑪一起搬這個千里鏡？」

幾位皇子面面相覷，最後，太子上前說：「皇阿瑪，這就是千里鏡嗎？」

「是啊，」康熙說，「它可以看到千里之外的東西，故而取名千里鏡。走，你們跟父皇一起到院子裡，用它觀測月亮變化情況。」

胤祉走過來撫摸一下千里鏡，驚異地說：「這個鐵傢伙竟然可以看到千里之外，成了天上的神仙千里眼了。」

「千里眼？」胤禛也走過來，一邊伸手觸摸千里鏡，一邊前後左右打量著，不明白它為什麼具有如此神奇的功能。

康熙和兒子們親手搬動千里鏡，把它挪到院中的臺子上。幾個西洋人幫助他們架好，調整方向和距離，然後與康熙輪流觀測，確保安置成功了才叫幾位皇子上前觀測。這個過程中，胤禛兄弟始終目不轉睛地觀看著，覺得有趣極了。特別是胤祉，他最愛用心學習，看到他們調試的整個過程後，之後竟然學會了安裝千里鏡。不過重要的是先來看看他們觀測月食的情況。

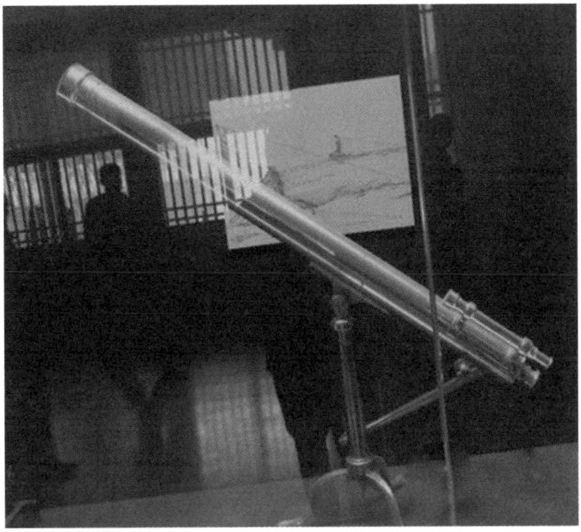

大清皇帝使用過的天文望遠鏡。

過了許久，天上的月亮出現陰影，月食發生了。康熙連忙安排胤禛兄弟輪流用千里鏡觀察，並不時向他們提出問題，詢問他們觀測到的情況。

康熙不但帶領兒子們觀測月食，還帶領他們觀測日食，多年後，胤禛做了皇帝，曾經回憶起當年父皇帶領他們兄弟觀測日食和月食的事情。他說：「昔年遇日食四、五分之時，日光照耀，難以仰視。皇考親率朕同諸兄弟在乾清宮，用千里鏡，四周用夾紙遮蔽日光，然後看出考驗所虧分數。此朕身經試驗者。」

在康熙的言傳身教影響下，皇子們對自然科學技術的興趣日漸濃厚。當時，一位來自法國的傳教士白晉在給法王路易十四的信中曾說，康熙讓皇子們看了所有由西方傳教士幫助製作的裝飾精美的教學儀器，並親自帶他到天文觀測臺觀覽。他還說：「皇帝對計數表（傳教士洪若翰等專為康熙製造）極為重視，他一學會使用，就立即教給皇太子；而皇太子則為了表明對計數表的重視，把它裝在套子裡，掛在腰帶上。」

不僅如此，康熙還根據兒子們不同的自身條件，有選擇地在某一方面進行重點培養。就在這次觀測月食之後，他發現三阿哥胤祉非常適合學習幾何學，於是親自給他講解幾何學原理。在他傾心教

位於今天北京建國門外的天文觀測臺。

導下，胤祉成為皇子中最博學者。他後來又學習律呂知識，主持編修《律曆淵源》，將中國、外國鐘盤（磬）絲竹等樂器，分門別類，改正錯訛。

那麼，胤禛受到了西學的哪些影響，他的學習和生活之路又會出現哪些變化呢？

胤禛和兄弟們讀書騎射，進步很快。這時，在他的生活中出現了一位對他影響深遠的人物，這個人名叫顧八代，能文善武。有一次，顧八代穿著破洞衣服給皇子講課，引起一場勤儉之爭。面對與眾不同的顧八代，胤禛會是什麼態度呢？

一次射擊比賽，引發一場學以致用的教育，顧八代得到康熙認可。而顧八代講述的「一袋金子」、「母親不裹腳」兩個故事，又會產生哪些影響呢？

第三章

恩師顧八代 教學有方受益長

第一節 恩師顧八代

文才武略的顧八代

胤禛第一次用千里鏡觀測月食，感觸很深，在先進的科技面前，他表現出濃厚的興趣。這天夜裡，他躺在床上左思右想，幾次爬起來遙望天際，不明白千里鏡怎麼會有那麼神奇的功能？這件新奇的事情強烈地吸引著他，讓他忘記了白天猜謎語的事。

第二天一大早，胤禛匆匆趕往尚書房時，才忽然記起昨天猜謎語的事，不由著急地想，師傅昨日留了猜謎的作業，我竟然忘得一乾二淨，這可如何是好？他放慢腳步，一路思索著朝前趕路。跟班的小鐘用眼看著時間不早了，提醒道：「阿哥爺，天光大亮了，再不快點就要去晚了。」

胤禛正著急，哪肯聽他嘮叨，不耐煩地制止他：「別說話！打擾我的思路小心挨板子。」

小鐘用不敢吱聲，默默地跟在身後。主僕兩人一前一後慢吞吞趕路，走到尚書房時果然晚

了。今天的侍講還是顧八代，他皺著眉頭問：「四阿哥，你一向來得早，今日為何這麼晚？」

顧八代入值尚書房以來，一直是胤禛的老師，他對這位勤懇好學，做事認真的皇子十分看重，常常誇獎他「勤奮，肯學」。胤禛也非常尊重正直博學的顧八代，與他關係格外親近，特別喜歡他樸實勤儉的作風。那麼，顧八代是何來歷？他會給胤禛的學習和成長帶來哪些影響？這恐怕要從他的身世和經歷說起。

顧八代姓伊爾根覺羅氏，年少時喜歡讀書，善於騎射，順治十六年（西元1659年）從征雲南立下戰功，被授予戶部筆帖式，後改任吏部郎中。康熙十四年（西元1675年）康熙考核旗人官員，顧八代名列第一，擢升為翰林院侍讀學士。康熙十六年（西元1677年），他跟從莽依圖大將軍征戰廣西，參與平息「三藩之亂」的戰鬥。大軍還沒有到達目的地，廣西巡撫傅弘烈就與吳三桂部下吳世琮交戰，不幸大敗，向莽依圖部緊急求救。

莽依圖帶領軍隊前去救援，顧八代反對說：「我軍還在途中，臨時組織的陣營散亂無序，如果與敵人相遇，恐怕很難取勝。」莽依圖沒有聽從他的意見，依舊率軍前行，結果與吳世琮的軍隊相遇，不敵而敗。莽依圖帶領兵馬倉皇退到梧州駐紮，吳世琮部乘勝追擊。顧八代帶兵拼命抵抗，打退了敵人。他向莽依圖建議說：「敵人暫時退卻了，肯定還會再來，請大將軍一定要加強防備。」這次，莽依圖聽取他的意見，命令部隊加強防守，以防不測。

果然，除夕這天，吳世琮率領三萬兵馬偷襲而至。由於清軍做好了準備，以逸待勞，再一

次打退了敵人。從此，莽依圖對顧八代刮目相看，把他視為身邊的心腹，交給他很多重要軍務。第二年，清軍挺進盤江，又遇上了吳世琮的部隊。仇人相見分外眼紅，莽依圖本打算與敵軍展開一場激戰，沒想到身染重病，無力指揮軍隊。無奈之下，他把所有軍務交給顧八代，讓他與副都統勒貝等率軍渡江，與敵決戰。

顧八代分析局勢，機智果斷地採取了多面夾敵的策略，將兵馬分為左右兩路，向敵人展開攻擊。清軍首先攻破敵人左翼，顧八代下令兵馬合力攻擊敵人右翼。在強力夾擊之下，吳世琮的部隊逐漸不能支撐，潰敗而散，他本人也突出重圍，落荒而逃。顧八代沒有任其逃亡，而是下令精兵強將追擊。吳世琮眼見無路可逃，在江邊拔劍自刎。這場戰爭勝利後，顧八代名聲大振。接著，清軍進攻南寧，遭到吳三桂十萬大軍阻攔，在強敵面前，不少將領露出畏難情緒，戰爭進展受阻。

在這種情況下，顧八代挺身而出，自告奮勇衝入敵人陣營，與敵人展開激戰。受其鼓舞，將士們士氣高漲，一個個爭先恐後殺入敵營，奮力苦戰。終於，他們攻破了敵人用十萬兵馬建造的銅牆鐵壁，大敗敵軍。

顧八代的赫赫威名傳到京城，得到許多人讚賞。京察、掌院學士拉薩里、葉方藹以他從征有績效為由，打算向康熙推薦他。可是大學士索額圖從中作梗，認為他為人「浮躁」，不值得推薦，這件事就這樣耽擱下來。然而不久，莽依圖親自上疏向康熙推薦了顧八代，說他：「從征三載，竭誠奮勉，運籌決勝，請留軍委署副都統，參贊軍務。」康熙接到奏疏，批准了莽依圖的建議。

後來，莽依圖去世，顧八代跟隨平南大將軍賚塔南下雲南，攻會城。在這一戰中，他又提出了決勝性的策略，認為應當先取銀錠山，俯瞰城內，方能方便進攻。勇略將軍趙良棟採取顧八代的計謀，果然取勝。此後，戰爭結束，顧八代回歸京城，康熙知道他的各種事跡後，遂委以重任，並讓他做了侍講大學士。

顧八代做為一個有勇有謀、以軍功揚名的將領，能夠成為皇子們的師傅，其中還有其他隱情嗎？

勤儉之爭

康熙之所以選中顧八代，不僅在於他軍功赫赫，還因為他文才出眾。當年滿人官員會試中，他曾經取得第一名的好成績，這樣一位具備文才武略的人物，自然得到康熙賞識。另外，顧八代為人正直勤儉，做事刻苦努力，為官十分清明，這樣的品性人格非常難得，康熙為了教導皇子們成材，當然會選擇這樣的人做他們的師傅。

顧八代做了皇子師傅後，依然秉持個人風格，從不以此誇耀自己，也不因此追求物質上的

享受，他和家人過著清貧的生活，衣食穿著甚為儉樸。康熙得知後，打算送給他一些財物幫助他，卻被他婉言謝絕了。康熙說：「你現在是皇子們的師傅，過於寒酸，有失體面。」顧八代回答道：「勤儉是立家之本，也是立國之本，我認為這不會損害體面。」康熙沒有辦法說服他，也就任由之。

然而，生在帝王宮苑、見慣了奢華富貴的皇子們，對這位節儉的師傅卻是看法不一。胤禔和胤礽就多次悄悄議論他：「身為朝廷一品大學士，皇子師傅，一點貴重的氣派也沒有，經常穿著破舊衣服，這樣的人怎麼配做我們的師傅？」胤祉和胤禛則不同，他們年齡小，對於他人評價比較感性，受外在因素影響較少。他們只是覺得顧八代教學風格淺顯平實，為人做事爽直不做作，所以對他印象不錯。特別是胤禛，與顧八代性情相投，兩人的關係很快親近起來，超出他人。這一點所有人心知肚明，不過胤禔和胤礽看不起顧八代，也就不會為此爭風吃醋，反而聽之任之，這樣反倒方便了顧八代和胤禛的交往。有一次，顧八代來得匆忙，穿了一件帶破洞的朝服，引得胤禔、胤礽當堂大笑。胤禛站出來為他打抱不平：「聖人說：『君子食無求飽，居無求安，敏於事而慎於言，就有道而正焉。』師傅穿著儉樸有什麼不對？我們也應該像他那樣勤儉節約才對。」

胤禔說：「現在天下昇平，百姓富足，一般人都過上了衣食無憂的日子，顧師傅是朝中大員，拿著朝廷俸祿，難道沒有錢買件新衣服？我看他這樣做，是故意丟大清的顏面！」

胤禛立刻反駁：「歷來奢侈浪費，不顧百姓疾苦才是朝廷大患，勤儉怎麼會丟臉？」

太子胤礽打斷他的話說：「此一時，彼一時，如今天下百姓哪來的疾苦？你這樣說，不是指責皇阿瑪嗎？真是人小膽大，不要說了！」

顧八代為胤禛貴而不驕、富而不淫的品性所喜，高興地說：「阿哥們不要爭了，前番萬歲爺問我為什麼不肯穿著好一些，我說：『勤儉是立家之本，立國之本。』我家裡清貧，朝廷發下的俸祿還不夠我添置書籍，一家人也就這麼過了。所謂樂在其中，顏回『一簞食，一瓢飲，在陋巷，人不堪其憂，回也不改其樂。』就連他的老師孔聖人都發出『賢哉，回也』的感慨。可見他能從苦中體會樂趣，我們為了追尋先聖足跡，也要像他學習。如今雖說國泰民安，衣食豐足，可是驕奢浪費萬萬要不得，你們身為皇子，更應該時時警惕，嚴格要求自己，不能助長享樂之風。」

孔子最得意的門生——顏回。

聽了這番話，胤禛欣喜地說：「多謝師傅教導，我一定謹遵您的話，時時處處注意勤儉，不隨意浪費。」

胤禔顯然不服氣，沒好氣地說了一句：「哼，節儉？孔聖人還說過『三年學，不至於穀，不易得也』的話呢，有幾個人會主動放棄舒適的生活去追求苦難？這不明擺著做給別人看嗎？」

胤禛還想與他爭論，顧八代咳嗽幾聲說：「好了，勤儉的話題就到這裡吧。仁者見仁，智者見智，這件事情大家回去繼續考慮。現在，我們開始學習今天的新課程了。」

課後，胤禛對這件事念念不忘，他找到顧八代說：「師傅，我認為不管到什麼時候都要勤儉，大哥固執己見，這是錯誤的，我要說服他。」

顧八代意味深長地說：「你的看法沒有錯，但是聖人還說過一句話：『宜兄宜弟，而後可以教國人。』就是說，和自己的兄長和弟弟關係處得好，然後才能教育國內的人。大阿哥的看法與你不同，如果你強行扭轉他的觀點，肯定會引起爭執，這樣做不利於兄弟團結。所以，你應該想辦法慢慢勸說他。記住，不管做什麼事，都不要試圖快速解決，這是不可能的。」他了解胤禛急躁的個性，對他提出了針對性的教育方法。

胤禛仔細揣摩顧八代這幾句話，心裡想了很多，自他入讀以來，一直非常敬重幾位兄長，他們對自己也很友愛。然而，隱隱之間，他似乎覺察到了什麼不快在兄弟中蔓延，這到底是什麼呢？小小年紀的他當然還不明白，是競爭向兄弟情義提出了挑戰，做為皇帝的兒子，未來國家權利的掌控者，年齡越大，會越明顯地體會到這種你死我活的爭鬥的殘酷。

第二節 循循善誘教皇子

學貴專的道理

胤禛成為顧八代最為得意的皇子學生，兩人關係日漸深厚。受其影響，胤禛在學業和為人方面進步明顯，常常早來晚歸，攻讀課業更為積極努力。所以，在觀測月食的第二天他遲到，讓顧八代頗感意外。

聽了師傅追問，胤禛臉色一紅，支吾著說：「我……我昨夜隨同父皇觀測月食，睡得晚，所以……」

顧八代微微一笑，指著在座的皇子說：「我聽說昨夜幾位阿哥都去觀測月食了，可是唯獨你來晚了。」

胤禛臉色更紅了，垂著腦袋低聲爭辯：「我、我鑽研千里鏡來著……」

顧八代依然笑微微地說：「聽三阿哥說，他喜歡鑽研千里鏡，還準備安裝一架，怎麼，你

也是這樣想的？如果真是這樣，你該向萬歲爺求旨，學習數學、幾何還有計數器等學問。」

胤禛沒有言語，心裡想著顧師傅怎麼知道這麼多事情，還說出幾種西洋學問的名稱，難道他也懂得西學？

顧八代猜出了胤禛的心思，繼續說：「西學傳入中國有些年頭，萬歲爺在傳教士影響下也學了不少新鮮知識。這些學問細緻精密，與我中華文化不同，學習起來方法也不一樣。在我看來，不管學習什麼，專心致志，用心刻苦最為緊要。如果三心二意，今日喜歡這個，明日又癡迷那個，終將一事無成。」

胤禛何等聰明，聽出顧八代話中批評之意，終於說出了心裡話：「師傅教導的是，我只想著觀測月食，忘了作業的事，早上著急，思索了一路，還請師傅責罰。」

顧八代知道胤禛好學愛思考，也了解他做事認真不肯服輸的性格，一面示意他進屋落座，一面接著說：「觀測月食是萬歲爺的旨意，我哪敢責罰？不過既然你還記得作業的事，今日你就說說，有沒有答案了？」

胤禛試探著說：「上不在上，下不在下，不可在上，只宜在下。我覺得這也是個字謎，答案是不是『一』呢？」

顧八代點點頭說：「不錯，猜對了。這個『一』字雖然簡單，可具有深遠的意義。你們想，萬物始於一，『一』既是開始，是第一，自然與眾不同。但在我看來，『一』還有另外深刻的涵義，這就是『專一』，它與三心二意相對，強調為人做事不能隨心所欲，應該具有恆心和毅力。一貫為之，是成功的基礎。這就是聖人說的『學貴專』的道理。」

皇子和侍讀們靜靜地聽著，有人默默點頭，有人若有所思，胤禛明白老師的深意，低垂著頭暗暗地想：顧師傅說得有道理，看來以後還要以課業為重。

此事傳到康熙耳中，他不滿地責問顧八代：「朕為了開闊皇子們的視野，特意讓他們使用千里鏡觀測月食，怎麼？你認為這樣會耽誤他們的功課？」

顧八代回答：「萬歲，臣不反對讓皇子們接觸西學。臣只是認為學習是件用心極專的事情，要是不能集中精力，肯定影響學業。前人就曾經說過『兩耳不聞窗外事，一心只讀聖賢書』的話。」

康熙想了想問：「依你看，該如何對待西學？學還是不學？」

顧八代胸有成竹地答道：「臣認為西學畢竟替代不了傳統學問，可以採取『以傳統學問為主，洋為中用』的學習態度和方法，將其融會到聖賢學問中，根據阿哥們的具體情況採取相應教育措施。」也許他是第一個提出「洋為中用」之說的人了，200年後的洋務運動，就是以此為出發點進行的改良運動。

康熙高興地說：「說得有理。顧八代，你不但會打仗，還很會教學，是個好老師。」他接受顧八代建議，一面加強皇子們在傳統學問方面的學習，一面採取因材施教的教育方法，留意各位皇子在學習上的不同表現，進行相應的教育。

這次教育改革對胤禛影響很大，讓他認識到學貴專的道理，在傳統文化學習中更加用功，也讓他開始合理有序地接觸西學，學習到數學、幾何等新式課目。沒想到，他對數學十分敏感，很快掌握了一些基本知識，運算能力大為提高。看到兒子進步，康熙很高興，多次親自考核他，還讓他把學到的知識運用到實踐中，這時又發生了一個故事。

學以致用的教育

這天，康熙到無逸齋檢查皇子們學習情況，當他聽他們熟練地背完書後，微微笑著說：「看到你們背書，父皇不由想起小時候讀書的情景。現在，父皇聽政之暇，也在宮中披閱典籍，殊覺義理無窮，樂此不疲。今天，父皇想問問你們，讀書是不是件苦差事？」

太子胤礽首先回答：「書山有路勤為徑，學海無涯苦作舟。讀書雖苦，可兒臣以苦為樂，覺得很有趣味。」

康熙輕輕點點頭：「這樣想也好。」

接著，胤禔和胤祉也說了一通苦讀求進的話，唯有胤禛沉默不語。康熙奇怪地問：「四阿哥，你怎麼不說話？」

胤禛恭敬地說：「兒臣讀書時間不長，領悟淺顯，我覺得讀書不是件苦差事。顧師傅曾經教育我們，讀一卷書即有一卷之益，讀一日書即有一日之益，這樣的事情怎麼能說苦呢？」

康熙一怔，隨即高興地說：「對，讀書不是件苦差事，是件有意思的事，樂於讀書方可熟知其中深意。等你們年齡漸長，對此會有更深刻的理解。」說完，他帶領兒子們離開尚書房，到練武場習武。

練武場設在景山後面的空地上，是康熙特意開闢出來供兒子們練習騎射之地。康熙和兒子們來到練武場，早有在此供職的武官敏德迎上來行禮問安，並吩咐手下人為他們準備好馬匹弓箭。康熙為了檢驗兒子們的軍事課目，傳令下去，各位皇子做好準備進行射箭比賽。

聽說要進行比賽，皇子們一個個躍躍欲試，分外激動。他們自幼學習騎射，經過名師指導，別看年紀不大，個個都已是行家裡手，功夫了得。首先，他們在敏德帶領下來到射箭區。這裡四周樹立著許多根細長的木杆，長杆之間拉有繩索，麻布和毛氈，掛著氈牌靶，即箭靶。箭靶由馬皮和毛氈製成，從內向外依次製成紅、紫、黃、綠、藍、黑六色布圈，靶心為紅。敏德站在箭靶附近宣布比賽規則：「今天的比賽包括跪射、立射、跑射和騎射四種形式，所用箭支一律採用響箭，誰也不得違反規定。」原來，射箭比賽規矩很多，為了保證安全，比賽用箭為特製響箭，箭離弦射出後發出震耳清脆的響聲，射中哪一靶圈，該靶圈便會掉落在地，成績一目了然。另外，射箭形式多樣，按照射程可分為遠射和近射兩種，分別離開靶心240步和

100步；按照比賽時射擊姿勢分為騎射、立射、跪射和跑射等多種形式。根據敏德宣布的規則，今天的比賽只有四種形式。

此時，康熙和顧八代等人坐在離射箭區不遠的一個亭子裡，目不轉睛地盯著這邊觀看。胤禛和兄長們正在挑選合適的弓箭和馬匹，不一會兒，比賽開始了。首先出場的是大阿哥胤禔，他從小喜歡打打殺殺，愛好騎射功夫，加上年紀最長，深得康熙和各位武學老師指導，尤其精於射術，只見他彎弓搭箭，在敏德指揮下，一會兒單膝跪倒，一會兒站立側身，一會兒慢跑回射，無不射中靶圈。接著，他跨上一匹健壯的栗色馬，一邊策馬急馳，一邊瞄準靶心射箭，又是連中三箭。頓時，武場上響起陣陣喝彩聲，就連康熙也忍不住連聲叫好。

大阿哥胤禔出了風頭，太子胤礽有些不悅，他不甘示弱一步跨出，手挽弓箭開始了比賽。這些年他以特殊的身分得到訓練，騎射之術自然不在他人之下。果然，經過立射、跪射、跑射和騎射幾輪後，他也獲得全場人的熱烈掌聲。

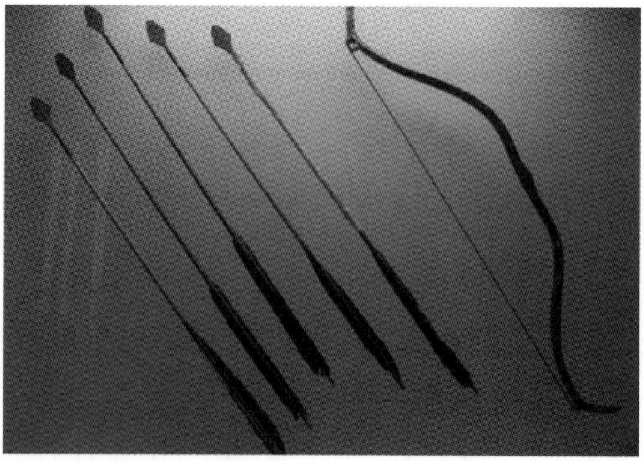
清朝皇帝御用弓與大閱箭。

下面輪到胤祉和胤禛，他們一起上場了。看著他們有條不紊地做著各種射箭動作，顧八代忽然對康熙說：「萬歲，三阿哥和四阿哥學習過算術，今天就讓他們親自數一數個人射中的靶圈數目，算一算個人的名次如何？」

康熙立即說：「好主意。敏德，你不要公布阿哥們的成績，讓三阿哥和四阿哥算一算，看看個人成績如何？」

這邊，胤祉和胤禛完成跪射，開始了立射。他們一起後退到離箭靶50步的地方，然後開弓放箭，只見胤禛射出的箭筆直有力，衝向靶心而去；而胤祉射出的箭，就像一隻折斷翅膀的小鳥，一個跟斗栽倒在箭靶前，連最外面的靶圈都沒有射中。眾人見此，不免發出惋惜聲。胤祉有些著急，接連射出幾箭，依然一箭未中。胤禛三發皆中，與胤祉相比，格外引人關注。接下來的兩項比賽中，胤禛也是遠遠勝出胤祉，接連射中靶圈。康熙看著看著，搖頭說：「三阿哥騎射功夫太弱了。」

比賽終於結束了，按照康熙旨意，由胤祉和胤禛負責計數各位皇子射中的靶圈。這一下，胤祉來勁了，他喜歡算術，擅長計算，這不是正中其意嗎？他拿過敏德記錄的靶圈顏色，一一核比對較。胤禛也不落後，認真地對照著，在心裡默默核算，由於靶圈太多，數目比較繁瑣，他一時沒有頭緒，算得比較慢。胤祉先有了答案，他高聲向康熙稟報：「太子跑射、跪射得了第一，大哥騎射、立射得了第一。」

康熙向敏德等人查詢，結果果然不錯，他很滿意，剛想說話，卻聽胤禛提出了不同意見：

「在立射比賽中，太子在距離靶心30步時射中靶心2次，紫色靶圈1次，在50步射中紫色靶圈

3次。大哥雖然在30步時接連射中靶心3次，但他在50步時卻只射中2次紫色靶圈，一次射中了黃色靶圈。如果以射中靶心為1分，射中紫色靶圈為2分，射中黃色靶圈為3分，這樣算起來，太子和大哥都得10分，就是說他們射中的靶圈雖然不同，但成績是一樣的，他倆應該並列第一。」

胤禛的話讓在場的人略感驚訝，敏德等人趕緊向康熙說明：「四阿哥算得細緻，臣自愧不如。」

康熙了解胤禛做事認真的個性，笑了笑說：「四阿哥，難為你如此細緻。看來，你的算術有些進步，這也是件好事。」他說著，轉向胤祉：「你心性靈巧機敏，就是身子太弱，以後還要加強練習。」說到這裡，他回身看看顧八代問：「你今天推薦學生做算術，有何感想？」

顧八代連忙回答：「各位阿哥文才武略，讓臣等大開眼界。學以致用是治學的根本，老臣以為，只有結合實際才能得到鍛鍊的機會，才能體現學問的用處。今天這次比賽，四阿哥年紀最輕，卻能文善武，短短時間內準確地算出比賽成績，實在令人欽佩。」

康熙樂了：「顧八代，你這種中西結合的方式倒也有趣，以後還要仔細琢磨鑽研，以便阿哥們受用。」接著，他親自練習了一會兒騎射，才戀戀不捨地轉回宮中。

第三節 關於忠和孝的兩個故事

一袋金子

回宮的路上，大阿哥胤禔有些不快，他埋怨胤禛：「本來我和太子分別獲得兩個第一，你倒好，非要讓他和我並列立射第一，你是不是有意貶低我？」

胤禛吃驚地說：「怎麼是我讓他和你並列呢？事情本來就是如此，這是大夥都看到的，你不能冤枉人。」

胤禔恨恨地嘟囔一句，不再理他快步走到前面去了。胤祉跟上來，悄悄扯扯胤禛的衣襟，低聲說：「大哥最喜歡騎射，自以為天下第一，你偏偏惹他生氣。」

胤禛不解地說：「我惹他生氣？他沒有奪得第一怨我嗎？這麼說，你剛才有意讓他和太子並列？」

胤祉忙看看四周，示意他小聲說話，然後再也不言語。

這件事讓胤禛鬱悶了很長時間，他的心思沒有瞞過顧八代。這天放學後，顧八代留下胤禛，與他單獨交談。談話中，自然而然聊到前次射箭比賽的事，胤禛依然滿腹委屈地說：「沒想到我說了真話，反而落得埋怨，真是得不償失。」

顧八代說：「我常常對你們說，做人不能只看一時，要看長遠。怎麼看長遠呢？今天我就給你講個故事吧。」他清清嗓子，抑揚頓挫地講述起來。

明朝年間，青州有位姓蘇的酒店老闆，以誠信聞名當地。有一段時間，一個中年漢子天天到酒店裡喝酒。時間久了，蘇老闆與他熟識起來。

一天，這位漢子又來了，不過他不是來喝酒的，而是交給蘇老闆一個包裹，對他說：「您替我看管一天，我明天來取。」蘇老闆答應了他的請求，將包裹仔細地收藏起來。

可是第二天，那位中年漢子沒有前來取包裹。一天天、一月月過去了，中年漢子始終沒有露面，蘇老闆在忙碌的生意中漸漸淡忘了此事。轉眼幾十年過去了。這天下午，年邁的蘇老闆站在櫃檯前算帳，突然門外走進一位老人，他既不說話，也不入座，而是四處打量，像是尋找什麼東西。蘇老闆好奇地看著他，不明白他要做什麼。這時，老人走上前，盯著蘇老闆開了口：「請問，你是蘇老闆嗎？」

「是，您有什麼事？」蘇老闆客氣地說。

「請把我托您看管的包裹還給我吧。」老人一字一句說道。

「包裹？我不記得有這樣的事，您什麼時候交給我包裹了？」蘇老闆一頭霧水。

老人不慌不忙地敘述了當年托他看管包裹的情形，蘇老闆大吃一驚，轉身問店裡的夥計們，可大家都說不記得眼前這位老人和包裹的事。

老人堅持追要包裹，蘇老闆無奈，只好命人仔細搜尋。最後，他們在酒店後面倉庫的一個貨架上找到了那個包裹。包裹上面落滿了厚厚的灰塵和蜘蛛網，破舊不堪，當老人拿到它時，激動得眼含熱淚，他小心地揭開，仔細地檢查裡面的物品，並把它們一一擺放在櫃檯上。這時，人們發現了一堆金光閃閃的金條、金塊和各種金器。老人用手指夾起金條，「一，二，三……」慢慢數著，數完以後，感激地說，「我的金子在這兒保管得很好，很好，一點也沒有損失。蘇老闆，您真是個誠實的人。」

「沒什麼，」蘇老闆謙謹地說，「我不過做了應該做的，不值得誇獎。」

老人為了報答蘇老闆，告訴了他一個祕密，這就是城東有一塊福地，誰死後安葬在那裡，誰的子孫後代就會興旺發達。至此，蘇老闆才知道老人原來是位著名的風水先生。他聽從老人的建議，買下那塊福地。幾年後，他去世後安葬在那裡。果然，他家發達了，子孫中有人做了大官，位列宰輔，其中一人還迎娶了公主，成為當朝駙馬爺。

故事講完了，顧八代看著胤禛出神的樣子，笑著問：「四阿哥，你覺得蘇老闆這個人怎麼樣？那位寄存包裹的老人又怎樣？」

胤禛說：「蘇老闆講誠信，不貪財，是個好人。那位老人知恩圖報，蘇家因他而發達，這叫善有善報。」

顧八代說：「對呀，蘇老闆不圖一時之利，反而獲得長久利益，這是他講誠信的結果。我們常說『誠信是立身之本』，聖人教導我們：『吾日三省吾身，為人謀而不忠乎？與朋友交而不信乎？傳不習乎？』都是在講這個道理。如果為了眼前利益不說真話，變成一個油滑虛偽的人，將無法取信於人，也就不會忠誠地為人做事。你想，這樣一個失去信譽的人，還會有誰信任他、幫助他、支持他呢？」

胤禛恍然所悟，高興地說：「我明白了，講真話沒錯，我做對了。」

顧八代笑笑，沒再說什麼。接下來的一個故事，讓胤禛領悟到孝敬長輩的重要意義。

母親不裹腳

元宵節很快來到了，皇宮內張燈結彩，喜氣洋洋。今年，孝莊太后已經70多歲高齡，為了讓她開心，康熙特意下旨隆重慶賀節日，准許各位文武大臣、皇子嬪妃和皇女們參加節日宴會。這天，他們裝扮一新，齊聚宮內，等候宴會開始。

不多時，孝莊太后在蘇麻喇姑和嬪妃們攙扶下慢慢走過來。蘇麻喇姑是清宮內一位特殊的人物，她自幼跟隨孝莊太后，多年來忠誠有加，能文能武，為孝莊太后和大清天下立下過汗馬功勞，就連康熙也對她非常敬重。如今，她已是上了年紀的老人了，仍然十分謙謹，人前人後從不誇功，而是自稱「奴才」。這天，她像普通宮女一樣攙扶著孝莊太后，生怕出現一絲差錯。康熙連忙上前攙住孝莊太后，一臉笑容地扶她坐到特地準備的椅子上。其他人逐一上前請安，然後才各自落座。

孝莊太后慈愛地招呼幾位皇子坐到自己身邊。胤禛坐在最右邊，他發現蘇麻喇姑站著，突然起身讓座。這個舉動讓在場人大吃一驚，蘇麻喇姑推辭說：「四阿哥，奴才哪敢坐，您快請坐下。」

胤禛說：「皇阿瑪說，您是我們大清的大功臣，您服侍老佛爺有功，是我們的長輩，我們應該尊敬您。」

這番話引得不少人發出讚嘆聲，孝莊太后連聲說：「好，好，懂得孝敬長輩，是個好孩子。過來，老祖母有賞。」說著，她從衣袖裡掏出一塊玉翡翠遞給胤禛，略有所思地說：「別看這塊玉翡翠不大，卻有些來歷。這是你們的曾祖父用過的第一把折扇的扇墜。折扇後來壞了，他就把它送給我，讓我給他縫到新的折扇上。可是，我還沒

蘇麻喇姑死後葬於孝莊太后昭西陵東，現地面建築已無存，只有一個寶頂尚在。

來得及做，他就……」說到這裡，她不免有些傷感，不再說話了。

康熙知道祖母年紀大了，喜歡懷舊，趕忙招呼著岔開話題，宴會正式開始了。眾人有說有笑，場面熱鬧起來。為了助興，康熙親自講了幾個笑話，並對大夥說：「誰有好聽的故事，只管講來，講得好了有獎。」

在座的人除了皇親國戚，就是文武高官，別看表面上一團和氣，內心裡卻是你爭我鬥，都想在這種場合露露臉，顯顯本事。特別是索額圖和明珠，兩人一個是太子的叔外公，一個是大阿哥胤禔的娘舅，多年來他們苦心經營，結黨營私，已經形成兩個不同的利益集團，明爭暗鬥，互不相讓。這一點，康熙心裡很明白，他做為一個成熟的政治家，十分巧妙地利用他們的矛盾，掌控著朝廷局勢。今日宴會，索額圖和明珠都是主要客人，他們沒想到四阿哥胤禛一上來就出了風頭，蓋住了太子和大阿哥，心裡很不舒服。於是，趁著講故事，他們每人談了一番尊卑有別的道理，其中深意無非是暗指胤禛為蘇麻喇姑讓座，顛倒了主僕關係，不值得提倡。

孝莊太后微微冷笑，她很清楚朝廷內部的紛爭，什麼話也沒說。一時間場面冷淡下來，就連康熙也沉默了。就在這時，顧八代輕咳一聲開了腔：「老佛爺、萬歲爺，臣在南方打仗的時候，聽說了一個有意思的故事，今天在這裡講講，供大家娛樂。」孝莊太后和康熙一起點頭應允。顧八代認真地講述起來——

從前，有一個叫朱克銘的湖南人，非常喜歡讀書。不幸的是，在他八、九歲時，家裡遭難，父母雙亡，他成了一貧如洗的孤兒。他家的女僕收養了他，供他衣、食、住、行，還千方百計讓他繼續讀書。經過十幾年苦讀，這個人考取功名，做了大官，被委派到廣東任職。他不忘撫養他的女僕，決定把她接來與自己同住。

女僕是個剛強的女子，自幼家境貧寒，為了方便工作，她沒有像普通女子一樣裹腳。朱克銘派來的人抬著轎子，敲鑼打鼓來到女僕家把她接走了。快到城裡時，人們聽說朱老爺不忘舊恩迎接養母，都跑到街頭看熱鬧。不一會兒，朱克銘來到了，他先向坐在轎子裡的養母問安，然後像僕人一樣亦步亦趨地跟在轎子後面，隨母親進城。

女僕端坐轎子裡面，她的大腳不小心露了出來。朱克銘一眼發現了，連忙輕輕地把養母的兩腳推進轎簾裡。過了一會兒，女僕的腳又露出來，朱克銘十分尷尬，他擔心人們知道養母有一雙大腳，會成為市井笑談，於是再次輕輕推進去。

終於，轎子抬到府衙門前了，朱克銘急忙上前攙扶養母下轎。沒想到，女僕坐在轎子裡不肯下來，她高聲說：「我不想住在這兒，你給我找一家小客店，我一個人住著方便就行了。」

朱克銘一聽慌了神，跪倒在地央告說：「孩子不孝，不知什麼地方得罪了您，惹您生氣。孩子錯了，求您原諒。」

女僕端坐轎中，一言不發。朱克銘沒有辦法，忙派人去內府請來自己的夫人，夫妻倆一同勸說養母下轎。經過再三請求，女僕說出了自己的不滿：「老爺夫人在世的時候，對我的腳都

沒有說過什麼。今天你因此嫌棄我，覺得我給你丟了人，我還有必要在這裡住嗎？」

朱克銘和夫人直挺挺跪在地上，聆聽完養母訓斥，才爬起來恭恭敬敬地扶她進門。

故事講完了，宴席上先是一片沉寂，接著人們交頭接耳，議論紛紛，有人認為女僕太過分了，也有人認為她教訓朱克銘做得對。孝莊太后環視四周，笑了笑說道：「這個故事有趣。漢人把裹腳當作女子一生的頭等大事。這個女僕出身貧苦，沒有裹腳，招來養子嫌棄，實在可憐。『子不嫌母醜』，朱老爺做錯了，好在他及時改正了錯誤，還算有孝心的。」她這麼一說，眾人都不言語了。停了片刻，康熙才笑著說：「顧八代，你常年在外，聽來的鄉間故事多，以後多來給老佛爺講講，替她解悶。」顧八代應了一聲，退回座位上。

在父皇母后以及師傅教導下，胤禛本來就是非常孝敬長輩的人，受故事啟發，他進一步認識到孝敬的深刻含義，體會到「孝」在人們心目中的重要性。他默默地想，我一定要做一個孝敬父母長輩的人，讓他們天天開心快樂。殊不知，他這種看似簡單的想法，實施起來卻萬分困難。很快，他就遇到了一件與「孝」有關的難題。

第四節　生活中的導師

省親前的告別

初夏時節，皇貴妃佟佳氏獲得省親的機會。這可是十分難得的機會，女人一旦入宮，沒有特許是不准出宮的，更不許隨便回娘家。佟佳氏很激動，簡直到了寢食難安的程度，她不停地準備著衣服首飾，還有各種用具。當然，皇帝欽賜的物品很多，一樣都不能落下。另外，需要帶哪些人回去？他們需要做哪些準備？以及回去經過哪條路線……等等，讓她十分操心。這天，胤禛放學後看到她還在忙碌，上前請安說：「皇額娘，這些天您一直忙著，當心累壞了身子。」

佟佳氏微微喘口氣，心有不甘地說：「額娘也想清閒一會兒，可是我們明天就要回去，萬一哪裡有點疏漏，丟了萬歲爺的顏面，那可不得了！」

胤禛想了想，拉著佟佳氏坐到床邊，拍拍胸脯說：「皇額娘，您歇著，兒子大了，兒子幫

您收拾東西。」

佟佳氏高興地說：「額娘知道你心疼我，可是這件事非同小可，馬虎不得。你呀，準備自己的東西去吧，這裡的事就不要管了。」

胤禛噘著嘴說：「我已經長大了，怎麼不能幫皇額娘？對了，舅舅不是在前面辦差嗎？我和他一起肯定錯不了。」他說的舅舅是指隆科多。

佟佳氏笑著說：「你舅舅哪能插手宮裡的事？他已經回去準備迎駕的事了。」

胤禛還是不死心，非要幫助佟佳氏收拾省親的物品。母子兩人僵持之際，康熙走了進來，他聽說了胤禛的想法，竟然肯定地說：「就把這些事交給他吧，鍛鍊鍛鍊有好處。春秋時期的田文從小替父當家，成為一代名相，人才成長與實踐鍛鍊分不開。」

胤禛得令，立即著手安排起來。他先把宮裡的所有宮女太監召集起來，分為五組，每組派出一名隊長，直接聽命自己。各組有的搬動東西，有的包裹物品，有的傳遞信息，有的整理衣物，倒也井然有序，行動迅速。康熙看在眼裡，對佟佳氏說：「怎麼樣？我做得不錯吧？」

佟佳氏滿臉笑意，一邊為康熙端水一邊說：「還是萬歲爺教子有方。四阿哥小小年紀，倒像個小大人。」

康熙長長嘆一口氣：「他還小嗎？朕像他這個年紀，已經登基稱帝了。」說完，他口氣一轉，繼續說，「古往今來，歷朝歷代的皇子皇嗣們生於深宮之中，長於宮人之手，錦衣玉食，沒有鍛鍊的機會，只知道享樂，哪有幾個成材的？前明的宮廷中這種好逸惡勞的風氣特別嚴重，皇子們十多歲了，才請出閣學習。他們學習不認真，只知道玩樂。侍講們不敢得罪他們，虛於應付，簡單講幾句了事。你想想，這樣的人長大了怎麼會明白道理，又怎麼可能決斷問題？」

他們說話的時候，胤禛帶人抬著一個箱子出去了，這是一個裝著破舊物品的箱子，他們想把它抬出皇宮內城，放到內務府附近的倉房裡。路上，胤禛遇到了老師顧八代，他奇怪地上前施禮詢問：「顧師傅，您怎麼還沒有回家？」

顧八代好像正在等他，看看周圍人多，也不便多說，只是笑呵呵地回道：「閒著沒事，在這裡走走。四阿哥明日隨皇貴妃娘娘省親，不知道幾天才能回來？今天六阿哥又沒來無逸齋，聽說病得嚴重，你去瞧過他嗎？」六阿哥胤祚是胤禛同母兄弟，已滿6歲，剛剛入讀。

胤禛搖搖頭：「六弟經常生病，我多次去瞧他，今天事多，就不去了。」

顧八代說：「這樣不妥。四阿哥，你素知誠孝之事，同母兄弟病了都不去瞧瞧，要是萬歲知道了，豈不怪罪你？再說，你明日省親，也該與德妃娘娘交待一下。」德妃即胤禛的生母烏雅氏，在接連生下幾個兒女後，步步高升，已晉封為妃。

胤禛聽了這話，卻垂下腦袋，一臉的不情願。隨著年齡漸長，他已經知道自己的身世，清楚生母並非佟佳氏，而是烏雅氏。由於與生母相處的時間太少，他從心裡無法接受這個事實，

對烏雅氏抱著陌生且疏遠的態度。但誠孝父母是人之根本，所以很多次，他不得不硬著頭皮去給生母請安。此時顧八代提醒他與生母告別，他只是站著沒動。

顧八代了解胤禛的心思，再次勸說他。最終，胤禛還是聽從他的建議，慢吞吞朝德妃的永和宮而去。德妃正在給胤祚餵藥，看到胤禛來了，吩咐人給他看座倒茶。胤禛拘謹地坐下來，試探著問：「額娘，六弟得了什麼病？」

烏雅氏嘆氣說：「太醫一會兒說得了風寒，一會兒說體質太弱，也不知道究竟得了什麼病？他從小到大吃了多少藥了？真是比吃的飯還多。」正說著，胤祚突然直挺挺躺下不動了。這可嚇壞了烏雅氏，她連忙放下手裡的藥碗，將胤祚摟到懷裡，急急地招呼宮人：「快，快去請太醫！」接著，她摟住胤祚又是呼喚又是掐他的人中，宮內其他人也是手忙腳亂，圍著胤祚團團轉。

永和宮——雍正皇帝的生母烏雅氏生前居住的宮殿。

胤禛想上前看看胤祚的情況，卻被烏雅氏推開了：「你躲開，躲開，不要礙事。」胤禛有些氣悶，呆呆地站立一邊。很快太醫來到了，在他照料下胤祚慢慢清醒過來。烏雅氏激動得又哭又笑，忙不迭地感謝太醫，吩咐宮人趕緊煎藥。除去胤禛外，宮內所有人都忙碌著，這讓他格外不自在，他悄悄退出宮去，一個人悶悶不樂地回去了。

第二天一大早，康熙親自來為佟佳氏送行。臨行前，他對胤禛說：「你隨皇貴妃省親，一去可能要住幾天，記住不要耽誤了學習。聽說佟家有個叫法海的少年，文才出眾，十幾歲已經頗有名聲，你要是見著了，要好好跟他學習。」

胤禛高興地答應下來，嚮往著皇宮外的那一片陌生的天地。

四阿哥訪法海

法海是佟國綱的兒子，皇貴妃佟佳氏的堂弟，天資聰穎，喜好讀書，十幾歲已有不少詩詞作品問世。這在滿清貴族中非常難得，因此很受重視。胤禛得知這個情況後，跟在佟佳氏身後，恨不能立刻見到這位法海。

此時的佟家已經做好了歡迎皇貴妃和皇子的各種工作，府前車水馬龍，府內裝飾一新，場面壯觀豪華，熱鬧無比。在眾人簇擁下，胤禛和佟佳氏步入佟府，略作休息，開始接見各位親戚和有關人員。

胤禛心裡想著法海，特別渴望他能出現在前來叩拜的人群中。可是，幾輪叩拜之後，他並沒有聽到法海這個名字。他著急地問：「皇額娘，法海怎麼沒來？」

佟佳氏皺著眉頭，微微搖頭說：「我也不清楚。現在事情多，過一會兒再說。」接著，他們繼續進行正規的參拜禮儀。好不容易結束了禮儀活動，胤禛坐不住了，他東看看，西瞧瞧，趁人不備，拉著小鐘用跑了出去。佟家的府第十分豪華，前後十幾重院落，房舍山石層層疊疊，美觀大方。胤禛和小鐘用穿梭其間，看到不少客人來往，僕從忙碌。好在他們年紀小，並沒有引起他們注意。小鐘用很擔心，不停地問：「阿哥爺，你要去哪？一會兒皇貴妃娘娘找不到我們怎麼辦？」

胤禛說：「你擔心什麼？這裡是皇額娘的娘家，還怕出什麼差錯嗎？我聽說佟家有個叫法海的少年，聰明有學問，我想見見他。」

小鐘用說：「這還不簡單嗎？您吩咐一聲，他們家還不趕緊去找人？何苦您親自尋他？」

胤禛說：「你懂什麼？我聽顧師傅說過文王訪賢的故事，他教育我們訪求有學問的人應該虔誠，不能隨隨便便。我這叫『四阿哥訪法海』，回去了可以寫一篇好文章呢。」

小鐘用聽不懂他說什麼，只好緊緊跟著，在佟家的大院子裡找來找去。兩人很快穿過前院，來到了後面花園，遠遠望去，園子裡假山層層，流水潺潺，鮮花盛開，芳香撲鼻，不亞於紫禁城的後花園。園子東北角有個荷花池，一池碧綠的荷葉襯托著幾朵待放的荷花，清新脫俗，傲然不遜。胤禛一眼看見池塘邊站著個少年，中等身材，面向荷花，似乎正在思索什麼。他向小鐘用使個眼色，兩人悄悄走了過去。

快到少年身邊了，他們聽到少年朗朗吟誦道：「荷葉五寸荷花嬌，貼波不礙畫船搖。相到薰風四五月，也能遮卻美人腰。」原來，他在臨池詠荷。

胤禛心裡一喜，想到，這個少年肯定是法海，不然怎麼會出口成章？他急忙過去搭訕道：「請問你是法海嗎？」

少年人吃了一驚，回頭望著胤禛，見他不足10歲模樣，一雙眼睛不大，卻透露出英武氣概，穿著華麗而不奢侈，舉手投足間盡顯貴重氣派。他看了多時回答道：「正是。請問你是哪位？怎麼來到佟府？」

胤禛高興地說：「我慕名而來，就是為了找你。剛才聽你吟誦荷花，果真才氣逼人。」

「找我？」法海訝然道，「今天來我們府上的全都是為了皇貴妃娘娘，怎麼會有人來找我？你叫什麼名字？」

胤禛故意說：「我跟隨家裡大人來的，早聽說過你很有才學，特地來拜訪。」

聽他這麼說，法海消除芥蒂之心，與他攀談起來。少年人情趣相投，很快成為無話不談的好友。他們從聖賢典籍聊到文人墨客，又從國家大事談到皇貴妃省親，當胤禛問法海為什麼不

去前面拜見皇貴妃時，法海自負地說：「哼，這些人聽說皇貴妃來了，一個個擠破腦袋想去見上一面，還不是為了升官發財？我讀書求道，才不與他們同流合污！」

胤禛笑了：「你倒是看破紅塵，可是大家去見皇貴妃，未必是你想像的那樣。你想，皇貴妃多年不回娘家，家裡人能不想她嗎？見一見也是人之常情，你太刻薄了。」

法海固執地說：「皇貴妃娘娘又不認識我，我去見了有何益處？」

胤禛又笑了：「剛剛你還說別人為了升官發財去見皇貴妃娘娘，怎麼，你見她也是為了好處不成？我看你呀，一腔文人氣，滿腹名利心。」

這句話正中法海要害，他臉騰地紅了，囁嚅著說：「你，你不能這麼說。我就是覺得那些人太世俗了，不願和他們一同拜見娘娘。」

胤禛也不再逼迫他，而是接著他剛才吟誦的詩詞聊起來：「看到滿池新荷，認識公子這樣的人，真是覺得有幸。」

不知不覺天色已晚，他們說笑著去前院，迎面看到隆科多急匆匆奔來。隆科多看到胤禛，慌忙地施禮說：「四阿哥，您這會兒去哪了？皇貴妃娘娘急壞了。」

法海頓時怔住了，看著胤禛說：「你，你是四阿哥？」

胤禛笑著說：「是啊，我不虛此行，結識了一個大才子。」

法海自知失禮，趕忙施禮賠罪。

胤禛說：「沒什麼，臨來時皇阿瑪交待，一定要跟你好好學習，我算是完成他交給我的任務了。要是把這次『訪賢』告訴顧師傅，他也會很開心的。」

不知道顧八代聽說這件事後會如何感想？法海有沒有成為胤禛的好友？

皇貴妃病重，胤禛心急如焚，他多次祈福，竟然中暑暈倒在寺廟前——康熙不忍懲罰私自出宮的兒子，卻礙於戒律，不得不令其自罰。

胤禛日書百「孝」，誠孝名顯。這時，孝莊太后病故，大阿哥和太子之間互相告狀，並且拉攏胤禛。胤禛會不會參與告狀？他又是如何獲得貝子封號的呢？

第四章

祭祖巧祈福　四阿哥誠孝名顯

第一節　為母祈福

乞巧節

胤禛「訪賢」結識了法海，此事在佟家傳為佳話。皇貴妃佟佳氏欣喜地說：「四阿哥做事精細，竟然與恃才傲物的法海成為好友，不簡單。」原來她早就知道法海的秉性，這次來還打算勸說他一番，希望他不要固執己見，能夠心平氣和地讀書做人。法海得知皇貴妃的用意後，慚愧地說：「我從前傲慢無知，自以為了不起。這次結識四阿哥，與他交談後，才知道像他這樣的皇子都能靜心求學，謙謹做人。真是學無止境，我太淺薄了。」在胤禛影響下，法海一改先前作風，埋頭苦讀，謙虛為人，學問和人品大有長進。幾年後，他考取進士，並在胤禛推薦下侍講皇十三子胤祥和十四子胤禵，成為尚書房最年輕的老師。

再說胤禛，當他把結識法海的事情告訴康熙和顧八代時，兩人不約而同誇獎了他。特別是顧八代，高興地說：「學有所用，四阿哥效仿古人『訪賢』，真有明君風範啊。」

胤禛說：「明君不敢當，這都是顧師傅教導有方。」此後，他一直與法海保持交往，或者交談學習心得，或者議論國事，還一起研究西學，進步很快。

回宮不久，皇貴妃佟佳氏生病了，太醫們輪番診治，效果不佳。恰在這時，七月七日乞巧節來到了。乞巧節是傳統的節日，說起它的來歷，人們自然會記起牛郎織女的愛情故事。

相傳很久以前，天上的織女星下凡嫁給了牛郎。他們耕織勞作，生子育女，過著平凡的生活。王母娘娘得知後大怒，親自捉拿織女歸天。牛郎用扁擔挑著一雙兒女追趕，眼看就要追上了，狠心的王母娘娘拔下髮簪，在身後劃出一條銀河擋住了牛郎。從此，牛郎織女隔河相望，不得團聚。後來，每年七月七日，地上的喜鵲都會飛上天去，結成鵲橋，讓他們兩人相聚。七月七日由此成為人們嚮往愛情的節日，許多文人墨客曾經寫下美好的詩詞來讚頌它，著名的《古詩十九首》中就有：「迢迢牽牛星，皎皎河漢女，纖纖擢素手，札札弄機杼。終日不成章，涕泣零如雨。河漢清且淺，相去復幾許。盈盈一水間，脈脈不得語。」這樣的經典篇章引起後人無盡感慨。

殊不知，乞巧節不僅是愛情的節日，更是女子的節日。所謂「乞巧」，乞願求巧的意思。在這天夜裡，女子們要動針線，用麻縷為彩線，借月影穿過七枚纖細的針孔，如果穿過了，那麼說明她心靈手巧。另外，還要在庭院中陳列瓜果，要是有蜘蛛在上面結網，就證明非常吉利。當天空中白氣蒸騰，五彩光華閃耀時，乞願的人可以跪拜求福求壽，還能求子。這在古代十分盛行，很受重視。

所以，乞巧節歷來都是後宮中的重要日子。這天，從太后到普通宮女無不精心打扮，早早地準備好針線瓜果，等候夜晚降臨。佟佳氏是後宮之主，幾年來她總是陪伴孝莊太后在宮苑裡設宴乞巧，有時候一直坐到深夜，等待著牛郎織女星相會。一旦天空出現異樣，她們也會跪地祈福。可是今年她生病了，孝莊太后身體不爽，乞巧宴會就交給蘇麻喇姑和其他嬪妃組織主持。

夜色降臨，皇宮內的乞巧宴會開始了。宮苑內坐滿了嬪妃宮女，她們一個個喜氣洋洋，談笑風生，有人不停地穿針引線，有人開始遙望天際，還有人躲到葡萄架下，招呼著說：「快來，快來，在這裡能聽到牛郎織女的談話。」

大家玩得正開心，忽然前面一陣跑動，胤禛帶著小鐘用慌慌張張趕來了。看到他們，眾人吃了一驚，蘇麻喇姑上前問道：「四阿哥，你怎麼來啦？」

胤禛說：「我來祈福。」

「祈福？」蘇麻喇姑奇怪地問，「乞巧是我們女子的事，你祈什麼福？」

七月七丟巧針，清代詩人吳曼雲《江鄉節物詩》：「穿線年年約北鄰，更將余巧試針神。誰家獨見龍梭影，繡出鴛鴦不度人。」

不少嬪妃格格湊過來，與胤禛打趣道：「四阿哥，你為誰祈福？是不是想偷聽牛郎織女說話。」

胤禛滿面通紅，生氣地說：「我為皇額娘祈福，你們管不著！」原來，白天在無逸齋，他聽顧八代說起七夕祈福的事，當即表示要為佟佳氏祈福。當時胤祉就阻止他：「那是女子的事，你不能去。」胤禛反駁說：「《漢武帝故事》中說，西王母遣謂帝曰：『七月七日，我當暫來。』那天，漢武帝打掃宮內，點燃九華之燈。《漢武帝內傳》還說：『七月七日夜晚，漢武帝看見西南方白雲湧現，滿滿接近皇宮。』不一會兒，西王母乘坐紫雲之輦來到了。漢武帝大喜，在承華殿舉辦齋筵，他頭戴太真晨纓之冠、腳踏玄瓊鳳文之履迎接西王母。這些記載說明乞巧不只是女子的事，男子也可以參加。」

一心為母祈福的胤禛不顧他人勸說，來到乞巧宴會現場。當他看到在座全是女性時，不免心裡發慌，但是希望母親康復的強烈願望壓制了其他一切，他勇敢地走過去，站在了乞巧的隊列中。不一會兒，空中雲朵浮動，接著西南方亮起一道閃電，人們歡呼道：「哎呀，祥雲來了，祥雲來了，快祈福！」

胤禛心急，跪到眾人前面，默默地祈求上蒼保佑母親康復長壽。就在他真誠地跪拜之際，空中飄起細密的雨絲，跪地祈福的人陸陸續續起身躲避，唯獨胤禛一動不動。蘇麻喇姑喊道：「四阿哥，下雨了，快起來。」可他依然紋絲不動。小鐘用站在他的身邊，用手遮住額頭，小心地提醒道：「阿哥爺，我們躲一躲吧。」

胤禛虔誠地跪在地上，彷彿睡著了一樣，根本不理睬他人。大約過了半個時辰，雨停了，眾人圍過來驚奇地看著胤禛，只見他渾身濕透了，雨水順著眼角眉梢往下滴。而他，顯然十分滿意，拉著小鐘用的手站起來，簡單地說了一句：「走吧。」

在場人無不唏噓感嘆：「四阿哥冒雨為母祈福，真是孝順！」

為母再祈福

胤禛為母祈福的事很快傳遍後宮，佟佳氏心疼地撫摸著他的額頭說：「你怎麼這麼傻呢？萬一淋出病了怎麼辦？」

胤禛說：「我情願生病，換取皇額娘身體健康。」

佟佳氏眼裡一酸，哽咽著說：「額娘沒有白疼你。」

康熙聽說了這件事，也很感動，特意賞賜給胤禛一把折扇。胤禛十分珍惜父皇的賞賜，把它藏到櫥櫃裡。康熙奇怪地問：「你怎麼不用，把它放起來了？」

胤禛回答：「皇阿瑪是君，兒子是臣，君所賜，是臣的榮幸，我只有敬奉，哪敢隨意使用？」

康熙高興地說：「小小年紀明白君臣之禮，嚴格要求自己，很好。」

過了幾天，胤禛聽人說起去寺廟拜佛可以為病人祈福延壽的事，心裡一動，決定到附近柏林寺為皇貴妃祈福。可是，宮戒森嚴，他一個少年皇子哪能隨意出入宮廷寺廟。為了實現自己的願望，這天中午，他趁著眾人吃飯時，推說身體不舒服，帶著小鐘用悄悄溜走了。中午時分，太陽像火一樣炙烤大地，皇宮內上至太后下至一般宮人，都為吃飯忙碌，外面少有人走動，所以他們一路朝著午門走去，並沒有引起他人注意。

小鐘用時常出入皇宮，對於外出之路自然輕車熟路，可他擔心違反宮內戒律，不住地阻止胤禛：「阿哥爺，不能出去，這要讓萬歲爺知道了，可不是小事啊。再說宮門防守森嚴，我們出不去！」

胤禛猛然醒悟過來，急急地問道：「那怎麼辦？出不去怎麼拜佛？你快想想辦法。」

小鐘用人小鬼大，眼睛轉一轉說道：「阿哥爺，柏林寺離神武門不遠，聽說國舅爺就在那裡值班，我們何不求他把我們帶出去？」國舅爺即隆科多。

胤禛滿臉喜色，轉身道：「走，去神武門。」

他們一路小跑趕到神武門，累得氣喘吁吁，滿頭大汗。可巧，今日恰是隆科多值班，他看到胤禛驚問：「四阿哥，您怎麼跑到這裡來了？有什麼急事？」

胤禛略作喘息，說出自己的打算。隆科多連連搖頭：「不行不行，這要是讓萬歲爺知道

被譽為「京師八大寺廟」之一的柏林寺。

了，還不拿我問罪！」

胤禛說：「皇阿瑪最重誠孝，前次我為母祈福，他還賞了一把折扇呢，怎麼會反對我拜佛祈福？要是我求他，他准會同意。可是這幾天他不在宮內，皇額娘又病得厲害，不能再耽擱了！」

隆科多是皇貴妃的弟弟，十分掛念她的病情，聽到胤禛這番話，沉思片刻即痛下決心：「快去快回，半個時辰內趕回來。」

胤禛高興地一溜煙出了宮門，在小鐘用帶領下直奔柏林寺。柏林寺是座有著百年歷史的寺廟，寺內高僧不少，香火旺盛。寺廟周圍古樹掩映，顯得格外莊嚴肅靜。廟前的佛道用青石板鋪成，一塊塊一階階，已經踏出深深淺淺的足跡。胤禛站在佛道前，忽然想起顧八代講過的一個故事，大意是有位孝子在為母親祈福時，許願從離寺廟100里的地方開始跪拜，每七步磕一次頭。結果，他一路跪拜，走進寺廟時磕了15,000次頭。如今，同樣為母親祈福的胤禛決定，自己也要沿著佛道一路跪拜，求菩薩佛保佑母親。

當胤禛撲通跪倒在佛道上時，小鐘用嚇了一跳，連忙拉著他說：「阿哥爺，您怎麼啦？還沒進廟呢，您拜什麼？」

胤禛說：「你不用管。我要效仿古代孝子，七步一磕頭為母祈福求壽。」說著，他恭敬地磕了第一個頭。

小鐘用嚇壞了，又是勸止胤禛，又是朝著廟門張望，心裡想：「這些老和尚，怎麼一個也不出來，難道任憑阿哥爺在這裡磕頭？」他剛想跑到廟門前喊人，就見裡面走出一位和尚，四十歲左右，一臉安然神態，他身穿袈裟，口誦佛號：「阿彌陀佛，是誰在外面喧譁？」

小鐘用上前喊道：「大膽的和尚，阿哥爺來了，還不快迎駕？」

和尚一點也不慌張，平靜地說：「貧僧妙智，知道來了貴客，特意出門迎接，沒想到是阿哥爺親臨，快請進吧。」

這時，胤禛已經磕了好幾次頭，還在堅持跪拜。也許他沒有吃午飯，也許他跑的路太多了，加上天熱，一貫養尊處優的他在佛道上這番折騰，顯然超出他的承受能力。就在小鐘用和妙智請他進廟的瞬間，只見他頭一歪，昏倒在佛道上。這一下子，直嚇得小鐘用驚叫連聲：「阿哥爺，阿哥爺，您怎麼啦？您快醒醒，您別嚇唬奴才呀！」

妙智也是大吃一驚，飛快地抱起胤禛，一邊掐他的人中，一邊為他號脈，然後抱著他衝進寺廟，對身後的小鐘用說：「快，快去取涼水，阿哥爺中暑了。」

小鐘用慌慌地取水喊人，柏林寺內一陣慌亂。經過妙智和其他僧人的搶救，胤禛清醒過來，看到周圍站滿了和尚，脫口問道：「你們都是佛祖派來為皇額娘治病的嗎？」妙智開口說：「阿哥爺的孝心感天動地，佛祖一定會保佑皇貴妃娘娘的。」

小鐘用驚喜至極，擦著眼淚說：「阿哥爺，您嚇死奴才了。您醒過來了，我們趕緊回宮吧。」

胤禛努力想了一下，記起剛才發生的事情，掙扎著坐起來說：「我還沒磕完頭呢，怎麼回去？」說著，他就要再去跪拜。慌的小鐘用和妙智等人一起阻攔道：「阿哥爺剛剛甦醒，千萬不能再出去曝曬了。」

不知道胤禛有沒有聽從他們的建議？

第二節　日書百「孝」

胤禛自罰

胤禛不顧眾人勸阻，堅持出去跪拜祈福。可他剛剛起身，就覺得頭昏腦脹，四肢乏力，只好再次躺下來。妙智說：「阿哥爺，您一片孝心拜佛，佛祖肯定會滿足您的心願。您放心，貧僧會為您祈福的。」胤禛這才點點頭，望著妙智說：「多謝大師了。」

小鐘用著急地說：「阿哥爺，您身子好點了嗎？我們還要趕緊回去呢。」

胤禛皺著眉頭，看樣子身體很不舒服，不過他心性堅韌，想起出宮已久，擔心被人發覺，又向妙智要了幾口湯水，服下去說：「走吧，沒事了。」

小鐘用攙扶著胤禛，在眾位僧人護送下走出柏林寺回宮。他們來到神武門時，隆科多遠遠地迎過去，抱怨道：「怎麼現在才回來？尚書房已經派人找您了。」

小鐘用氣呼呼地衝著隆科多嚷道：「國舅爺，您沒看見阿哥爺病了嗎？您不趕緊想辦法，

還在這裡抱怨，真是的！」

「病了？」隆科多吃了一驚，這才細細地關注胤禛，見他精神不振，臉頰潮紅，汗水淋淋，與剛才出宮時判若兩人，急忙追問，「怎麼回事？什麼病？」

小鐘用簡單敘說了胤禛跪拜祈福，中暑倒地的事。隆科多感動地說：「四阿哥仁孝，實在是難得啊！」說著，和小鐘用一起攙扶著胤禛回宮。

皇貴妃得知胤禛祈福中暑的事，親自把他接回自己的宮內，一邊請太醫瞧病，一邊派人去尚書房為他請假。尚書房的師傅們聽說胤禛私自出宮，還中暑了，面面相覷，不知道該如何處治。要知道，康熙教育兒子們甚為嚴格，多次要求尚書房的師傅一定要嚴加管教各位皇子，不能出現紕漏。誰要是掩飾他們的哪怕一個微小的錯誤，都要受到嚴厲懲罰。如今，康熙不在宮中，胤禛做出了這等事情，該如何是好，確實讓他們很難做出決定。

大阿哥胤禔看到師傅們猶豫，很不高興地說：「阿哥私自出宮，是件大事，應該交給內務府處置。」內務府是清代管理宮廷事務的機構。它淵源於滿族社會的包衣（奴僕）制度，其主要人員分別由滿洲八旗中的上三旗（即鑲黃、正黃、正白旗）所屬包衣組成。最高長官為總管內務府大臣，正二品，由皇帝從滿洲王公、內大臣、尚書、侍郎中特選，或從滿洲侍衛、本府郎中、三院卿中升補。凡皇帝家的衣、食、住、行等各種事務，都由內務府承辦。

太子胤礽一聽，當即說道：「阿哥身分貴重，內務府哪有資格處理？依我看，四弟為皇額娘祈福，孝心可嘉，讓他安心養病，身體好了再說。」一直以來，他和胤禔之間矛盾不斷，隨著年紀漸長，身後各自形成了利益不同的政治集團，分別由索額圖和明珠領導。他為了打擊胤禔，當然不肯錯過任何機會。

顧八代十分精明，聽到這話，忙說：「萬歲不在宮中，宮裡的事理應由太子作主。既然太子這麼說，臣等領旨照辦就是。」

胤禔沒好氣地瞪一眼顧八代，繼續說：「哼，此事關乎宮廷戒律，不是哪個人說了算的！顧八代，你身為尚書房師傅，難道這點道理都不懂！你明目張膽地袒護胤禛，我要在皇阿瑪面前告你！」

胤礽聽出話中的火藥味，針鋒相對地說：「你不要放肆！這裡是尚書房，顧八代是阿哥們的師傅，你這麼無禮，要是皇阿瑪知道了，一定會懲罰你。」

顧八代眼見兩位皇子為自己爭吵，嚇出一身冷汗。坐在一邊的湯斌連忙起身勸阻：「大阿哥，顧八代說的沒錯，萬歲不在宮中，太子爺以儲君之位，可以管理國家大事。我們身為臣屬，不能違抗儲君之命。」

胤禔自知理虧，不再爭吵，氣恨恨轉身出去了。

康熙回宮後，了解到胤禛私自出宮的事，既喜悅又煩惱，喜悅的是胤禛誠孝有加，做出這等感天動地之舉；煩惱的是他私自出宮，違反戒律，為了這事胤禔和胤礽還發生了爭執，那麼該如何處置他呢。經過一番考慮，康熙做出解鈴還需繫鈴人的決定，讓胤禛自己處罰自己。

胤禛得知康熙的旨意後，二話不說，來到乾清宮領受處罰。皇貴妃知道胤禛耿直性急，身體剛剛復原，擔心他吃了苦頭，拖著病體趕到乾清宮為他求情：「萬歲，四阿哥做事魯莽，欠考慮，不過他一心為了臣妾，看在他這份孝心上，您還是饒了他吧。」

康熙笑道：「該罰該饒他自己說了算，朕也不當家了。」

皇貴妃苦笑一下：「萬歲，您也知道這個孩子，脾氣倔著呢，又愛認死理，您讓他自己處罰自己，不是明擺著讓他受罰嗎？」

康熙說：「正因為如此，朕才要好好磨練他。璞玉不琢難成器，四阿哥秉性不錯，就是做事太率性了，這樣下去，長大了難堪重任。」

皇貴妃不敢再說什麼，回頭看一眼站在門外的胤禛，悄然退到一邊。胤禛一直聽著父母爭論，這時開口說：「皇額娘，您不要擔心，兒子私自離開尚書房出宮，做錯了，甘願接受處罰。」說著，他跪倒在地等待杖責。原來，擅離書房，出宮不歸是要挨板子的。

「有些膽氣，」康熙說，「來人！」他剛要吩咐人處治胤禛，就見大太監李德全慌慌張張跑進來，邊跑邊喊：「萬歲爺，不好了，不好了。」不知道他為何事如此驚慌？

百「孝」當先

康熙忙問：「什麼事？值得你這麼大驚小怪！」李德全進宮幾十年，服侍康熙已有多年，什麼樣的大事沒有見過，今天竟然如此失態，倒讓宮內人吃驚不小。

李德全氣喘吁吁地說：「萬歲爺，老佛爺……老佛爺身體欠安，您趕緊過去瞧瞧吧。」

孝莊太后已經75歲了，年老多病，幾年來，康熙在繁忙的政務之中，總是抽出時間陪伴她左右，極盡孝道。正是他的這種做法，深深感染和影響著胤禛，讓他時刻不忘孝敬父母長輩。再看康熙，聽了李德全這句話，立刻意識到祖母病情加重，顧不得其他，匆匆忙忙趕往慈寧宮。皇貴妃也不敢怠慢，在宮女們攙扶下緊緊跟在康熙身後。她一邊出門，還一邊吩咐：「四阿哥，你快快起來去尚書房讀書。」

胤禛望著父母離去的身影，兀自呆了一會兒，才起身趕往尚書房。一路上，他既掛念孝莊太后的病情，又思慮著自己受罰的事，走得很慢。趕到尚書房時，大家已經去練武場了，書房內空蕩蕩的。幾日沒到書房，使他有了些許異樣感覺，他走到自己的桌子前，吩咐小鐘用取來筆墨紙硯，鋪開紙張書寫起來。不自覺地，他的筆下出現了一個「孝」字，很快，又一個「孝」字寫好了。他把兩張「孝」字擺好，端詳了一會兒，開始繼續寫下去。小鐘用平常不能進尚書房，今日第一次進來，看到胤禛寫字，誇張地說：「阿哥爺，您寫的字這麼好看，真是

了不起！」

「這有什麼，」胤禛專心地寫著字，「這要與皇阿瑪相比，差遠了。」

小鐘用羨慕地問：「阿哥爺，您平日一天寫幾個字？」

胤禛抬起頭，看著小鐘用說：「你說得輕巧，幾個字？告訴你吧，每天寫一百張字。」

「一百張？」小鐘用大睜著眼睛，吃驚地問：「那要多長時間？還不累壞了。」

胤禛微微一笑，指著寫完的字說：「別管那麼多了，數一數，我寫完幾張了？」

小鐘用忙不迭地清點，然後驚訝地說：「哎呀，這一會兒寫完10張了，阿哥爺，你寫得又好又快。」

胤禛也不理他，繼續用心寫著「孝」字。小鐘用很會看眼色，一會兒研墨，一會兒擺弄紙張，還不時稟報寫完的張數。胤禛一刻不停地書寫，等到寫完一百張，才放下毛筆，一邊撫弄著痠軟的手腕，一邊高興地說：「幾天不寫字，手有些生疏了。」

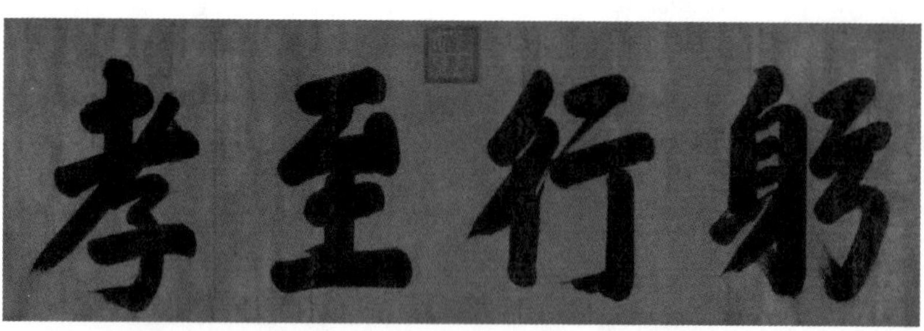

雍正皇帝的書法。

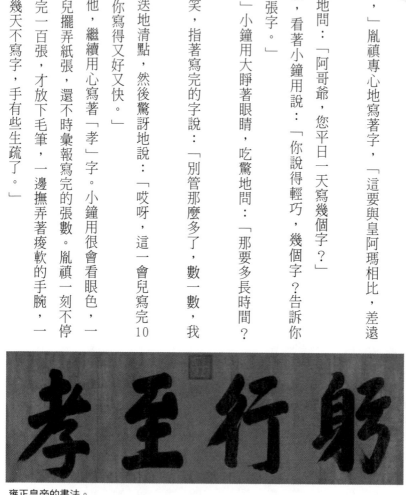

小鐘用恭維道：「阿哥爺，您可真是神人，寫了這麼多好看的字。這些『孝』字就像您的孝心，又多又好。」

胤禛噗哧一聲樂了：「你這奴才，怎麼這麼說話呢？孝心能和字相比嗎？」

「怎麼不能？」小鐘用眨眨眼睛說，「我以前在老家，當地有個秀才就很孝順，他家裡很窮，有一次他父親病了，請不起郎中。秀才很焦急，可他除了讀書寫字，其他的什麼都不會做，無法掙錢給父親治病。眼看著父親的病越來越重，秀才卻什麼辦法也沒有，只是天天在家裡寫『孝』字，等到他寫了一大疊『孝』字，他父親的病竟然好了。人們都說，這是他一片孝心感動了佛祖。」

說者無心，聽者有意。胤禛聽了這個故事，激動地說：「竟有這樣的奇事？太好了。我以後也要天天寫『孝』字，為老佛爺、皇阿瑪和皇額娘求福延壽。」說完，他將寫完的「孝」字一張張整理好，待到墨跡乾了，恭恭敬敬疊在一起，捧在胸前，好久也不忍心放下。

這時，顧八代從練武場回來，看到胤禛捧著一大疊紙張，不解地問：「四阿哥，你這是幹什麼？你的身體好了嗎？怎麼不去練武場？」顧八代兼顧文武，既是皇子們的文科老師，也是教導他們武學的老師，常常親自到練武場陪他們騎射。

胤禛把懷裡的「孝」字放到桌子上，對顧八代說：「師傅，我在寫字。我寫了一百個『孝』字，我還要繼續寫，天天寫，只有我寫得多，老佛爺和皇額娘的病才會好。」

顧八代沒有聽懂他的話，奇怪地盯著他追問：「寫什麼？『孝』字？這到底是怎麼回事？」

小鐘用簡單地說了一下剛才講過的故事，有些不好意思地說：「我聽人說的，說著玩的，阿哥爺當真了。顧大人，您說，我……」

看他言辭閃爍，顧八代明白了，小鐘用的故事不是真的，是自己編的。他有心拆穿他，又擔心胤禛失望，想了想才說：「四阿哥，你誠孝仁義，多次為母祈福，如今又書寫『孝』字表心跡，真是令人感佩！好，老臣支持你，支持你日書百『孝』，做天下兒女們的表率。」

胤禛高興地說：「多謝老師！」

胤禛說到做到，以後每天完成必修的功課外，還要抽出時間寫一百個「孝」字。由於日常課業很緊，額外寫一百個字就不是件輕鬆事，有時候寫完已是深夜，但他從不放棄。在這個過程中，孝莊太后病情惡化，康熙日夜守護，不離左右。當他聽說胤禛日書百「孝」為孝莊太后和皇貴妃祈福時，非常震驚，感慨地說：「四阿哥真是誠孝的孩子，朕有這樣的兒子，實在令人寬慰！」他免除胤禛挨板子的處罰，對他擅離宮苑的事不再追究。

那麼，胤禛的誠孝之舉還有哪些具體表現呢？

第三節 祭祖風波

不肯告狀

過了些日子，皇貴妃病情好轉，她認為這是胤禛的功勞，親自到柏林寺拜佛：「四阿哥求佛立功，這是佛祖的恩賜，感謝佛祖，求佛祖保佑他一生平安。」

妙智默默地唸誦佛號，等到皇貴妃拜佛完畢，對她說：「貧僧細觀四阿哥，看他性情真切，是個有緣人。貧僧斗膽直言，他命相貴重，前途未可限量。不過過於剛烈，似乎對他的未來不利，要想成就一番偉業，需要摒棄浮躁，修性練行，方才逢凶化吉。」

皇貴妃一直記著康熙對胤禛的評價，十分希望他的性格有所改變，聽了妙智這番話當即說：「大師所言極是，不知道可有什麼良方？」

妙智微微頷首，說出幾句莫名其妙的話：「佛性，禪道，心中魔障，缺一不可。」隨後閉上眼睛，再也不肯說話。

皇貴妃不明白他的話中之意，還想再問幾句，想到禪道天機，恐其中有變，也就不說什麼，起身告辭了。

時日匆匆，秋光逝去，冬天來臨，12月，年邁的孝莊太后病逝。臨死前，她留下遺詔說自己盛年喪夫，中年喪子之哀情，全靠康熙一片孝心。康熙為祖母舉行了隆重的葬禮，親自書寫了功德碑，其中盛讚：「昔奉我皇祖太宗文皇帝贊宣內政，誕我皇考世祖章皇帝，顧復劬勞，受無疆休，大一統業。暨朕踐祚在沖齡，仰荷我聖祖母訓誨恩勤，以至成立」，「設無祖母太皇太后，斷不能敦有今日成立」，充分肯定了孝莊太后一生功績。葬禮期間，清宮上下陷入無限沉痛之中。胤禛和兄弟們停止學業，披麻帶孝日夜守候孝莊太后遺體，天天哀慟不止。

在孝莊太后去世前，清廷還發生了一件事。為了壓制黨爭，打擊以明珠為首的大阿哥黨，鞏固太子地位，康熙斷然罷黜明珠職務。這件事影響很大，就連胤禛在內的其他皇子都聽說了。大阿哥胤禔已經16歲了，遭受這等打擊十分沮喪，患病不起，不肯為孝莊太后守靈。索額圖知道後，認為他不孝，唆使太子胤礽在康熙面前告狀。胤礽果然聽從索額圖的建議，在康熙面前狀告胤禔：「大阿哥裝病，這是不孝，請皇阿瑪治他的罪。」

祖母去世，康熙極度悲傷，看到兩個兒子藉機生事，心情更加悲痛。他哽咽著問：「太子，依你看，該治大阿哥什麼罪？」

胤礽語氣冷冷地說：「不孝是大罪，依法應該削除大阿哥的爵位，交內務府處置。」

康熙打了一個哆嗦，而後強自鎮靜地說：「現在是國喪期間，這件事以後再說。」他痛心胤礽無情，竟要置大阿哥於死地。

胤礽沒有體會到父親的感受，反而進一步催逼，打算聯合其他兄弟狀告胤禔。胤祉不敢得罪胤礽，答應下來。而胤禛聽說了這件事，對胤礽說：「現在老佛爺升天，皇阿瑪心神俱傷，要是大哥果真裝病不出，皇阿瑪只能更加傷心。處治大哥等於傷害皇阿瑪，這樣的事我不幹。」

胤礽不解地說：「君叫臣死，臣不得不死，這是自古以來的道理，皇阿瑪是皇上，處治大阿哥怎麼啦？這樣的事天經地義，有什麼不妥？」他自幼學習為君之道，明白各種治國之理，卻忽略了人性和道義。嚴格而周全的教育培養了一位學業出眾、理論紮實的人才，讓他經歷了與普通孩子不同的成長經歷，讓他失去了很多一般人的寶貴東西。

胤禛說：「雖說如此，可我不忍看著皇阿瑪傷心，我不能告大哥的狀。」

胤礽生氣地說：「你不告大阿哥，就是欺瞞皇阿瑪，這樣做更不對。」

胤禛固執地說：「我就是不想讓皇阿瑪傷心！」

胤礽氣極了，嚷道：「你告也要告，不告也要告。要不是你平日裡恭順聽話，我非打你不可。」胤禛一貫尊奉君臣兄弟之禮，對胤礽非常恭敬，從來沒有頂撞過他。今天他如此倔強，出乎胤礽意料。

胤禛臉色漲紅，提高了聲音：「你打我也不怕，我不告！」

兄弟倆的爭吵傳到一人耳中，他就是康熙。康熙走過來問：「四阿哥，你為何頂撞太子？你不知道這樣做是不敬嗎？」

胤禛委屈地說：「兒臣知罪，可是兒臣不想告大哥的狀。」

康熙吃了一驚，追問道，「這是怎麼回事？」

胤礽搶先回答：「大阿哥裝病，不為老佛爺守孝，他犯了大罪。兒臣和兄弟們商量了，大家都說他做得不對，想一起告他，請皇阿瑪處治。」

康熙一聽，心頭沉沉的，好一會兒才說：「四阿哥剛才說不想告狀，這又是怎麼回事？」

胤禛跪倒在地，哭泣著說：「皇阿瑪，兒臣不想讓您傷心。老佛爺剛剛升天，您好幾天沒有吃飯，兒子們不能為你分憂，還要告大哥的狀，我怕您受不了。」

這幾句話說得康熙眼圈紅了，他忍住淚水，一邊拉起胤禛一邊說：「瞧你，都多大了還是這樣，喜怒不定的，怎麼說哭就哭了？這件事皇阿瑪自有主張，你們都回吧。」

喪期結束，康熙親自處理了大阿哥一事，對他進行了批評，沒有做出太多處罰。胤礽不服，還想繼續告，這時，康熙做出一件事打消了他的念頭。

以孝受封

處理完大阿哥一事後，康熙下旨晉封幾位年長的皇子為貝子。貝子，又稱作固山貝子，是清朝皇族爵位的一種。在早期滿族社會中，貝子意為天生貴族。努爾哈赤確立八旗制度，以子侄為各旗旗主，稱和碩貝勒。貝勒下設貝子，全稱為固山貝子，屬高級貴族。自皇太極後逐漸實行12級封爵制。貝子在親王、郡王、貝勒之下。受封貝子者皆為宗室、覺羅及其他八旗貴族。獲取途徑有世襲、恩封、功封和考封幾種辦法。這是康熙第一次冊封皇子，在與諸大臣議論受封皇子人選時，他特意說：「四阿哥年紀雖小，可他誠孝長輩，友愛兄弟，朕有意晉封他為貝子。」

大臣們早就聽說過胤禛拜佛祈福，日書百「孝」的故事，對他十分認同，一致表示擁護康熙的決定。從此，胤禛受封為貝子，為他日後進一步晉封打下了基礎。

這次晉封本來是件大喜事，卻讓胤礽感到很不悅，他暗地裡想，皇阿瑪不僅不嚴懲大阿哥，還晉封他們，這不是有意抬高他們的身價，鼓勵與我競爭嗎？在這種思想影響下，他變得焦躁不安，一方面加緊學習，努力用功，保持自己的形象和地位，一方面，由於情緒得不到宣洩，開始經常打罵手下人。這天，他和兄弟們到練武場練習騎射，恰好是徐元夢當值。徐元夢雖是滿人，滿腹文才，卻不愛騎射，不像顧八代一樣文武雙全。他站在場邊觀望時，胤礽突然過來說：「徐師傅，你下場表演一下射術。」

徐元夢推辭說：「太子爺見笑了，我不懂騎射，哪敢獻拙？」

胤礽生氣地說：「身為滿人，不懂騎射算什麼！來，你今天必須為大家表演一番。」

徐元夢趕緊說：「我是個文人，真的不懂騎射。太子爺武藝超群，不要難為我了。」

胤礽不依不饒，非要驅趕著徐元夢下場射箭。兩人僵持不下，胤礽揮手喊來侍衛，大聲吩咐：「打，給我打，我看他會不會還手？」

侍衛們會武功，個個身手不凡，圍住徐元夢一陣拳打腳踢，直打得他哀哭嚎叫，聲聲淒慘。胤禛看不下去了，跑過來替他求情：「徐師傅是個文人，這樣打下去會出事的！太子，求您放過他。」

胤礽沒好氣地說：「他自恃有些文才，瞧不起騎射，這樣的人不該教訓嗎？老四，你怎麼啦，專門和我作對，哪裡來的膽量？」

胤禛忙說：「我哪敢和您作對！我擔心您這樣做惹惱了皇阿瑪，他要是生氣了，您會受到牽連。」

胤礽細一琢磨，覺得有理，拍打著胤禛的肩膀說：「老四，你長大了，懂的道理越來越多了。好，以後好好聽我的話，輔佐我治理天下。」

胤禔一直站在練武場另一邊，他冷眼觀察徐元夢挨打，心想，哼，胤礽呀胤礽，你無故施暴徐元夢，我一定要告你的狀。他是個記仇的人，對胤礽狀告自己的事念念不忘。果然，他私下裡對胤祉、胤禛說：「皇阿瑪一直教導我們，對待師傅應該恭順有禮，今天太子暴打徐元夢，你們都看見了，你們說，我們是不是該去告訴皇阿瑪？」

胤禛吃驚地說：「大哥，前次太子狀告你，已經讓皇阿瑪很生氣了，你怎麼又要告他呢？」他不明白兄弟之間為何如此不能容忍。

胤祉也說：「大哥，太子是儲君，你要告他就是以下犯上，這樣做很危險。再說了，徐元夢不會騎射，就連皇阿瑪也多次要他學習。今天太子這麼做，無非是激發他學習騎射的勇氣。」

胤禔雖然魯莽，可剛剛受到一次重大打擊，還是有些畏怯心理，想了想最終放棄了告狀的打算。過後，徐元夢對顧八代談起此事，嘆息著說：「別看四阿哥年紀小，還真是仁孝，在太子面前為我求情。」

顧八代感慨地說：「四阿哥至誠至孝，這一點就連皇上也多次誇獎他。」至此，胤禛誠孝之名在後宮乃至整個朝廷傳開，上至康熙下至一般官員、宮人無不為他的孝心感動。

來年的12月，孝莊太后忌辰之日，康熙前去遵化謁暫安奉殿。孝莊太后是清太宗皇太極的妃子，一般來說，去世後應該安葬在丈夫陵寢附近。可是皇太極沒有入關就去世了，陵寢在盛京（今瀋陽）。如今幾十年過去了，孝莊太后去世前留下遺言：「太宗文皇帝梓宮安葬已經很久了，不可輕易地為我去驚動他，況且我心裡掛念你父皇和你，不忍心遠去，你若能在孝陵附近為我找塊地方安葬，我就心無遺憾了。」孝陵是順治的陵寢，她希望安葬在兒子陵寢附近。康熙是大孝子，遵從祖母遺願，沒有把祖母的遺體運回盛京，而是孝陵的前面，風水牆外建了一座暫安奉殿。他下令把祖母生前修建在慈寧宮的一座面闊五間，恢弘壯觀的宮殿拆運到此重建，並再三叮囑拆卸時原件不可缺損，基址務必牢固等等。經過三個月的緊張施工，1689年3月工程竣工。由於不是正式陵寢，所以命名為「暫安奉殿」。多年後，雍正繼位，他認為孝莊太后的棺槨停在暫安殿內不是長久之計，況且暫安奉殿的所在地就是上吉佳壤，可以改建為陵寢。於是下旨修建陵寢，同年12月，孝莊太后的棺槨正式葬入地宮。因為皇太極的陵叫昭陵，位於盛京，孝莊太后的陵位於遵化，方位在昭陵西面，按照清朝皇后陵命名的辦法，將孝莊太后的陵定名為昭西陵。從此，

雍正三年（1725年），世宗皇帝以孝莊文皇后暫安以來國家昌盛，聖祖在位歷數綿長、子孫繁衍為由，故將孝莊文皇后葬入昭西陵地宮。

清東陵的風水牆外就有了人們所看到的昭西陵。

周年忌日，康熙更加思念祖母，心情非常悲慟。臨行前，他留下13歲的太子監國，帶著胤禔、胤祉和胤禛三兄弟前往，隨行的還有皇貴妃。

這一去，會發生哪些事情呢？

噶爾丹南下，擊敗了喀爾喀蒙古，揚言「奪取黃河為馬槽」，虎視大清。消息傳到京城，人人震驚。為了穩定塞北局勢，康熙率領兒子、朝臣，大約3萬人進行規模盛大的秋獵。秋獵時，皇子們為了彰顯皇室威嚴，與蒙古諸王展開比賽。他們年少氣盛，利用火器的優勢取勝，震懾了蒙古諸王。

接著，在慶功宴上，胤禛大膽推薦革職的師傅，打敗了氣勢洶洶的蒙古武士，再次贏得了尊嚴。蒙古諸王不甘示弱，以玉壺為題為難康熙。胤禛出面破解謎題，並且講說重粟輕桃的典故，以深厚的儒學文化功底威服蒙古諸王。

第五章

秋獮不落後　木蘭圍場顯英武

第一節 出獵途中

殺虎救人

在拜謁暫安奉殿期間，皇宮傳來不幸的消息，皇貴妃不足1歲的親生女兒得急病夭折。康熙知道這個消息後，猶如雪上加霜，難過之極。眼看著父皇如此傷心，胤禛懂事地安慰他，還請求說：「皇額娘還不知道皇妹夭亡的事，兒臣求皇阿瑪不要告訴她，免得她過於傷心。」

康熙點頭應允，讓胤禛多多陪伴皇貴妃。胤禛對皇貴妃扶前圍後，像個小大人一樣細心周到地照顧她，皇貴妃高興地誇獎他：「孝心堪比你的皇阿瑪。」康熙贊同地說：「四阿哥繼承了朕誠孝的品格，這一點最難得。」

拜謁完畢，胤禛隨同康熙等人回歸紫禁城，恢復了以往讀書求進的歲月。這時，康熙的六子夭殤，五子胤祺、七子胤祐和八子胤禩已經先後到了入讀年齡，也進入無逸齋讀書。康熙十分重視兒子們的學習，有一階段，在臨朝御政之前，他先讓太子胤礽將前一天學過的功課背誦複講一遍，達到熟記和融會貫通才結束。他還多次告誡各位皇子：「凡人養生之道無過於聖人所留之經書，故朕惟訓汝等熟習五經四書性理，誠以其中凡存心養性立命之道無所不具故也。」受此影響，胤禛讀書更加用心，課業進步明顯。

第二年，康熙早早下旨，到木蘭圍場進行規模盛大的秋獮活動。康熙出塞，名為「秋獮」，與蒙古王公共獵，實際上是會見蒙古族首領，加強他們同清政府的關係，穩定對這個地區的統治。自從平定三藩和統一臺灣後，他幾乎每年都要到塞外巡視。胤禛9歲那年，第一次參與塞外秋獵，整整一個月，他身背箭筒，手挽弓弩，和父皇兄長們一起終日在馬上，時而疾馳，時而慢行，任憑風吹日曬，射獵不止。今年他已經12歲了，騎射之術與從前不可同日而語，聽說又要秋獵，格外激動，趕緊做著各項準備工作。

北京故宮博物院武備兵器庫中珍藏的雍正皇帝御用馬鞍。

啟程的日子來到了，胤禛隨同隊伍踏上秋獵之路。他們日行夜宿，出北古口，一路上，穿山過野，行程緊迫，晚間就在野外宿營。這讓胤禛十分興奮，他興致勃勃地與士兵們一起紮帳篷，準備食物器具。胤祉見了，提醒他說：「你以前特別喜歡納蘭性德《長相思》裡的『山一程，水一程，身向榆關那畔行，夜深千帳燈。』現在身臨其境，有何感想？」胤禛吟誦一遍，然後說道：「可惜納蘭性德去世了，要是他與我們同行，說不定還會有佳作問世。」

胤祉又說：「這一路行來，白天趕路，夜裡睡不好，腰酸背痛，累死了。」

胤禛不以為然地說：「經風雨長見識。我們平日裡養尊處優，太嬌慣了，所以皇阿瑪才讓我們出來鍛鍊。」

兄弟倆邊說話邊進帳篷休息。不多時，夜幕降臨，各個帳篷亮起燭光燈影。胤祉睡不著覺，推推胤禛說：「走，我們去外面看看千帳燈火共明的情景。」

胤禛好奇心強，也想外出瞧瞧，他帶好刀箭和胤祉出了帳篷。營地裡，帳篷一座連著一座，綿延數里，十分壯觀。胤禛觀看多時，感慨萬千，對胤祉說：「漠西的噶爾丹攻佔了漠北喀爾喀蒙古，率眾南下，兵犯內蒙，揚言『奪黃河為馬槽』，皇阿瑪這次巡視塞外與其有關。」1688年，噶爾丹3萬騎兵與喀爾喀蒙古土謝圖汗的部隊鏖戰3日，大敗喀爾喀。喀爾喀蒙古「潰卒步滿山谷，行五晝夜不絕」。在哲布尊丹巴的建議下，喀爾喀蒙古三部內遷中國。

胤祉一邊點頭應和，一邊和他向著不遠處的一片樹林走去。樹林位於山崗上，樹木蔥鬱蓬勃，夜晚顯得格外靜謐幽深，透露出絲絲不祥之兆，胤祉拉住胤禛說：「我們走得太遠了，還是回去吧。」

胤禛說：「四周戒備森嚴，你怕什麼？走，我們進去瞧瞧。」說著，他帶頭走進樹林。所謂年少氣盛，看來誰也不例外。

就在他們走進樹林的剎那，猛然聽到一聲慘叫，樹林裡衝出一人，身後跟著一頭斑斕大虎。老虎瞪著燈籠似的眼珠，脖頸上插著一支利箭，旋風一樣嚎叫著直撲那人。胤禛大吃一驚，拔出佩刀對準了老虎。胤祉早已嚇得臉色蒼白，呆立不動。所幸，老虎並不關注他倆，而是其勢洶洶追逼那人。那人一心逃竄，顯然驚嚇不小。這會兒，胤禛稍稍冷靜下來，他觀察著老虎動向，大聲提醒那人：「快，爬到樹上去，爬到樹上去。」

那人聽了這話，一個腳步竄到樹前，蹭的跳到一根樹杈上。老虎同時趕到樹下，使勁撞擊樹幹，大有不吃掉那人不罷休的態勢。這邊，胤禛手握佩刀，目不轉睛地盯著老虎，小心地靠過去，趁老虎不備，用盡全身力氣劈下去。這一刀砍在老虎的脖子上，只見血光飛濺，老虎哀鳴一聲，沒有來得及掉轉身體就躺下去了。

過了半炷香的時間，那人才大著膽子跳下樹杈，走到驚魂未定的胤禛、胤祉身邊，抱拳說：「多謝搭救之恩，不知道恩人貴姓？」

胤禛手握血刀，並不回答他的問話，反問道：「你是誰？為什麼被老虎追趕？」

那人約莫20歲年紀，一身低等侍衛裝束，身高體壯，十分威武，客氣地回答：「我叫圖其琛，是皇宮侍衛，隨駕出塞。對了，看你們年紀不大，怎麼也來到這裡？你們是誰？」他是大將軍圖海的兒子，進宮不久，所以不認識胤禛、胤祉。

胤禛略略放下心來，繼續追問他被老虎追趕的原因。圖其琛這才說：「唉，我聽人說這山林裡有野獸出沒，想趁著天黑獵一、兩隻。沒想到遇見了這隻老虎，我情急之下拔箭射中了牠。牠瘋了一般撲向我，我第一次射到這麼威猛的野獸，嚇壞了，拔腿就跑，幸虧小義士搭救，要不還不知道怎麼樣呢。」

胤禛明白了，指著地上的老虎說：「怪不得我一刀就砍死了牠，原來牠早就中了你的箭。這樣說來，你才是真正的勇士。」

圖其琛性格豪放，為人爽快，連忙推辭說：「小義士說笑了，要不是您出手相救，我早就讓老虎吃了。」說著，他再次詢問胤禛的姓名。

胤禛不再隱瞞，告訴圖其琛自己是誰，並指著胤祉做了介紹。圖其琛大驚，忙忙地施禮說：「原來是阿哥爺，難怪如此神勇。小人有眼無珠，多有冒犯。」胤禛笑笑，與他一起回去喊人運虎。

放生母鹿一家

胤禛砍殺老虎的事迅速傳遍營地，康熙親自出帳視察情況。胤禛將圖其琛帶到康熙面前說：「皇阿瑪，這不是兒臣一人的功勞，是他先射了老虎一箭。」

康熙打量圖其琛，見他面色黝黑，身材魁梧健壯，高興地說：「不愧是圖海的兒子，果真勇敢，好樣的。」

圖其琛不好意思地說：「萬歲，是阿哥爺救了奴才，奴才不敢貪功。」

此後，胤禛和圖其琛成為好友，日日騎馬並進，關係超出他人。這件事引起大阿哥胤禔不滿。本來，他是皇子中騎射之術最高明的，歷次秋獵中也總是射殺無數，收穫豐厚，名列前茅。沒想到這次出行，還沒有到達木蘭圍場，就讓胤禛搶了先，真真氣悶。

隊伍終於接近木蘭圍場了。木蘭圍場，是滿語、漢語的混稱。木蘭是滿語「哨鹿」的意思。圍場位於河北省最北的圍場縣境內，與內蒙古交界，從承德北行約120公里。圍場自古就是一處水草豐沛，禽獸繁集的天然名苑。清朝初年，康熙巡幸塞外，看中了這塊「風水寶地」，於西元1681年設立方圓一萬平方公里，含72圍的「木蘭圍場」，「歲行秋獮」使這裡成為清王朝展示軍力、訓練官兵、威服外藩的重要場所，延續230多年。這次秋獮，康熙帶領的官員、將士、嬪妃、子女多達3萬，足見場面之壯觀。

胤禛和圖其琛走在隊伍前面，他們一會兒撒馬狂奔，比試騎術高低，一會兒挽弓射殺鳥雀，平添旅途樂趣。不知不覺，兩人離隊伍越來越遠，走進一座山谷裡。山谷蜿蜒不斷，古樹林立，奇花遍地，一派天然美景。忽然間，樹叢中跳出一隻野兔，似乎覺察到有人在眼前，迅速蹦跳著不見了。胤禛和圖其琛哪肯放過野兔，他們同時策馬追趕。這一追，就鑽進了山谷深處。

在山谷裡轉來轉去，胤禛兩人遇到了一位壯年獵人。交談之後，獵人熱情地說：「我發現了一頭母鹿，牠帶著一頭小鹿，跑得很慢。走，我們一起去追殺牠。」

胤禛和圖其琛大喜，跟著獵人追殺下去。果然，母鹿和小鹿很快出現在他們面前，牠們顯然受到了驚嚇，驚恐萬狀，跑跳著試圖找到一處藏身之地。獵人吩咐說：「我們從三面包抄，一定可以抓住牠們。」於是，三人從三面向母鹿和小鹿圍攏。眼看著牠們已經無路可逃了，母鹿忽然溫柔地將小鹿擋到身後，愛撫地舔著牠的皮毛，餵牠吃奶。小鹿含住母親的乳頭，情緒逐漸穩定下來，以為危險遠去了。母鹿顯得格外鎮靜，牠低頭吃了幾片草葉，隨後將小鹿帶到一株小樹後，再次做了幾遍吃草的動作，然後獨自昂首步出樹後，等待著獵人們的到來。

胤禛目不轉睛地看著母鹿的舉動，被深深震驚了，他手裡的弓箭慢慢垂下，朝著圖其琛和獵人發出不要行動的信號。圖其琛正要開弓放箭，聽到胤禛的信號，轉過來不解地問：「怎麼啦？阿哥爺是不是想活捉牠們？」

胤禛搖搖頭：「不是，我想放過牠們。」

「放過牠們？」圖其琛吃驚地問，「為什麼？」

胤禛指著母鹿說：「你看牠，臨死前還要餵小鹿吃奶，這是多麼感人的母愛，我們不能射殺這樣的生靈，我們應該放了牠。」

圖其琛剛想說什麼，就聽一聲箭響，小鹿撲通倒地。胤禛知道這是獵人放箭射中了小鹿，他急忙跳向小鹿，衝著獵人的方向高喊：「停下，停下！」

獵人射中小鹿，非常高興，卻見胤禛跳出阻攔，以為他搶奪自己的獵物，怒沖沖地喝道：「你想幹什麼？這是我射中的！」

胤禛本想放過母鹿和小鹿，沒想到獵人不聽自己的話，還敢呵斥自己，真是氣不打一處來，爭辯道：「我剛才不是發出信號，不讓你射殺小鹿嗎？你殺了牠，那頭母鹿多傷心？」

獵人奇怪地盯著胤禛，鼻子一哼說：「天底下哪有你這樣的獵人？要是害怕母鹿傷心，你還來打什麼獵？」

胤禛生氣地說：「你太狠心了，你不是好獵人！」

獵人也很生氣：「我打獵幾十年，是當地最好的獵人，皇帝秋獵都要找我帶路，你敢說我不是好獵人！」

圖其琛看他們越吵越激烈，忙出面勸阻胤禛說：「小鹿只是肩部受傷，說不定還能醫治，先瞧瞧再說。」

胤禛惱怒地瞅一眼獵人，趕緊掏出金創藥為小鹿療傷。獵人跟在他們身後，不服氣地說：「你們

箭傷小鹿，母鹿斷腸。

不是出來打獵的嗎？這是幹什麼？」

胤禛不理他，只顧低頭上藥。圖其琛扯住獵人，低聲說：「我是隨皇上出獵的侍衛，這位公子是王爺的兒子，你不要多問了。」

獵人從胤禛兩人的穿著打扮已看出他們身分貴重，來歷不同尋常，聽他這麼一說，更確定了自己的想法，不再言語。

胤禛為小鹿上完藥，轉身看著獵人說：「你有錯在先，我不追究你。不過，我還要給你一個任務，你把小鹿和母鹿帶回去，好好療傷，不得有誤。」

「啊？」獵人委屈地說，「醫治一頭鹿要花很多錢，我一個獵人，吃了上頓沒下頓，哪有能力養活牠？」

胤禛瞅他一眼，從懷裡掏出一塊翠玉，遞給他說：「這塊玉價值不菲，你拿去換錢，足夠治好這頭鹿。記住了，過些日子我還要來看牠。」

獵人接過翠玉，看了又看，最後高興地說：「多謝公子啦，小的一定照辦。」

就這樣，獵人將小鹿帶回家去養傷治病。那頭母鹿很有靈性，也順著小鹿的氣息到了獵人家。後來，獵人得知放生母鹿一家的是皇帝的兒子，很感動，在當地廣為宣揚。當地人感激胤禛的放生之德，特意命名該山谷為活鹿谷。

第二節 秋獵比賽

輸了也要比

胤禛放生母鹿和小鹿後，和圖其琛回歸隊伍。這時，他們已經進入到木蘭圍場之中，放眼四望，到處水草豐美，森林茂盛。空中飛禽，林裡走獸，時時出現人們眼前，牠們或者身姿矯健，一閃而過，或者停駐樹梢，好奇地盯視隊伍。康熙走在隊伍中間，傳下令去，不到正式捕獵，誰也不准私自射獵。胤禛興奮地望著出沒無常的禽獸，對圖其琛說：「這麼多野獸，我們一定可以大獲豐收。」

正式圍獵開始了。當時的木蘭圍場，根據地形和禽

清代皇帝舉行木蘭秋獵之所——木蘭圍場，位於承德北部，現名塞罕壩國家森林公園。

獸的分布，劃分為72圍。每次正式狩獵都有一定的程序。一般先由管圍大臣率領騎兵按預先選定的範圍，合圍靠攏形成一個包圍圈，然後逐漸縮小。另外一些士兵則頭戴鹿角面具，隱藏在包圍圈內的密林深處，吹起木製的長哨，模仿雄鹿求偶的聲音。雌鹿聞聲尋偶而來，雄鹿為了爭奪配偶也會趕來，而且，很多野獸為了獵食鹿紛至沓來。包圍圈縮得越來越小，野獸密集聚攏，正是捕獵的大好時機。這時，大臣們奏請皇上首射，皇子、皇孫隨後，緊接著是王公貴族。最後大規模圍獵開始，上至皇上，下至一般士兵無不張弓射箭，捕殺獵物。今年，康熙下令在塞罕壩進行第一次圍獵。「塞罕壩」是蒙漢混合語，意為「美麗的高嶺」，面積9.4公頃，是木蘭圍場主要獵區之一。

隨著康熙射出第一支箭，一頭受驚的鹿應聲倒地，胤禛和兄弟們紛紛張弓拔箭，射獵前方禽獸。除了太子胤礽留下監國外，這次隨行皇子不但有胤禔、胤祉、胤禛，還有五阿哥胤祺、八阿哥胤禩。第一次放箭，大家分別有所收穫，其中胤禔射中了一頭野豬，他激動地打馬在隊前來回奔了幾圈，大有炫耀之意。而八阿哥胤禩人小技高，射中一頭麅子，他激動萬分，策馬就要去捕拿獵物。胤禛連忙擋住他說：「不要過去，那邊危險！」

原來，那些中箭的獵物並沒有立刻死去，還在痛苦地掙扎著，如果有人靠近，將會非常危險。胤禩勒馬駐足，驚訝地望著那些獵物。這一細節讓康熙注意到了，他欣喜地看著胤禛，什麼話也沒說。這時，王公貴族們已經做好了射獵準備，卻見胤禔提馬上前，對著他們大聲說：

「我們從小練習騎射，個個都有些本事，聽說幾位蒙古王爺功夫了得。今天我們就比一比，看看誰射中的獵物最多、最大，怎麼樣？」

幾位蒙古王爺聽了，不由轉臉看看康熙，心裡說：「這位大阿哥，怎麼講的像是挑戰？這是皇上的意思嗎？」康熙沒有理會他們，像是沒事人一樣觀望著。蒙古王爺只好應聲說：「大阿哥抬舉我們了，您年少有為，上來就射中大野豬，我們哪敢和您比試。」

胤禔笑著說：「各位王爺不用客氣，秋獵本來就是展示本領的機會，就這麼說定了！」說完，他打馬退到康熙身邊，目不轉睛地注視著王爺們射殺野獸。

這邊，王公貴族輪番射獵，也是各有所獲。緊接著，康熙一馬當先，帶領臣子將士衝進包圍圈，開始了大規模圍獵活動。胤禔非常勇猛，屢屢放箭，屢屢射中，他得意地率領一批將士衝到最前面，獵獲最豐。胤禛和胤祉、胤祺、胤禩一開始還追隨在他身後，漸漸與他拉開距離，跟不上了。幾個人在深林裡轉來轉去，與大部隊失去了聯繫，胤祺左右張望著，膽怯地說：「我們迷路了吧，還是先回去找到隊伍吧。」胤禩說：「我們參與圍獵，怎麼不射獵就回去呢？皇阿瑪知道了，一定會斥責的。」

他倆爭吵時，胤禛騎馬走在最前面，他觀察了一會兒地形，對胤祉說：「你看，前面有座山包，草木密集，一定是野獸出沒之地。我們分成兩路圍攏過去，一定會抓到不少獵物。」

胤祉說：「好，我帶著老八，你帶著老五，我們過去瞧瞧。」

胤祺聽了，嚇得臉色發白，結結巴巴地說：「啊？就咱四個，還要圍獵？太危險了吧？」

「你怕什麼？」胤禩生氣地說，「你沒有聽見大哥說嗎？要和那幾個蒙古王爺比賽。我們再不趕緊行動，肯定要輸了。」

胤祺瞅他一眼，沒好氣地說：「那些蒙古王爺都是騎射高手，年年參與秋獵，很有經驗，我們哪裡比得過他們？再說了，皇阿瑪和大哥那麼厲害，一定會贏，還用得著我們去比嗎？」

「你……」胤禩生氣了，又不敢訓斥胤祺，轉向胤祉說，「三哥，你看他，只會長他人志氣，你評評理。」

胤祉脾氣好，笑著說：「老五，你比老八還大一歲呢，反而膽子小。我們手裡有武器，還怕幾隻野獸？」

胤祺哼了一聲，剛要說什麼，胤禛回過頭來，著急地說：「你們吵什麼？現在是圍獵，不是吵架評理！真是的。跟你們說，輸了也要比！三哥，你趕緊帶著老八從西面過去，我和老五從北面包抄。」說完，他徑直往北面行進。胤祺沒有辦法，只好追隨他而去。

胤禩自以為有理還挨了批評，受了委屈，噘著嘴巴，和胤祉往西面包圍。果然，山包四周野獸繁集，他們略一吆喝，就見雉雞亂飛，野兔四跳，不時跑出一、兩隻麅子，瞪著一雙雙可愛的眼睛看著他們。胤禛大喜，快速地開弓射箭，一會兒就射中了好幾隻獵物。由於沒有大獸，胤祺也放開膽量，跟在胤禛身旁不停地放箭。突然，前方樹林一陣響動，許多小野獸驚恐地四下亂跑，胤禎大叫一聲：「不好，有大野獸出來了！」

不知道他們遇到了什麼野獸？

將軍泡子

隨著胤禎一聲喊叫，林子裡走出來一頭大黑熊。這頭熊形體高大，眉目猙獰，樣子十分駭人，牠瞅了瞅四周，一步步朝著胤禎兄弟走來。胤禎和胤祺都嚇傻了，他們的馬也驚恐地直往後退。情況危急時刻，就聽不遠處一聲馬嘶，圖其琛飛馬趕到。他手裡握著一把火槍，瞄準黑熊開了火。黑熊應聲倒地，胤禎這才長長地舒了口氣，回望圖其琛，招呼道：「你怎麼來了？」

圖其琛答道：「剛剛萬歲派我們查看阿哥們狩獵情況，我帶著幾個弟兄一路找來，正好遇見了三爺和八爺，聽說你們在這裡圍獵，就趕了過來。」

胤禎高興地說：「你來得可太巧了。」說著，他打馬過去，拿過圖其琛手中的火槍說：「還是這東西管用。」

圖其琛說：「這是裕王爺讓我給阿哥爺們捎來的。剛才我遇到他，他說大阿哥帶著幾個兄弟圍獵，帶的火槍太少了，怕有危險。」裕王爺名叫福全，是康熙的親哥哥。

胤禛托起火槍，向遠處瞄準著說：「裕王爺想的真是周全。聽說他用火槍的本事很高，我要跟他學。」

胤祺依舊沉浸在恐怖的氣氛之中，看著胤禛若無其事的樣子，皺著眉頭說：「四哥，那頭熊怎麼辦？」

胤禛放下火槍，笑著說：「圖其琛，你獵到一頭熊，這回可立大功了。」他和圖其琛簡單商量一下，吩咐士兵們將死去的黑熊抬回營地。

傍晚時分，圍獵行動結束，大夥陸陸續續返回營地。按照胤禔事先約定，皇子們開始和蒙古王爺比拼所獲獵物。第一比數量，經過查點，皇子們收穫的獵物沒有蒙古王爺們的多，這讓胤禔有些惱恨。第二比獵物大小，從野兔開始，一直比到黑熊，蒙古王爺一幫沒有獵到黑熊，所以輸了。結果１：１平手，福全帶頭慶賀道：「阿哥們年齡不大，能夠與蒙古諸王比平，真是不得了啊。」康熙也很開心，他接受了福全的祝賀，還高興地詢問獵獲黑熊的過程。當他聽說胤禛四兄弟為了比賽，組織小規模圍獵射到黑熊時，驚喜地說：「好，好，輸了也要比，這種精神值得獎勵。」

晚飯後，胤禛和幾個兄弟討論明天圍獵的事，大阿哥胤禔不屑地說：「你幾個功夫太差，要是和我一樣，肯定能把那幾個蒙古老頭比下去。」

胤祺說：「大哥，我和四哥獵獲了黑熊，哪裡比你差？」

胤禩也說：「我們年紀小，長大了也很厲害。」

「哼，」胤禵說，「等你們長大，還不知道是什麼猴年馬月呢。準噶爾的噶爾丹虎視眈眈，已經攻佔了漠北喀爾喀蒙古，弄得這些蒙古老頭心驚膽戰，一個個左右搖擺，對我們大清不放心了，也不忠心了。我就是想藉這個機會給他們點厲害瞧瞧，讓他們明白，我們兵強馬壯，噶爾丹根本不是我們的對手！」

他慷慨陳辭，[⋯]激動地說：「噶爾丹太猖狂了，大哥，我們不是有火槍火炮嗎？他們來了，我們就像打黑熊一樣把他們打回去。」

這片驚呼聲中，引得眾兄弟連連驚問：「是嗎？」「真的？」「蒙古人要投靠噶爾丹？」在

「哈哈哈，」眾兄弟大笑。胤禵有所領悟，他指著胤禛說：「你說得有道理，聽說噶爾丹部擅長騎射，卻不甚[⋯]用先進的火炮，要是我們的火炮發揮了威力，還不把他們打爛了？」

胤禛欣喜地說：「既然[⋯]，我們趕緊跟裕王爺學用火槍去。」

胤祉說：「火槍火炮，[⋯]有研究，這些洋武器可不簡單，比起刀槍劍戟大有不同……」

「別說那些沒用的了，」胤禛打斷他說，「如今兵臨城下，你研究有什麼用？趕緊學會才是真的。我這就去向皇阿瑪此事，你們趕緊學習。」說完，他一頭鑽出營帳，匆匆忙忙走了。

胤禛招呼兄弟們說：「我們去找裕王爺。」

福全還沒有休息，聽說幾位皇子求見，慌忙出來迎接。胤祉說明來意，福全說：「你們不是學過火槍嗎？怎麼，是不是不敢用？」

「對，」胤禛說，「那都是在練武場比劃著玩的，沒有真功夫。現在可以趁著圍獵，真槍真炮地練一練，提高我們大清國的威望。」

「呵呵，」福全笑了起來，「這火炮恐怕不能用，不過，我明天可以奏明皇上，帶著你們用火槍圍獵。」

「太好了！」胤禛兄弟高興地擊掌相慶，憧憬著明日射獵。

第二天一大早，用過早飯，康熙果真傳旨讓福全帶著皇子用火槍圍獵。這一下，蒙古諸王不幹了，他們說：「皇上，他們用火槍，我們也要用。」康熙笑著說：「你們隨便用。」蒙古諸王一聽，心裡猛一驚，他們平日接觸火槍不多，擁有的數量有限，哪能跟皇家相比。結果，這天圍獵結束，皇子們獵物頗豐，遠遠超過蒙古諸王。

圍獵一天天進行著，胤禛和兄弟們藉此機會，使用火槍的本事大增。不僅如此，受他們影響，清兵將士也有不少人喜歡上用火槍，這又大大提高了他們的戰鬥能力。第二年，噶爾丹南下，康熙任命福全為撫遠大將軍，領兵抵抗，並命胤禔為副將軍從征。兩軍經過幾次交鋒後，清軍屢屢失利。噶爾丹步步緊逼，進至烏蘭布通。「烏蘭布通」蒙語為紅甕，漢意為紅山。這裡是康熙出巡蒙古的要道，地[illegible]位置十分重要，因此，京師戒嚴，中外震動。為了抵制噶[illegible]丹，康熙親自到隆化督戰。在烏蘭布通，兩軍展開一場大[illegible]噶爾丹用上萬駱駝「使臥於地，背加箱垛，氈漬水蓋其[illegible]排列如柵以自蔽」。這就是歷史上著名的駱駝陣。

面對敵人的強大陣營，清軍[illegible]河而陣，用火炮轟擊，萬炮齊鳴，從中午一直到傍晚，終於[illegible]駱駝陣摧毀。炮火的強烈轟擊震動著此地的地理結構，致[illegible]地下水湧出形成了一個「大泡子」。將軍佟國綱率領軍隊出擊，與噶爾丹部戰士肉搏相拼，不幸陣亡。他的鮮血染紅了身邊的泡子，為了紀念他，後人就將此地稱作「將軍泡子」。

在清軍勇猛的進攻下，噶爾丹只好落荒而逃，退回科布多地區。這一戰，火器顯示了充分的威力，為大清進一步消滅噶爾丹勢力提供了很好的保障。

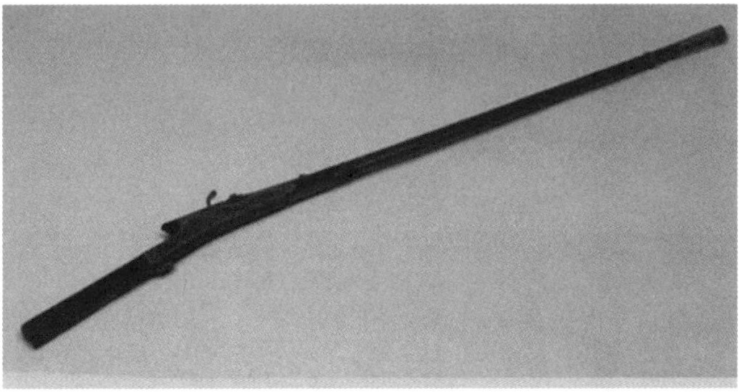

雍正皇帝的御用火繩槍，長160.5公分、內徑12公厘，清宮造辦處，清宮舊藏。

第三節 慶功宴上

推薦巴圖魯

康熙一邊與蒙古諸王共獵，一邊向他們展示著自己的軍事力量，這一點無疑取得了巨大成功。此時，以索額圖為首的清廷代表團在尼布楚與沙俄簽訂了平等的《尼布楚條約》，結束了半個世紀以來的中俄邊境問題，制止了沙俄的侵擾。17世紀以來，沙俄不斷侵擾中國邊境。1681年間，沙俄的侵擾愈演愈烈，移民東進，建立據點，其中雅克薩城最為重要。面對沙俄的侵染，康熙於1683年設黑龍江將軍，在黑龍江城（今璦琿）置將軍衙門，任命薩布素為首任將軍，派兵駐守，嚴防敵人入侵。他還建立了水師營，有100餘艘船。同時，康熙派人深入沙俄後方，刺探敵情，掌握信息。

經過充分準備，1685年，康熙發兵3,000人，從水陸兩路直逼雅克薩城。俄軍抵抗不過清軍，大敗而逃。清軍拆毀沙俄城堡，勝利班師。其後，俄軍捲土重來，清軍沒有給他們喘息之機，再次打敗了他們。在此情形下，康熙派出以索額圖為首的代表團與沙俄開始談判。1689年

9月7日，條約簽訂，9日，索額圖帶領使團返回京城。此消息傳到木蘭圍場，所有人都很高興，蒙古諸王向康熙祝賀：「皇上威服天下，沙俄鬼子再也不敢肆擾我境了。」

康熙笑笑：「朕不僅要打退沙俄，還要擊潰噶爾丹，保護蒙古安寧。」蒙古諸王自然深知康熙用意，一個個隨聲附和著，不敢多言多語。

20多天後，圍獵結束了，按照慣例，康熙會同諸王到張三營行宮（現隆化縣境內）舉行盛大的慶功告別宴會。每次宴會，不僅要飲酒歌舞，摔角比武，還要按照軍功大小，予以獎賞。因此，這次宴會形式隆重，影響很大。

雅克薩抗俄之戰中，清軍的神威無敵大將軍炮。

胤禛和兄弟們躍馬飛馳，二十幾天的圍獵，讓他們更加健壯有力，也更加精神抖擻。他們最先來到行宮，這裡早有京城的官員們前來接駕歡迎，其中一人就是顧八代。顧八代看到越發威武有神的胤禛，恭喜道：「四阿哥，二十幾天不見，你更加精神奕奕了。」

胤禛親切地與顧八代交談著圍獵過程中的種種事跡，並說：「我用火槍打中了幾隻麅子，等到賞賜完畢，我就把牠們送給你。」

顧八代連連搖頭說：「多謝四阿哥的美意，不過我以為，你應該將受賜獵物最先送給皇貴妃，以及她的家人。」

胤禛笑道：「師傅教誨，我難能忘記，我已經為皇額娘和舅舅們準備好禮物了。你就放心吧。」

顧八代高興地點點頭，他明白自己多年教誨沒有白費，胤禛不再是幼稚頑童，而是有了一定思想和能力的少年皇子。在他面前，正有一條模糊不明的道路等待他去旅行，去征服。

慶功宴開始了。康熙與蒙古諸王舉杯共飲，觀賞勇士們摔角比武。一位叫胡士克圖的蒙古勇士非常勇猛，一連擊敗了好幾位摔角手，他得意洋洋地站在場地上，一副志在必得的架勢。這一下，蒙古諸王高興了，他們滿臉喜色地望著胡士克圖，高聲說：「皇上，胡士克圖勇猛無比，連連打敗對手，請封賞他為巴圖魯。」巴圖魯是勇士的意思，滿蒙貴族非常珍惜這個封號。

康熙瞧了瞧場內，看到無人上場應戰，不免有些失望，開口說道：「沒人上場應戰了嗎？」卻見胤禛站了出來，朗聲說道：「皇阿瑪，兒臣推薦一人，可以與胡士克圖一戰。」

「喔？」康熙沒想到胤禛站出來說話，好奇地問：「你推薦何人？」

胤禛說：「這個人名叫查阿朗，他曾經是兒臣們的師傅。」

康熙一驚，查阿朗是他親自為兒子們挑選的武學師傅，因為明珠一案受到牽連，革職受罰，如今不過是普通士兵，也隨行了今年的秋獵活動。他不明白胤禛為什麼突然提起他，沉著臉沒有說話。

胤禔見到這種場面，急忙站出來，隨著胤祺說：「皇阿瑪，查阿朗武功高深，擅長摔角，他才是我們大清國的巴圖魯。」

其他皇子見了，也紛紛起立請求讓查阿朗上場與胡土克圖交戰。康熙笑了，轉身對幾位蒙古王爺說：「阿哥們推薦他們的師傅上場交戰，朕看，就再讓胡土克圖比試一局，好讓他們心服口服。」

幾位蒙古王爺不好說什麼，只得同意了。不一會兒，查阿朗在侍衛們帶領下來到場地，他拜見過皇帝和諸王，略作準備來到胡土克圖面前。查阿朗身材中等，相貌平平，與高大威猛的胡土克圖相比，真是相距甚遠。胡土克圖打量著他，輕蔑地說：「你也敢和我比？」

查阿朗並不答話，只是用一雙閃著火焰的眼睛盯視著他，似乎在說：「看我怎麼收拾你！」兩人抱拳過招，很快打鬥到一處，你攻我進，難解難分。大阿哥胤禔帶頭為查阿朗加油助威，胤禛和其他兄弟也很興奮，不停地喊叫著，希望查阿朗能夠取勝。

緊張的比賽場面吸引了所有人，場內場外響起陣陣喝彩聲，圖其琛還和幾個侍衛敲起戰鼓，更增加了幾分火爆氣息。就見查阿朗突然退步，閃出空檔。胡土克圖不知是計，進步追上。查阿朗藉勢拉住胡土克圖，猛一用力將其掀翻在地。胡土克圖輸了，場內外響起雷鳴般的歡呼聲。

蒙古諸王好不氣惱，又不便發作，只得趕緊命人攙扶胡土克圖回去休息。他們轉身向康熙祝賀道：「慶賀皇上，您為阿哥們挑選了一位好師傅。」

康熙高興地宣布查阿朗為巴圖魯。這件事後，查阿朗官復原職，繼續教導皇子們武學功夫。第二年，他參與了擊退噶爾丹的戰役，立下戰功。當他聽說是胤禛帶頭推薦了自己時，感慨地說：「四阿哥不忘師恩，真是仁義之人。」胤禛卻沒當回事，他平淡地說：「為國推薦人才，這是天經地義的事。蒙古諸王一心打壓我們的銳氣，怎麼能讓他們得逞？！」他一顆年少的心為國家大計考慮，而不是陷入你爭我奪的政治漩渦之中。這一點，讓他總是能夠超然其外，在諸兄弟的爭鬥中十分獨特，而且有利。

幾日歡宴，幾日封賞，慶功宴接近尾聲。這是最後一日相聚了，康熙與蒙古諸王坐在行宮內，下面陪坐著幾位皇子。說話間，一位蒙古王爺突然拿出一把小巧別緻的玉壺，晶瑩剔透，十分漂亮，他對康熙說：「皇上，這是臣的祖先傳下來的一把玉壺，裡面有七個道道，據說如果用絲線穿過這七個道道，此壺會出現異樣。可是，多年來無人能夠用絲線穿過它。我看大清天下人才輩出，不知道有沒有人能夠為臣實現這個願望？」

巧穿玉壺

康熙聽了，皺著眉頭看看玉壺，心想，他想藉此與朕比鬥，好啊，我朝文才武略者不乏其人，難道還怕這點小難題。於是，他哈哈一笑說：「沒問題，朕一定找人為你穿過絲線。」

那位蒙古王爺緊接著說：「皇上，臣今日就要啟程了，想把玉壺帶回去，不知道能不能快一點解決難題？」

聽到他催逼，康熙有些不快，再次望望玉壺，沉著地說：「既然你這麼著急，朕這就傳旨。」他剛要傳下旨意，命令隨行文官學士們趕緊想辦法用絲線穿過七曲玉壺，就見胤禛從下座站起，指著玉壺說：「皇阿瑪，兒臣可以用絲線穿過玉壺。」

康熙一愣，不放心地問：「你有什麼辦法？」

胤禛滿有把握地說：「皇阿瑪，你放心，我自有辦法。」

康熙繼續問：「你需要什麼工具？」

「只要一根絲線，一些蜂蜜，還有一隻螞蟻就足夠了。」胤禛回答。

蒙古諸王頗感奇怪，不由問道：「蜂蜜和螞蟻有什麼用？」

胤禛並不搭理他們，繼續對康熙說：「皇阿瑪，兒臣這就出去抓螞蟻。」胤祉兄弟聽了，湊上來說：「我們和你一起去。」

康熙笑微微地看著兒子們，默許他們出去抓螞蟻，並吩咐人準備蜂蜜和絲線。不一會兒，胤禛兄弟小心地捧著幾隻螞蟻進來了，他們來到玉壺前，剛要動手，就聽那位蒙古王爺喊道：「慢著，這是我祖先留下的玉壺，極其珍貴。幾位阿哥想要用絲線穿玉壺，我不反對，但我有言在先，如果你們把它弄壞了，怎麼辦？」

胤禔第一個瞪起眼睛，衝著蒙古王爺嚷道：「你一個堂堂王爺，怎麼這麼小家子氣？不就是一把玉壺嗎，弄壞了，我們賠你十把。」

蒙古王爺嘿嘿一笑：「大阿哥，恐怕你不知道這把玉壺的價值吧？別說你們賠十把，就是賠一百把，我也不答應！」

胤禔急了，回敬道：「你不答應？我還不答應呢！是你讓人穿絲線，怎麼還這麼囉嗦！我皇室裡珍貴的玉壺多的是，難道還不如你一把玉壺不成？」

他倆的話語裡帶有了火藥味，倒讓康熙有些為難，他盯著胤禛，似乎在問：「你有把握穿過絲線嗎？」

胤禛連忙放下手裡的螞蟻，對康熙和蒙古王爺說：「放心吧，我可以保證玉壺絲毫無損，一會兒你們就能看見絲線如何穿過玉壺。對了，王爺說會有異樣出現，你們可要盯仔細了。」說著，他低頭往玉壺裡面澆灌蜂蜜。

蒙古王爺碰了一鼻子灰，還是不甘心，攤著雙手轉向康熙：「萬歲，玉壺價值連城，萬一

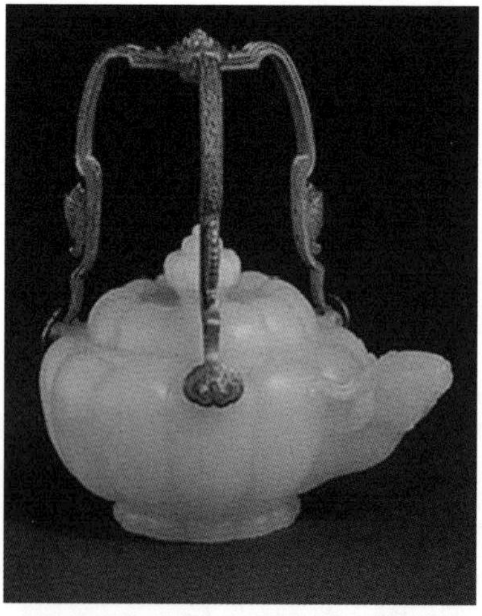

清代玉羊首提梁壺。玉壺是清代宮廷重要的生活用品之一，做工精細，質地優良，樣式極多。

有個閃失，您可要為我作主啊。」

康熙向來沉著冷靜，他看到胤禛胸有成竹的樣子，心裡更覺踏實，十分平淡地說：「王爺不要多慮，這點小事難不倒他們。你呀，就瞧好了，看他們如何穿過絲線，到時候你也好回去為你的臣民表演。」

蒙古王爺又碰了個軟釘子，悶悶地坐在座位上，緊緊盯著胤禛的舉動。這時，胤禛已經灌完蜂蜜，正拿著絲線捆綁一隻螞蟻。螞蟻太小了，他捆了幾次都沒有捆好，只好喊過胤祉幫忙。胤祉心細，三、兩下就把螞蟻捆住了，他遞給胤禛時悄悄說：「四弟，這個小東西真的行嗎？」

胤禛說：「怎麼不行？螞蟻愛吃蜂蜜，牠順著小孔吃完蜂蜜，也就把絲線帶出去了。」

胤祉拍拍腦袋，恍然說道：「四弟，有你的，你怎麼想起來的？」

胤禛說：「我也不知道，反正我知道螞蟻愛吃蜂蜜。」他在生活中善於觀察，汲取了很多有用的知識。說著，他將螞蟻放在玉壺的小孔旁，看牠果真快速地啃食起蜂蜜來。這個辦法吸引了康熙和蒙古諸王，他們也湊過來，驚奇地看著小螞蟻吃蜂蜜。那位擁有玉壺的王爺還沒有明白其中道理，不解問：「哎呀，這是要幹什麼？小螞蟻在做什麼？」

胤祉故意說：「你沒看見嗎？牠在吃蜂蜜啊。」

「吃蜂蜜？」那位蒙古王爺還是不解，「螞蟻吃蜂蜜與穿玉壺有什麼關係？」

胤祉噗哧一樂：「螞蟻吃完蜂蜜，絲線也就穿過玉壺了。」

康熙明白兒子的辦法了，點著頭說：「原來如此。」那些蒙古王爺也想明白了，不由驚訝地說：「阿哥能想出這樣有趣的方法，真是太聰明了。」

胤禛專心地盯著螞蟻，並不和他們說話，他看見螞蟻進入玉壺之中，才回頭對康熙說：「皇阿瑪，螞蟻一會兒就從另一頭出來了。」

康熙大喜，美孜孜地欣賞著兒子的傑作，與王爺們說笑著等待螞蟻出來。一刻鐘過去了，半個時辰過去了，可是那隻小螞蟻卻沒有出來。這可急壞了眾人，他們沉不住氣了，紛紛追問胤禛：「怎麼回事？螞蟻呢？」

胤禛也很焦急，他搓著手來回踱步，心想，螞蟻怎麼不出來呢？難道在中間出了問題？胤禔不耐煩地說：「那隻螞蟻可能死了，再換一隻。」

胤禛搖頭說：「不對，螞蟻沒有死，可能是吃飽了，不願意吃了。」

「那怎麼辦？」胤禔問。

胤禛一時也沒有主張，咬著嘴唇沒說什麼。一位蒙古王爺等急了，幾次看看康熙，發現他臉色陰沉，不言不語，因此他也不敢催逼，轉身拿起菸袋抽起來。他抽了幾口菸，噴出來的菸霧引起胤禛注意，他走過去說：「王爺，借你的菸袋用用。」

「用菸袋？」王爺好不吃驚。

「對。」胤禛說。

王爺看一眼康熙，見他依舊沉悶不語，只好將菸袋遞給了胤禛。

胤禛卻不接菸袋，笑著說：「王爺，我不會用菸袋，還是你來，你把煙霧噴向玉壺。」王爺不明就裡，只好按照他的吩咐去做，猛吸了一口菸，憋住氣，對準玉壺吹出去。接連吹了幾次，累得面紅耳赤，才停下來問：「行了吧？」

胤禛說：「好了，你們瞧，螞蟻出來了。」

果然，那隻栓著絲線的螞蟻急匆匆露出頭來，牠可能吃得太多了，步履有些蹣跚，不過腳步很急，顯然受了某種刺激。眾人看去，一個個驚喜地說：「出來了，出來了。」原來，胤禛讓王爺用煙薰玉壺，螞蟻在裡面受不了了，被迫鑽了出來。

胤禛巧穿玉壺，又一次為清皇室贏得榮耀，給蒙古王爺們一個大大的難堪。

重黍輕桃

慶功宴結束，康熙與蒙古諸王告別。這一次秋獵，他成功地實現了威服蒙古諸王的目的，非常滿意。臨行前，當地官員呈送上鮮美的水果，供眾人食用後啟程。一盤盤鮮美的瓜果，散發著誘人的香氣。康熙示意大夥不要客氣，隨意取用。由於連日食用獵物肉食，又剛剛飲過

酒，大多數人都抓起水果，大口品嚐起來。不少人邊吃邊與旁邊人議論：「桃子好吃，甜美多汁。」「還是葡萄可口，又酸又甜。」

在大夥品嚐瓜果之際，唯有一人做出了奇異之舉，他就是四阿哥胤禛，只見他伸手端起桌子上的一碗米飯，埋頭吃起來。這一舉動引起兄弟們好奇，他們吃吃笑著問：「你還餓嗎？怎麼不吃新鮮水果而吃米飯？」

幾位蒙古王爺也好奇地看著這位巧穿玉壺的皇子，不解地問：「米飯不過是一般飯食，而水果是時令鮮物，阿哥為何不吃水果卻吃米飯？」

康熙也奇怪地盯著兒子，好像在等待他的答案。胤禛放下飯碗，認真地說：「我聽說過聖人重黍輕桃的故事，雖然知道水果好吃，但是米為五穀之長，是祭祀時的主要貢品，因此先吃米，再吃水果。」

「重黍輕桃？」一位蒙古王爺脫口問道，「這是個什麼故事？」

胤禛說：「這是《韓非子》裡面講述的一個故事：

有一次，魯哀公宴請孔聖人，命人端上了水蜜桃和黍子招待他。水蜜桃鮮紅嬌嫩，水靈靈的，誰看了都想咬一口。可是孔聖人沒有先吃水蜜桃，而是先吃黍子。黍子是人們經常食用的飯食，沒什麼珍貴之處，所以四周人都捂著嘴巴笑話孔聖人。魯哀公很好奇，就問孔聖人：『黍子是常用飯食，你為什麼把它放在鮮桃之前呢？』孔聖人不慌不忙地回答：『我知道桃好吃。可是，大王您沒有聽說過五穀之首黍在上，六果之末桃在下的道理嗎？黍是五穀之長，是祭司先王時的主要貢品。果實分為六種，桃是最末的一種，它沒有資格進入廟堂祭司先王。這個道理難道能夠顛倒過來嗎？我依照古禮行事，尊重先王，所以先吃黍，後吃桃，難道不對嗎？』這番話說得魯哀公心服口服。孔聖人的這番理論也為後人所推崇，因為它不僅體現了上下貴賤之別，也體現了孔聖人重視糧食生產，民以食為天的思想。」

所有人靜靜聽著胤禛侃侃而談，無不流露出欽佩神色，那位詢問的蒙古王爺連連點頭說：「哎呀，阿哥年紀輕輕，能文能武，知識淵博，實在不得了啊！」

胤禛神色平靜地說：「這不算什麼，我和兄弟們從小謹遵皇阿瑪聖諭，日日研讀聖人典籍，這點道理還是懂的。要說知識淵博，太子不知比我強多少倍。」

蒙古王爺轉向康熙，恭喜道：「萬歲聖明，不僅治國有方，還培養了文才武略的阿哥們，真是可喜可賀。」

康熙不動聲色地說：「阿哥們將來要治理天下，身負重任，是朝廷和國家的希望，朕對他們要求甚嚴。君以民為重，民以食為天，這是最基本的為政道理。」

說話間，啟程的時刻來到了，康熙與蒙古諸王告別，帶領皇子、官員、將士踏上歸途。他們一路行進，路過承德時，康熙打算在這裡修建一座園林，為日後避暑和秋獵所用。這年春夏，他利用原來清華園的一部分修建的暢春園完工，從此，康熙幾乎每年要有大部分時間住在園裡，開創清代皇帝園居的習慣。

當他和皇子、官員們考察期間，他說：「我們滿人來自北方，最耐不得炎熱。前幾年，四阿哥中過暑，最怕熱，修建了園林可以年年來避暑。」胤禛忙說：「多謝皇阿瑪記掛。」日後，承德避暑山莊建成，康熙賞賜了胤禛一座獅子園。

就在他們考察討論修建園林一事時，京城傳來急報。沒想到的是胤禛得知急報內容，竟然當場暈厥過去，不知道這份急報究竟是何內容，與胤禛有什麼關係？

清朝畫家冷枚所繪《避暑山莊圖》。

為了磨練心性，胤禛找人替自己出家，他也開始參佛修道，得到章嘉大師賞識。有一次，他出宮路過潛龍寺，廟裡的老僧算出他為「萬」字命，這讓他既慌又驚。他懇求父皇帶他前去五臺山拜佛，這一去，又發生了智救才子和黃瓜治病的故事。

第十八章

尊佛為修性　五臺山治病救人

第一節　皇貴妃病逝

「孝」字陪葬

少年胤禛隨行秋獵，回京途中路過承德，與父皇一起考察修建避暑山莊之事，沒想到京城傳來急報——皇貴妃病重。這個消息猶如晴天霹靂，胤禛頓時昏倒在地。康熙連忙派人為他醫治，並傳旨連夜返回京城。他們一路急馳，回到紫禁城時，皇貴妃佟佳氏已經病入膏肓。胤禛跪爬到她的床前，連聲呼喚：「皇額娘，兒臣回來了。」

皇貴妃努力抬起頭，從頭到腳打量著胤禛，臉上浮現一絲笑意，她輕輕咳嗽幾下，聲音微弱地說：「四阿哥，你越來越健壯了，額娘心裡高興。」

胤禛強忍淚水說：「皇額娘，我今日回來，天天服侍您，您一定會很快好起來。」

皇貴妃笑了笑，示意胤禛靠前，艱難地說：「額娘知道你誠孝，可是生死由命，這件事強求不得。如今你也大了，額娘走了，你不要太難過。」說到這裡，她眼裡淚花閃爍。

胤禛再也忍不住，撲倒在皇貴妃床前，放聲大哭。哭聲中，康熙走進宮裡，看到他們母子情形，已然明白大概，他上前握住皇貴妃的手，急切地說：「妳病得這麼厲害，怎麼不早點命人告訴朕？」

皇貴妃搖搖頭：「萬歲，臣妾知道自己的身子，這些年常常患病，要不是萬歲用心，恐怕早就去了。我來這世上一遭，承蒙萬歲厚愛，又有四阿哥承歡膝下，心意已足，今日一去，別無牽掛。」

胤禛哭著說：「不會的，皇額娘不會走，您的病一定會好。我這就去柏林寺，問問那老和尚，當初他說佛祖會保佑您，現在怎麼不管用了？」說著，他爬起來就要往外闖。

康熙一把攔住他，低聲呵斥道：「這麼大了，還是這般草率！你皇額娘病重，你不知道好生安慰，又哭又叫，像什麼話！」

胤禛性子急，只想著快點治好皇貴妃的病，哪裡還想其他，聽了康熙幾句訓斥，依然固執地說：「我要為皇額娘治病，我不要皇額娘走。」

皇貴妃了解他的性情，強撐著伸出手臂，拉住胤禛的衣袖說：「四阿哥，你的心意額娘清楚，你先坐下，額娘有話說。」

胤禛哪還敢走，他回頭繼續跪下，哭泣著說：「皇額娘，兒臣聽您的話，您說吧。」

皇貴妃略略休息片刻，講起前次去柏林寺，妙智和尚說過的「佛性、禪道」之語，並說：

「據我看，妙智所言有些道理。四阿哥是個真性情的人，聰慧誠孝，品格貴重，可是脾氣急躁，喜怒不定，行事過於浮躁，這都是缺點。四阿哥，你一定要記住，要用心修身養性。」她說著，轉向康熙，繼續說：「萬歲，您最了解四阿哥，他雖然有不少缺點，可他是個好孩子，將來一定會有所作為。臣妾這一去，就把他交給您了。」

說完這番話，皇貴妃似乎用盡了力氣，閉上眼睛好久沒有睜開。胤禛跪在地上，泣不成聲地說：「皇額娘教誨，兒臣句句銘記在心，我一定好好磨練心性，不讓您操心。」

康熙皇帝的第三位皇后是孝懿仁皇后——佟佳氏，滿洲鑲黃旗人，領侍衛內大臣佟國維之女，本是康熙帝生母孝康章皇后的親侄女，即康熙的表姐。

康熙緊緊握著皇貴妃的手，眼淚止不住滴落下來。他心酸至極，哽咽著說：「朕知道，朕知道，妳就放心吧。」

第二天，康熙下旨晉封皇貴妃佟佳氏為皇后。這樣做既有沖喜之意，也在表明皇貴妃在他心目中以及紫禁城的真實名分。然而，佟佳氏沒有因此好轉，而是很快就去世了。新后離世，普天哀慟，康熙為她舉辦了隆重的殯喪儀式，把她和前兩位皇后安葬在一起，這就是景陵地宮。景陵是康熙皇帝的陵寢，他不足40歲就安葬了自己的3位皇后，其中辛酸恐怕只有他個人知曉。

自從佟佳氏去世，胤禛水米不進，日夜守候在她的棺槨前，哀哭不止。這天，佟佳氏的棺槨啟程入葬，他跟隨前往，臨行前，他喊過小鐘用說：「前次皇額娘有病，我寫了不少『孝』字，你去取來，我有用。」

小鐘用不解其意，又不敢詢問，急忙地回宮翻出「孝」字，包紮好了交給胤禛。胤禛接過「孝」字，逐個打開查看，然後用黃陵包紮，裝進精緻木盒，抱在懷裡，再也不肯放下。等到佟佳氏下葬時，胤禛才把一盒「孝」字放進她的棺槨，痛哭著說：「皇額娘在天有知，兒臣還要孝敬您，要生生世世孝敬您。」

在場人見此情景，無不感動地流淚。清廷制度，帝后入葬都有一定陪葬品，這些陪葬品既有生者日常用品、各種珍玩，還包括其他人送的物品。佟佳氏身為皇后，陪葬品自然少不了，可是最為珍貴奇特的莫屬這一木盒「孝」字了。

安葬完佟佳氏，胤禛生了病，臥床不起。德妃烏雅氏聽說後，幾次欲往勸說，幾次忍下了。康熙請來為佟佳氏喪事做法事的妙智和尚聽說後，唸誦佛號：「阿彌陀佛，四阿哥這般傷心，反倒誤了皇后娘娘的去路。」

小鐘用聽到了妙智的這幾句話，趕緊跑進來告訴胤禛：「柏林寺的妙智老和尚說，阿哥爺

這樣傷心，對皇后娘娘不利。」

胤禛一聽，勃然大怒：「這個老和尚，我還沒去找他算帳，他反倒找起我的麻煩來了。我倒要問問，他憑什麼這麼說？」

替身和尚

胤禛不顧病體，找到妙智責問：「前次我去寺裡拜佛，你口口聲聲說佛祖保佑皇額娘，如今你還有何面目來宮裡做法事？」

妙智似乎早料到胤禛會來，面色沉靜地說：「四阿哥，貧僧想問你一句話，你是真孝還是假孝？」

「你，」胤禛惱怒了，「你敢懷疑我？你真是太不像話了。你們和尚僧人，難道就是這樣解救世人？」

妙智很沉穩：「去既空，空既去，皇后娘娘去路安寧，轉世為佛，這有什麼可悲的？四阿哥以『孝』字陪葬，孝心感昭日月，還有何可怨的？無悲無怨，大徹大悟，實乃佛家境界。要是四阿哥沉溺哀慟，臥病不起，悲怨無盡，豈不阻撓皇后娘娘轉世之路？」

胤禛生在宮中，受孝莊太后等人影響，對佛並不陌生。可他從小攻讀儒家典籍，又形成了深刻的儒學思想。另外，康熙還崇尚「外用儒術，內用黃老」的治國策略，使得胤禛對道家思想有了認識。這樣看來，他像大多數中國讀書人一樣，是集儒道釋於一體的。不過，現在的他年少氣盛，哪裡聽得進去佛家勸說，因此不依不饒地說：「什麼佛家境界？皇后娘娘有老天保佑，誰也阻撓不了她的轉世之路！你不要在這裡欺世盜名了，趕緊回你的寺廟去！」說完，他氣咻咻走了。

幾天後，康熙來到胤禛住處，見他臥床不起，茶飯不思，一副病容，又是心疼又是著急，板著面孔說：「朕聽說你與妙智大師吵架了，這是怎麼回事？」

胤禛說：「他詛咒皇額娘，還說什麼大徹大悟的話。我看這些和尚沒什麼真本事，就會嚇唬人。」

康熙眉頭一皺：「不得胡言亂語！我們大清是信佛的，你身為皇子，怎麼能說出這種話？朕倒想問你，還記得你皇額娘臨終前對你的教誨嗎？朕看你性情浮躁，又不懂得養性修行之道，特意為你選了一處修行之地。你身體好了，就去吧。」

胤禛一驚，忙問：「什麼地方？我還要去無逸齋讀書呢。」

康熙沒有理他，頭也不回地走了。

第二天，胤禛才得知，康熙讓他去柏林寺修行。他聽了，急得大叫：「啊，要我去當和尚？我不去，我不去。」

小鐘用連忙說：「阿哥爺，您別吵了。聖命難違，您這樣吵鬧有什麼用？依我看，不如想別的法子。」

「別的法子？」胤禛催促，「什麼法子？快說！」

小鐘用抓抓頭皮，低聲說：「求人說情。」

胤禛琢磨著這幾個字說：「如今皇額娘剛剛走了，誰會為我說情？想起來，也怪我莽撞，不該責難妙智。唉，看來皇阿瑪真是鐵了心要改變我的性情。小鐘用，你說佛家真有那麼大的威力嗎？」

小鐘用嘿嘿一笑：「阿哥爺不懂的事，奴才哪裡知道。奴才小時候在鄉下，常常看到人們去廟裡燒香磕頭。來到皇宮裡，看見老佛爺、萬歲爺也信佛，就覺得這佛畢竟是好的，可信的。」

他們說來說去，對佛的排斥心理逐漸減少，覺得寺廟充滿了神奇的吸引力。胤禛呆呆地想：「皇阿瑪讓我去修行，一定是為了我好，可是聽說去了那裡一天到晚打坐唸經，非常乏味，這可怎麼辦？」

胤禛左右為難，不知道該不該去寺廟修行，這件事很快傳遍無逸齋。胤禔兄弟們笑著議論：「這下子好了，我們皇家出和尚了。」「以後見了老四，不能以兄弟相稱了，要稱呼大師。」他們嘻嘻哈哈，有一個人卻坐立不安，他就是顧八代。顧八代清楚康熙的意圖，也熟悉胤禛的個性，他決定面君為胤禛說情。

下午，康熙來到無逸齋考察皇子們學習情況，顧八代做了充分準備，見到康熙後分析說：「皇子禮佛是修養心性的手段，值得推崇。可是微臣以為，我朝以儒學為重，要是萬歲讓四阿哥去寺廟禮佛，一旦傳揚出去，必定招致士子議論，有違尊儒重教本意。這樣的話，將會對萬歲您的聖名不利。」

康熙覺得有理，說道：「可是朕已經把話說出去了，豈有反悔的道理？」

顧八代不慌不忙地說：「這倒不難，微臣聽說過替人出家的說法。萬歲可以為四阿哥找一替身，讓他代為出家。這既可以達到參佛的目的，又能保證四阿哥繼續攻讀儒學。」

康熙笑道：「朕把這事忘了，你說得有道理。好吧，你為四阿哥尋訪一個替身，讓他代為出家。」

經過一番挑選和商量，最終顧八代推薦小鐘用做胤禛的替身。

小鐘用替胤禛出家，胤禛親自送小鐘用來到柏林寺，小鐘用哭喪著臉說：「阿哥爺，我一個太

《雍正皇帝行樂圖——佛像裝》。

監，在哪裡都一樣。只是從此不能伺候您，心裡很難過。」

胤禛拍拍小鐘用的肩膀，站在一尊尊佛像前許願說：「胤禛性情無常，本該出家修行。小鐘用大仁大義，替我來了，各位佛祖在上，從今往後我一定克己用忍，苦礪個性，好讓小鐘用早日回宮。」

小鐘用聽了，忙說：「阿哥爺，您放心吧，小鐘用在這裡努力唸經，為您求福，求佛祖保佑您一生平安，早日封王。」

胤禛點頭說：「你還要多學點佛家知識，說不定會成為一代宗師。到時候，我可要向你取經了。」

小鐘用慌忙搖手：「奴才哪有那本事。阿哥爺，天色不早，你早回吧。」

胤禛與小鐘用告別，一個人默默回宮。路上，他幾次回望，看見小鐘用戀戀不捨地向他揮手致意，暗暗地想：「自己魯莽，連累了小鐘用，回去後一定竭力控制自己的性情，好讓他早一點回來。」

第二節 與佛之緣

章嘉大師進宮

小鐘用出家，對胤禛產生了強烈的影響，他事事處處比從前謹慎多了，遇到不順心的事盡量忍耐，能不與人爭吵就不爭吵。臘八節這天，按照滿洲皇族習俗，御膳房的廚子們早早地準備了黏高粱、小豆等八種糧食煮的玉皇臘八粥，供康熙、妃嬪以及皇子品嚐。皇子們在尚書房用餐，吃飯時，七阿哥胤祐的貼身太監為了照顧他，不小心打碎了飯碗，濺了大阿哥胤禔一身粥米。胤禔氣壞了，指著他一頓臭罵。胤祉等人看不過去，出面勸解：「大哥，不看僧面看佛面，他又不是故意的，你何苦呢？」

胤禔氣憤地說：「你們知道什麼！要是平時，我也不會說什麼。可今天是什麼日子？你們知道嗎？」

「今天是什麼日子？」胤祉問。

胤禔張張嘴，想說什麼，卻又忍住了，瞅瞅在座各位，忽地一下轉身離去。胤祉不以為然地望著他遠去的方向，嘟囔道：「什麼大不了的事，這麼慌張。」

胤禩神祕地說：「聽說皇阿瑪派大哥出征噶爾丹，會不會是這事？」

胤祺說：「這又不是新鮮事，還用得著這麼神祕。」

兄弟們議論紛紛，唯獨胤禛一言不發。胤祉忍不住問：「老四，平日裡你愛打抱不平，常和大哥爭論，今天怎麼啦？」

胤禛看看胤祐的太監，不疾不徐地說：「挨了罵，與人爭吵不算能耐，忍耐才是真本事。你們吵吵嚷嚷，貌似為人求情，實際為了表現個人的愛心，這樣做也沒什麼可效仿的。」

胤祉笑道：「聽你這番言論，倒像是個出家的和尚。唉，是不是小鐘用出家，你也跟著沾了佛性。」

這時，一位太監急匆匆趕來傳旨，讓所有皇子前去乾清宮會客。原來，今日是藏傳佛教四大活佛之一——章嘉大師進京見駕的日子。章嘉活佛轉世系統，是清代四大活佛轉世系統之一，一世章嘉紮巴俄色，青海紅崖子溝張家村人，所以由他開始的轉世活佛系統稱張家活佛，康熙帝以「張家」二字不雅，改為章嘉。如今進京的是二世章嘉阿旺洛桑卻丹。

胤禛兄弟趕往乾清宮，果真看見章嘉大師坐在那裡，正與康熙說話。太子胤礽、大阿哥胤禔侍立兩旁，一個儒雅得體，一個威武健壯，十分引人注目。胤禛兄弟上前施禮問安，見過章嘉大師。章嘉大師逐一打量皇子，然後合掌唸誦佛號：「阿彌陀佛，皇子們聰明有禮，舉止非凡，真是萬歲和大清的福氣。」

康熙客氣地說：「大師，他們尚且年幼，未知前途如何，不可誇耀。」說完，命令兒子們站立一邊，傾聽章嘉大師傳經講道。

講著講著，忽聽外面一陣腳步聲，李德全進來附在康熙耳邊低語。康熙臉色一沉，顯然出現了大問題。可是章嘉大師講經不輟，似乎沒有注意到康熙的表情變化。過了一會兒，康熙有些坐不住了，太子胤礽、大阿哥胤禔見此，先後上前請示說：「皇阿瑪，請章嘉大師日後講經。」

他們的表現影響了在場皇子，幾乎所有人都動起來，根本聽不進去章嘉大師講什麼。章嘉大師不為所動，只顧洋洋灑灑講說經書。康熙忍耐著，好不容易等他講完了，忙說：「大師辛苦了，你先回去休息，朕處理邊防軍務。」

章嘉一聽，哈哈笑道：「邊防軍務？是不是噶爾丹打過來了。皇上莫急，貧僧久居西方，了解那裡情形，這次來正是為了助你一臂之力。」

康熙驚喜地說：「大師果有此意，真是太好了。」他這次請章嘉大師進京，就是想讓他奔走邊關，為安頓邊防出力，沒想到自己還沒開口，他倒先提出來了。

章嘉大師再次打量一遍皇子，目光落在胤禛身上，認真地說：「皇上，剛剛貧僧講經，大多數皇子坐立不安，唯獨這位皇子鎮靜自若，佛心堅彌。」

「哦，」康熙看一眼胤禛，想了想笑著說：「不愧是活佛。四阿哥近日與佛結緣，有些悟性，瞞不過大師的慧眼。」

章嘉大師接著說：「原來如此。這位皇子佛性天成，前世定是菩薩，如果誠心修練，將來定有大善緣。」

康熙很吃驚，不過他什麼也沒說，就打發兒子們下去了。日後，章嘉大師出入皇宮，奔走邊關，深得康熙寵幸。在這段時間裡，胤禛與他的關係逐漸熟識，從他那裡了解到很多深奧的佛學知識，促發了他對佛學的興趣，奠定了他的佛學根基。他成年後，將自己喜歡的文章編輯成《悅心集》，裡面所選多看透世事，任情放達的文章。其中一篇《醒世歌》如下：

南來北往走西東，看得浮生總是空。
天也空，地也空，人生杳杳在其中。
日也空，月也空，來來往往有何功！

雍和宮是清代全國規格最高的一座佛教寺院，因為裡面出了雍正和乾隆兩位皇帝，所以被譽為「龍潛福地」。

田也空，地也空，換了多少主人翁。

金也空，銀也空，死後何曾在手中。

妻也空，子也空，黃泉路上不相逢。

章嘉大師對胤禛的影響很深，史書記載，胤禛在結識章嘉活佛後，與其「時接茶話者十餘載，得其善巧方便，因知究竟此如。」消除了對禪宗的偏見，章嘉大師成為他的佛學恩師。

「萬」字命

在章嘉大師引領下，胤禛與佛的關係日漸密切，常常與他談佛論經，心性變化很大。這件事讓很多人不解，胤祉問：「參佛論道，枯燥無趣，老四你怎麼能耐得住？」胤禛回答：「正因為如此，才能消除我心中魔障。」胤祉搖搖頭，擺弄著手裡的對數表說：「還是這東西有意思，你參你的佛，我學我的算術，兩不相干。」康熙聽說胤禛刻苦參佛修性，欣慰地想：「這個孩子知道改進自己的缺陷，還是有些造化的。」

1690年，康熙任命福全為撫遠大將軍出征抵抗噶爾丹。為了鍛鍊兒子們的能力，他特意命年僅19歲的大阿哥胤禔為副將軍從征。這是皇子首次領兵出征，對於諸多皇子來說，是件了不起的大事。臨行前，他們紛紛為大哥送行。胤禔頭戴銀盔，身披亮甲，騎著高頭大馬，威風凜

凜。胤禛兄弟看了，心生羨慕，一直將他送出京城。

回京的路上，胤禛遇到了法海。他前來為父親佟國綱送行。兩人多日不見，今日相逢格外高興，他們催馬並進，高談闊論，不亦樂乎。法海還為胤禛介紹了一個叫傅鼐的貴族子弟。三個少年一路急馳，相談甚為投機，走了一段路程，法海忽然有些口渴，指著不遠處的一個寺廟說：「我過去討杯水喝。」傅鼐緊跟著說：「我也去。」胤禛看他們都走了，覺得無趣，也偷偷打馬跟上。送行的人很多，大夥誰也沒有注意他們的舉動。

三人來到寺廟門前，看到這是一座有些破敗的小廟，草長牆塌，磚舊瓦破，甚為淒涼。胤禛心裡一酸，感慨道：「佛家聖地，怎會落得這般場景？」法海指著廟門上的字說：「瞧，別看寺廟不大，名字倒不錯。」傅鼐順著他手指的方向望去，脫口唸道：「龍灣寺。」

法海一驚，好像突然記起什麼：「哎呀，這裡就是龍灣寺？」

「怎麼？你聽說過？」胤禛問。

法海說：「聽人說龍灣寺有位高僧，很會相面，算命極準。沒想到，這位僧人會住在這麼破舊的寺廟裡。」

傅鼐興奮地說：「真的？我們進去算算。」說著，他帶頭敲響了寺廟的院門。

可是，任憑他們敲了半天，裡面毫無動靜。傅鼐急了，氣呼呼地說：「敢情老和尚睡著了，我們走吧，過幾天再來。」

胤禛忙說：「佛門淨地，說話不可造次。依我看，高僧可能外出雲遊了。」他們邊說邊往回走，商量著何日再來。就在這時，迎面走來一位衣衫破舊、精神矍鑠的老和尚，他嘴裡哼著什麼，只顧低頭趕路，不去理會三位貴公子。法海和傅鼐對視一眼，上前攔住老和尚：「唉，請問你是這寺裡的僧人嗎？」

老和尚低頭趕路，似乎沒有聽見他們的問話。法海和傅鼐又問了一遍，他依然不理不睬。

胤禛見此，開口說了一句：「春、夏、秋、冬彈指間，鐘送黃昏雞報曉。」

老和尚停下了，慢慢轉身看著胤禛，眼裡閃起不易察覺的光彩，他緩緩說道：「公子，看你富貴之人，無限榮華，也曉得世間沉浮，難得也。」

胤禛一笑：「人生世間，不過百年光陰，高低貴賤，亦如眼前浮雲。」

「說得好！」老和尚爽朗地說，「公子年紀不大，有此見解，可見佛緣不淺。」

胤禛說：「說不上佛緣，不過養性修身罷了。」

老和尚卻搖搖頭：「公子骨骼非常，命相至貴，與佛大有淵源。」

法海在一旁催促道：「高僧，聽說你很會相面，何不為我們三人相看一番。」

老和尚詭祕地說：「公子取笑了，貧僧哪會算命？我只送給有佛緣的公子一個字——『萬』，你們去吧。」

「『萬』是什麼意思？」傅鼐奇怪地問。老和尚不理他，徑直回歸寺廟去了。

法海知識淵博，通曉儒道釋多家學問，皺著眉頭說：「在卦象中，『萬』字有一種解釋，就是『萬字命』，難道老和尚說的是這個意思？」

「『萬字命』又是什麼意思？」傅鼐追問。

法海驚訝地瞪著胤禛，好半天才說：「『萬字命』指的是此人命貴骨重，將會問鼎天下……」

「不可亂說！」胤禛大聲制止，「法海你好大膽子，敢說這種大逆不道的話。你們倆聽著，剛才和尚所言，是說我與佛有緣，與命相無關！你們再敢胡說，小心我懲治你們！」

法海和傅鼐嚇得不敢言語，陪同胤禛離開龍灣寺，回歸京城。自此以後，他們誰也沒有提起此事，胤禛也沒有來過龍灣寺。倒是那位老和尚，不久後就不知去向。十幾年後，一位叫戴鐸的人成為胤禛的幕府，他在前往福建赴知府之任的路上，遇到一位道人，他請這位道人算卦，這位道人指出他的主子，也就是胤禛是「萬」字命，竟與老和尚所言一模一樣，實在令人稱奇。

第三節 拜佛五臺山

智救才子

少年胤禛為了磨練心性，尊佛讀經，取得一定成效。由於北方戰事吃緊，為了穩固西北方政局，也為了祈求佛祖保佑，康熙準備到五臺山朝佛。五臺山是佛教聖地，康熙一生多次前往朝佛，留下很多故事。胤禛聽說朝佛一事，請求說：「皇阿瑪，兒臣聽您訓示，禮佛讀經，請您這次也帶著兒臣去聖地參拜，以便更能感知佛法，修養心性。」康熙點頭答應了。

朝佛的隊伍出發了，胤禛隨侍康熙左右，殷勤備至。他們經淶水、易州、阜平，來到龍泉關下。已是傍晚時分，康熙傳旨隊伍停下休息。胤禛自小生長宮中，除了京城只去過木蘭圍場一帶。這次來到風景迥異的五臺山附近，他縱馬觀賞四周景色，但見山巒起伏，村莊人家，一派別樣風致，心情頗為激動。夜裡，他輾轉難眠，爬起來鋪紙研墨，寫詩抒感。寫完後，他反覆讀了幾遍，驚醒了胤祉。胤祉坐起來迷迷糊糊地問：「幹嘛？還不睡？」胤禛興致很高：「三哥，我剛剛作了首詩，你來聽聽。」胤祉不耐煩地擺擺手：「睡吧睡吧，明天還要趕路。」說著倒頭睡下了。

第二天一大早，胤祉醒來，看到胤禛早早地站在那裡寫字，不由嘆道：「也不知道你哪裡來的精神？怎麼總是睡的晚起的早？」從小到大，胤禛精力充沛，從不睡懶覺，不管做什麼，總比別人用功。他看著睡眼惺忪的三哥，打趣道：「我腦子笨，再不勤苦，還不被你們丟下了。」

兄弟說笑間，小鐘用過來喊他們用飯。小鐘用為替身和尚，這次也隨行朝拜。他們夜裡住宿在當地一家旅館裡，所以吃穿比較方便。就在三人步出房門時，忽然聽到有人吟誦詩詞。胤禛奇怪地張望著，看到周圍除了一個澆花的少年奴僕，並無他人。他走過去問道：「你叫什麼？是你吟誦詩詞嗎？」

那個少年恭敬地說：「在下戚壽田，是這裡的花奴，剛才一時興起，吟詠了幾句李太白的詩，請公子原諒。」

胤禛上下打量他，見他舉止文雅，談吐不俗，像是讀書人，就與他交談起來。這一談才明白，戚壽田本是當地一才子，能文擅畫，因為父親去世，家裡遭難，被迫到這戶人家為奴。不幸的是，這家夫人非常刻薄，常常為了一些小事鞭打手下奴僕，戚壽田吃了很多苦頭。更令人氣憤的是，夫人還沒收了他以前所有的畫作，不許他變賣。戚壽田指著胤禛住過的房間說：

「牆上掛的畫就是我畫的，可夫人非說不是，我沒有辦法，不敢索要。」

胤禛氣憤地說：「你怎麼不到官府去告她？這等潑婦天理難容！」

少年慌忙說：「公子，我看你是外地人，所以跟你說了這麼多。你想我現在這種狀況，哪還敢去告狀？您呀，趕緊去吃飯吧。」

胤祉也說：「老四，這些家長里短的瑣事，誰能理得清楚？我們吃完飯還要趕路，快走吧。」

胤禛反駁說：「才子淪為奴僕，惡主強霸他人財產，這怎麼成了瑣事？這是大事！」

胤祉向他使眼色說：「此次出行，沒有多少人知曉，你要是橫生事端，豈不誤了大事？」

胤禛明白他的意思，想了想出去了。吃早飯時，胤禛發現店夫人帶著一幫奴僕去五臺山拜佛，其中也有那位才子奴僕，他突然有了主意，悄悄對小鐘用說：「我有辦法制服那位夫人，解救才子啦。」

小鐘用問：「什麼辦法？你可不要暴露我們的身分。」

「不會的，」胤禛滿有把握地說，「到時候就看你的了。」說著，如此這般交待了小鐘用一番。小鐘用邊聽邊不住地點頭說：「阿哥爺，您就放心吧。」

用過早飯，他們匆匆趕到附近一家寺廟，果然遇到了店夫人一行。這時，就見小鐘用一身和尚裝束走進來，直衝夫人一行而去，走到戚壽田面前，跪倒在地，不停地膜拜，嘴裡唸唸有

地藏王菩薩像。

詞：「罪過，罪過……」在場人驚訝極了，那店夫人忙問：「哎呀，大師，您這是做什麼？」小鐘用回答說：「這位少年是地藏王菩薩托生，是專門來尋訪人間善惡的！夫人，您以奴僕的身分收留他，聽說還經常虐待他，如此深重的罪孽，不知會有什麼樣的報應！」

夫人大驚失色道：「你說的都是真的嗎？」

小鐘用唸誦佛號：「阿彌陀佛，夫人拜佛信佛，怎麼說出這等話來？」

夫人嚇壞了，急急忙忙帶著人跑回家去告訴丈夫。寺裡，胤禛對小鐘用交待一番。第二天一大早，店主和夫人一起來到廟門前，他們長跪不起，請求幫他們開一線佛門生路。小鐘用早與寺裡和尚交待清楚了，他端坐佛前，沉痛地說：「這不僅是你的罪過，貧僧和小寺也有罪啊。地藏王來到本地，貧僧不知道迎接，真乃大罪！請允許貧僧率領眾僧以清水灑路，用鮮花鋪地迎接地藏王入寺，為你們夫妻洗刷罪孽，也為小寺洗刷罪孽。」

店主和夫人聽說可以贖罪，大喜過望，佈施了很多錢財給寺廟，歸還了戚壽田所有畫作，並恭恭敬敬把他交給了小鐘用。小鐘用這才對戚壽田說出胤禛設計相救之事，戚壽田感激不盡。此後，他變賣畫作，有了資本，刻苦讀書學畫，成為一位有名的畫家。

黃瓜治病

解救了戚壽田之後，胤禛隨同父皇在五臺山諸大寺朝佛參拜。五臺山是我國四大佛教名山之一。座落在山西省北部，以秀麗的高山自然風光和燦爛的佛教文化藝術著稱。山中寺廟眾多，風格多樣，五峰之外，稱臺外，有寺廟8座；五峰之內，稱臺內，有寺廟39座。以佛光寺、南禪寺、顯通寺等最為有名。位於塔院寺內高60多公尺的藏式舍利塔莊嚴雄偉，108級臺階直通頂端，氣勢奪人。

胤禛在名剎傾聽高僧名侶談佛論經，受益匪淺。這一天，他們來到北通寺住下。傍晚時分，胤禛和小鐘用步出寺廟，在周圍漫步賞景。忽然看到遠處有位老僧人在田間勞作，他弓背屈腰，正在採摘蔬菜。胤禛想，這一定是

佛教聖地——五臺山。

個火頭僧，專門負責寺裡飲食。小鐘用開口說：「阿哥爺，我們多日來身臨佛教聖地，往來無俗人，談笑皆僧侶，真是大開眼界啊。」

胤禛沒有理他，繼續觀望採摘蔬菜的老僧。不多會兒，老僧摘滿籃子，站直身體朝著山下張望，似乎沒有立即回寺的打算。小鐘用也注意到了老僧，不解地說：「快要吃飯了，這個老和尚還磨蹭什麼？」

不多時，就見山下跑來一個孩子，看見老僧人高興地喊：「老師傅，讓你久等了。」老僧人很高興，從籃子裡取出幾根黃瓜遞給小孩。小孩接過黃瓜，蹦蹦跳跳離去了。

小鐘用氣憤地說：「這個老和尚，拿寺裡的東西送人，真是太不應該了。」

胤禛一開始覺得老僧人做的不對，可又一想，也許這個孩子家裡困難，老和尚資助他？不過，要是如此，他不用這樣偷偷摸摸送人東西啊，其中必定有隱情，想到這裡，嘆息著說：「佛門聖地，也有這樣見不得人的事，可見天下人實難教化。」

他們正在說話，卻見寺裡衝出一個年輕和尚，三步兩步跑到老僧人面前，一把揪住他說：「又送人黃瓜，走，回去受罰。」

老僧人也不爭辯，默默地跟隨他往回走。胤禛看著這場景，有些不忍，走過去勸道：「這位師父息怒，我看老僧人也是一片善心，做善事是佛家本分，你不要太難為他。」

年輕和尚認識胤禛，忙施禮說：「阿哥殿下，您一片佛心，真乃菩薩心腸。可是，這個老僧太氣人了，當年，他無家可歸，本寺收留了他，因他不會說話，是個啞巴，所以讓他負責種菜燒水，做了廚僧。沒想到，他多年來養成個壞毛病，總是拿黃瓜送人。這倒也沒什麼，可好說不好聽，我們寺廟的名聲全讓他毀了，人們都喊我們『黃瓜寺』！」

原來如此，胤禛奇怪地盯著老僧人，看他慈眉善目，一副誠實忠厚的樣子，不像是個奸人，於是說：「佛家慈悲為懷，想必送出去的黃瓜也都有了用處，這就是好的。」

老僧人呆呆地望著胤禛，好像聽懂了他的話，眼神忽然亮起來，掙脫年輕僧人的手，跑回去提起籃子進寺去了。

老僧人的奇異舉動一直吸引著胤禛，讓他好生費解。這日，胤禛和老師顧八代又一次來到寺外田地邊，觀看老僧人採摘蔬菜。老僧人看見顧八代，忽然從籃子裡取出一根黃瓜遞給他，做著動作示意要他吃下去。顧八代覺得好玩，就聽從他的建議吃了黃瓜。接下來的幾天，胤禛和顧八代天天來到田地裡，老僧人呢，無一例外送給顧八代黃瓜吃。

7天後，胤禛又邀顧八代出去，顧八代拍打著自己的雙腿說：「哎呀，這些天可歇過來了，小腿不腫了。」自從登上五臺山，他的下肢就出現浮腫現象。胤禛聽了這話，猛然說道：「哎呀，我知道老僧人的祕密了！」

「什麼祕密？」顧八代著急地問，「怎麼回事？」

胤禛說：「你的腿不腫了，一定是吃黃瓜吃的。老僧人肯定知道黃瓜治病的祕密，所以才

經常送給有病的人吃。」在研讀佛經同時，他也拜讀了不少醫學典籍，有一定的醫學知識。

顧八代「啊」了一聲，不甚贊同地說：「黃瓜不過是普通蔬菜，哪有這樣的療效？你呀，是不是被老僧人的奇怪舉止弄迷糊了。」

中醫認為，黃瓜味甘、性涼、苦，具有除熱，利水，解毒，清熱利尿的功效。

「不是的，」胤禛肯定地說，「老僧人雖然不會說話，可他心思靈敏，頭腦清楚，不會做出無意義的舉動。我現在就去問問，是不是這個道理？」說著，他拉著顧八代再次找到老僧人。

在他比比劃劃的詢問下，果然證實了他的猜測。胤禛非常激動，趕回寺裡找到住持為老僧人說理：「老僧人治病救人，做善事，你們以後不能為難他，要多支持他。」

住持恍然說道：「貧僧記起來了，當年老僧人得過浮腫的毛病，後來慢慢好了，我們竟然不知他是吃黃瓜吃好的。善哉善哉，阿哥殿下心思縝密，破了這等疑案，還我寺廟榮譽，真是感激不盡。」

康熙得知事情始末，覺得很有意思，為寺廟題字「黃瓜治病」四字。從此，這座寺廟就叫贈瓜寺，而當地人了解到吃黃瓜的好處，漸成風俗。胤禛受此事啟發，對於醫學典籍和飲食保健的研究更為深入，後來，康熙年老有病，他總是親自問藥服侍，深得康熙信任。

多日巡遊朝拜結束，胤禛隨同父皇返京，一行人還沒有來到京城邊上，北方戰報頻傳，不知道這些戰報是凶是吉？

康熙親征，太子監國。胤禛為太子出宮辦差，在一家羊眼包子鋪裡結識了鄔先生，並為飯鋪題字，改善了鋪子的生意。

燈節來臨，胤禛和兄弟們出宮遊玩，被鬼影所嚇。為了解開謎團，胤禛帶人前去徹查，竟然發現了驚天之事。他大膽為民請命，要求太子調查亂收費現象。

康熙遲遲不歸，胤禛為父祈福，路上遇到一夥盜賊，他能否揭開這夥人的祕密呢？

第七章

出宮視京畿　翩翩皇子初歷世

第一節 錯字生意

羊眼包子

康熙率領眾人回歸京城的路上，得到前線戰事不利的戰報。為了鼓舞士氣，他決定御駕親征，親往隆化督戰。臨行前，安排太子胤礽監國，叮囑其他皇子刻苦讀書，不得有誤。胤禛與兄弟們送走父皇，回到無逸齋讀書。這天，胤禛心中牽掛父皇，於是研墨寫詩，聊表思念之情。恰好胤礽看到了他的詩作，不以為然地說：「老四，你也老大不小了，該做點正經事了。這些天皇阿瑪不在，我一個人忙得團團轉。過幾天就是冬至了，索額圖為我準備了新的儀仗，你替我去看看。」

胤礽已經18歲了，多年的太子身分使他身邊聚集了一大批官僚，這些人以索額圖為首，形成太子黨，權力很大。為了彰顯太子地位，索額圖制訂的關於太子的制度，與皇帝的相近，每年元旦、冬至、千秋三節，太子在主敬殿升座，文武百官排班朝賀，進表，行二跪六叩首禮。

長期一人之下、萬人之上的地位，胤礽的權勢慾惡性膨脹，養成了剛愎、驕奢的個性。他常常凌虐貴胄大臣，與眾兄弟關係也不甚和睦。大阿哥胤禔早就與他分庭抗禮，三阿哥胤祉性情恬淡，只愛讀書，與他交往不多，說起來，還是胤禛一向守禮遵法，對太子頗為恭敬。所以，太子想也沒想，就分派胤禛出宮辦事。

等胤禛出了午門，來到大街上，才發現這是自己頭一次獨自辦差，心裡不免有些緊張。此時已近中午，街道上人來人往，穿梭買賣，熱鬧繁華，胤禛好奇地打量著這些景象，覺得十分有趣。忽然，前面一條小胡同口傳來稚趣的童唱聲，胤禛仔細一聽，歌聲如下：「頭上插羽毛，快往城外逃。人驚馬兒叫，城破門樓焦。」他不由自主順著聲音走過去，原來十幾個男孩子在玩遊戲。他們分成兩幫，面對面站著，同排的孩子互相緊拉著手，然後其中一邊的孩子就唱起上邊的唱詞，接著，一個孩子用力向對方的人牆衝去。要是他衝破了對方的人牆，就可以帶回對方的兩個孩子，反之，他就被扣留在對方。一輪結束，下一個孩子繼續上陣。

胤禛生長在宮中，很少見過老百姓家孩子玩的遊戲，覺得好玩，上前問道：「你們在玩什麼遊戲？」

愛新覺羅胤礽老年時期的畫像。

那些孩子停下遊戲，盯著胤禛回答：「這也不懂，這叫『跑馬城』。唉，你是哪裡來的？也來玩一會兒嗎？」

胤禛笑笑，擺手離去。這個小插曲平息了他緊張的心情，他的腳步加快了，忽然，前面傳來一陣吵嚷聲，他吃了一驚，發現很多人圍在一家店鋪前，吵嚷聲就是從那裡傳來的。胤禛有心體察民情，遂走了過去觀看。這才清楚，是一位客人和店家吵架。那位客人面紅耳赤地說：「你這家館子不道地，明明寫著『羊眼包子』，怎麼一個羊眼也不見？這不是欺矇顧客是什麼？天子腳下，行此奸事，我憑什麼付帳？」

店主人氣得手指打顫，抓著客人罵道：「你賴帳不給錢，還敢誣陷我，真是惡人先告狀。走，我們到衙門說理去。」

兩人推推拉拉，四周人指指點點，議論紛紛，胤禛抬頭看了一下店鋪門前的匾額，寫著「羊眼包子」四字，覺得客人說得有些道理，就上前勸架：「店家，你這樣吵吵鬧鬧耽誤了生意，依我看，你就說說，你這家店鋪為何取名『羊眼包子』？這樣既可消除客人的疑慮，又能解決難題，不是一舉兩得？」

京城清真美食——羊眼包子。

店主人聽他說的有理，放開客人說：「大夥都在這，我這家店鋪開了有些年頭了，因為包子做得精細，個頭小，像羊眼，所以就取了這麼個名字。這些年來，各位沒少來捧場，都知道包子餡裡沒有羊眼，可這位偏偏有理說不清，非說我為商不仁，騙了他，不給我錢，你們說說，天底下哪有這樣的事？」

在場人聽了，無不轟然而笑。胤禛也笑了，轉向客人說：「這位客人，店家把話說明白了，你還有什麼顧慮嗎？」

客人眼珠一轉，依然不肯付帳，說道：「他事先沒有說清楚，我不能付錢。」

「唉……」店主人指著他，氣得又要抓住他。

胤禛從客人的舉止看出了端倪，他制止店主人說：「店家別生氣了，我第一次聽說你的羊眼包子，也想嚐幾個。這樣吧，一會兒我吃完了，和這位客人一起算帳。」

客人聽說有人肯為他付帳，臉色一變，很不自然。胤禛問他：「聽你口音像是南方人，來到京城是做生意還是有別的事？」

客人沉思著說：「我是紹興人，姓鄔，前來投奔親戚的。」

胤禛已然明白，客人一定是投親無門，盤纏無多，所以才賴帳不給。想到這裡，他也不再細問，邀請他再次進店用飯，一併付帳了事。正當他準備離去時，卻聽到外面又是一陣吵嚷，胤禛好生奇怪：「這清平天下，怎麼如此不安寧？」

巧題錯字

鄔先生從胤禛的穿著已經看出他的來歷不凡，笑笑說：「公子爺生在富貴鄉，哪知天下百姓疾苦？一粒米、一滴油，來之不易，都是吵架的禍頭啊。」

胤禛輕輕嘆口氣，起身望著外面說：「走，我們瞧瞧去。」

兩人來到門外，看到店主人正與一賣羊肉的吵鬧。賣羊肉地說：「你說好了20錢一斤的，怎麼送上門來又反悔了？天底下有你這樣做生意的嗎？」店主人一邊陪禮一邊說：「這些天生意不好，我老婆又病了。就這個小門面，哪裡支撐得住啊。您消消氣，過些日子生意好了，我再給您漲錢。」

鄔先生笑道：「這個店老闆，剛才逼著我還錢，現在怎麼？自己也被人罵了，哈哈。」

胤禛說：「我看這家店裡的羊眼包子很好吃啊，怎麼會生意不好呢？」

鄔先生說：「你別聽他的，生意人無奸不商，誰知道他說的是真是假！」

胤禛說：「看他倒也誠實，不像是奸猾之人。」

門外，店主人與賣羊肉的又吵了一會兒，終於把他打發走了。店主人擦擦額頭的汗珠，有氣無力地走進門來，一下子癱坐在椅子上，好大一會兒沒有動靜。胤禛悄悄對鄔先生說：「你看他，大冷天的汗都出來了，必定不是假的。」

鄔先生歪頭琢磨，笑著說：「公子心思細密，看來他是遇到難題了。唉，人生在世，為錢所困者豈只我他？」說著，他仰頭喝下一杯酒。

這時，一位小女孩匆匆來到店主人面前說：「父親，母親又發病了，您快去為她請郎中。」

店主人斜瞥了小女孩一眼，揮手示意她離開，並沒有外出請醫的打算。小女孩一把抓住他的胳膊，搖晃著說：「求求您了，父親，您不請郎中母親就活不了了。」

店主人推開小女孩，指著店面說：「要想給妳母親看病，就得賣掉這家店面，妳知道嗎？要是那樣，不是妳母親一人活不了，恐怕我們一家全要完蛋。」

小女孩放開父親的手臂，哭著跑走了。

胤禛看著這一幕，心裡非常難受，一時又想不出辦法幫助他們，兀自嘆氣不止。鄔先生與他不同，笑著問：「公子，看你的意思，是想幫助這位店主？」

胤禛說：「想幫也沒有辦法啊。」

鄔先生說：「我倒有個辦法，不知道你願不願意聽？」

胤禛說：「說說看。」

鄔先生說：「這家店位置偏僻，店面太過簡陋，所以客人不多。要想幫助他們，只有想辦法增加客人，客人多了，生意好了，還怕賺不到銀子？」

胤禛苦笑道：「這誰不知道，可問題是如何增加客人？」

鄔先生瞅瞅胤禛，故意說：「可惜你我名聲不大，要我是個才子，或是個大官，往這店面上題幾個字，寫幾句話，生意肯定會好起來。你說呢？」

胤禛眼前一亮，高興地說：「好辦法。」

鄔先生接著說：「也罷，我們就冒充才子，寫個假名如何？」

胤禛忙說：「這樣的事我可不敢。不過，我想起一個更好的辦法。」他詳細地把自己的想法說了一遍。鄔先生聽了，含笑不語。

胤禛喊過店主人，詢問他一番生意之事，問道：「我倆有心幫你，你同意嗎？」

店主人忙不迭地說：「公子說哪裡話，您要幫忙我求之不得。您說，要小人做什麼？」

胤禛說：「這也不難，你去準備筆墨紙硯。」

店主人很快拿來了文房四寶，恭敬地遞給胤禛。胤禛也不客氣，拿過筆墨揮手寫道：「兩條胡同岔路間，羊眼包子香又鮮。」寫完了，在下面用滿文落款自己的名諱，特意註明四阿哥幾個字。然後對店主人說：「你把這幅對聯貼到門外，肯定會有很多客人來的。」

店主人欣喜地接過對聯，細一打量，心裡涼了半截。原來，他雖然出身寒微，卻也讀過私塾，認識幾個字，他看到這幅簡單的對聯中竟有錯字，「鮮」字中的「羊」少寫了上面的兩點。他有心指出來，想著客人也是好意，因此默不作聲貼出去了。

鄔先生和胤禛看他貼了對聯，微微一笑，起身告別。路上，鄔先生向著胤禛施禮說：「小人有眼不識泰山，冒犯阿哥，請多關照。」他從胤禛的落款處知道他的身分。胤禛笑著說：「先生也懂滿文？這太好了，要是你沒處去，我倒可以給你介紹個地方。」他將鄔先生介紹到了傅鼐家裡做老師。後來，鄔先生成為胤禛的幕府，為他策劃過很多好主意，他因此受到重用，先後輔佐過好幾位封疆大吏，為清王朝做出了自己的貢獻。

再說羊眼包子店裡，自從貼出那副對聯，生意果然大見起色，有人路過這裡，看著對聯上的錯字，不覺發笑，還追問是什麼人寫的。一傳十，十傳百，有些認識滿文的人認出落款，驚訝地說：「這是當今的四皇子寫的。」「四皇子也寫錯字？」這些消息像長了翅膀一樣，很快傳遍整個京城。人們為了觀看四阿哥寫的「錯」字，紛紛趕到這裡品嚐包子。店主人知道這是胤禛故意寫錯字幫助自己，感激不已。

從此，羊眼包子名聲大噪，譽滿北京城。於是，城裡各處不少店鋪做起羊眼包子，遂成了京城喜食美味之一。就連康熙也傳旨：「朕覺得羊眼包子很好，可經常送到宮中，找內務府開銀。」

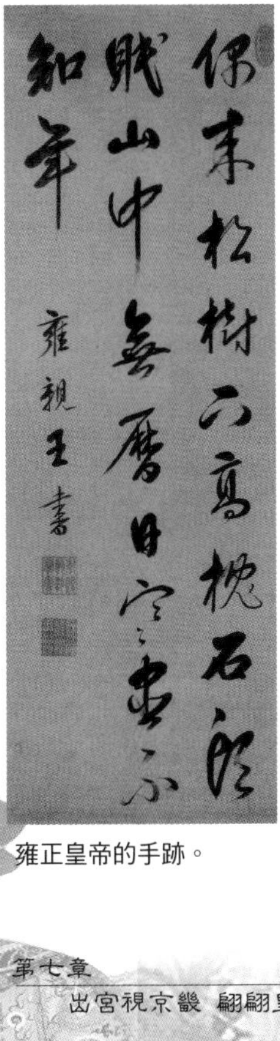

雍正皇帝的手跡。

第二節　治理亂收費

識破鬼影

第一次出宮辦差，讓胤禛長了不少見識，他對胤祉說：「市井百姓，生活情趣與你我迥異，可他們是民，是國家基石，怪不得皇阿瑪經常出宮視察，這是了解他們的最直接管道。」

胤祉從書本中抬起頭：「你呀，想那麼多幹嘛？讀好書、寫好文章就行了。」

胤禛並不認同：「為國為民辦事，這可是皇阿瑪經常教育我們的話。對了，燈節快要到了，我派人聯繫法海和傅鼐，想要他們一起微服逛燈會，藉機了解民情，你去嗎？」

「我？」胤祉想了想，「去了合適嗎？這可是違反宮禁的事。」

胤禛素來謹慎，可又有股辦實事的勁頭，因此常常為了達成某個目標而勇於行動，這一點也許就叫膽大心細吧。他對胤祉說：「我們又不是做壞事，在附近轉轉有什麼不可？」

胤祉何嘗不想出宮，何嘗不想出去見見宮外的景象，他也不再堅持，答應道：「好，我們一起去。」

燈節來到了，皇帝不在，索額圖大權在握，為太子觀燈做了細緻準備。京城內各大街道上張燈結彩，豪華壯觀。天一黑，就見燈火輝煌，映照紫禁城內外，堪比人間仙境。太子忙著帶領自己的嬪妃、寵臣賞燈觀景，也就懶得搭理眾位兄弟。這一下，胤禛兄弟倒是自由了，按照事先約定，他和胤祉換上平民服裝出了後宮，見到法海、傅鼐，幾人興高采烈地混入觀燈的人流當中。

人頭攢動，燈火通明，幾個少年邊觀賞燈景邊往前走，不知不覺遠離紫禁城，來到一般人家住區。胤禛望著漸漸稀少昏暗的燈火，還有低矮的房屋，以及月光下的樹木，不覺嘆道：「百姓人家，關係國家生計，了解他們的生活才是根本。」

清院本《十二月令圖軸——正月燈節》。

傅鼐說：「阿哥爺心懷天下，這是國家的福氣啊。」

胤祉說：「老四不要憂國憂民，別煞了風景。」

說話間，忽然從遠處小樹林閃過一道身影，披著長髮，眨眼間不見了。傅鼐低聲驚叫：「不好，有鬼！」

胤禛三人也是吃了一驚，他們不約而同地向一起靠近，站到一處，目不轉睛地盯著前方。過了一會兒，那個身影又出現了，他好像彎腰推著一輛車子，很快又消失了。幾個少年奇怪極了，他們戰戰兢兢看著這一切，誰也沒有動。

最終，胤祉扯扯幾人的衣袖，示意離開。就這樣，幾個人匆匆離開此地，轉回去了。過後，他們聽人說，當地城門附近常常鬧鬼。早晨起來，守城官吏剛剛打開城門，就有一披頭散髮的鬼影衝門而出。為了避災消禍，他們誰也不敢阻攔。胤祉唏噓著說：「哎呀呀，那天多虧我們跑得快，要不非讓鬼捉去了。皇阿瑪常常教導我們，遠離污穢下賤之所，以後我再也不去那種地方了。」

胤禛卻與他想法不同，他想：「清平世界，老百姓居住的地方，怎麼會出現鬼影呢？這件事一定有蹊蹺！」為了一探究竟，這天，他約了圖其琛去捉鬼。圖其琛武功高強，又是他的好友，自然很痛快地答應了他的請求。

崇文門，過往商販最多，是北京最大的稅關。清末，這裡的稅款全部做為慈禧太后的梳妝費。

他們從傍晚時分開始等候，一直等到鬼影出現，圖其琛大喝一聲，衝上前抓住了鬼影，喝問：「你是什麼人？為何裝神弄鬼？」

那人大驚，哭訴著說：「好漢饒命。我是一個小生意人，經常出入京城販賣物品。可是最近城門收費太多，無奈之下，我天天夜裡裝鬼，好騙過城門官。」

胤禛聽說事情的真相，吃驚不小，他追問：「城門收費？這是什麼規定？」

那人磕頭回答：「好漢爺，小人哪裡知道？聽人說，好像是太子爺掌權，讓他的手下人這麼幹的。小人實在不明白，堂堂太子爺，享不盡的榮華富貴，怎麼會貪圖這點錢財？這不是不讓人活命嗎？」

胤禛更加震驚，連忙說：「你不要亂說了，這些事情怎麼會和太子爺扯上關係？一定是城門官吏貪婪無厭，做出這等事。你回去吧，過幾天收費的事自然會解決，不要再裝鬼嚇唬人啦。」那人聽了，連磕幾個響頭匆匆跑了。

此事竟與太子有關，大出胤禛意外，令他手足無措。回到宮中，他思來想去，不知道該如何處置，如果張揚出去，必定陷太子於不仁；如果裝作不知，不予處理，他又覺得老百姓太無辜了。思來想去，一顆為民為國的雄心漸漸戰勝了私心，他決定去見太子言明此事，請他懲處收費貪官。恰就在此時，太子派人傳他，胤禛一驚：難道太子知道我識破鬼影一事了？

藉機進諫

胤禛疑慮重重來到東宮晉見太子，發現並非為了收費一事，而是太子請他為自己的狗設計服裝。這件事說來有趣，太子和胤禛有一共同興趣，都喜歡養狗。當時，宮內養了不少隻狗，這些狗有的聰明機靈，有的憨態可掬，給嚴肅拘謹的後宮生活帶來了不少歡樂。太子為人驕奢，養的狗都是名流顯貴品種，自然待遇不低。可他不如胤禛懂得為狗設計服裝，因此常常請他代勞。

胤禛聽說是這事，爽快地說：「太子放心，臣弟一定完成任務。」

太子說：「唉，不要光完成任務就行。我這次還要與人比賽呢，要是輸了，拿你是問。要是贏了，重重有賞。」

「比賽？」胤禛奇怪地問，「跟誰？」

太子說：「傳教士張誠，他從國外弄來幾隻洋狗，品種奇特，非說比我的狗顯貴。哼，我就不信，我堂堂大清國的太子還比不過他。」

《雍正皇帝行樂圖》。

胤禛明白了，領命為太子的愛犬設計服裝。幾天後，他設計了一件麒麟式仿絲面軟內裡的套頭衫，還在上面安上眼睛、舌頭，這樣一來，狗穿上後，眼睛從麒麟眼裡露出來，儼然一個活生生的麒麟了。當他設計完畢時，他自己的小狗追著跑來跑去，大有要穿的意思。胤禛拍打著牠的腦袋說：「這不是給你的，你不要亂叫。」

此時，胤禛已經奉命成親，他的福晉看見他設計的狗衣，奇怪地問：「你怎麼為狗設計這麼貴重的服裝？你不是常常說生活要節儉嗎？」

胤禛說：「我豈不知要節儉？這身狗衣大有用處，你不要過問了。」說完，他徑直入宮去見太子。

太子見到狗衣，喜出望外，連連誇獎胤禛：「老四，我就知道你能幹，果真不錯。說吧，想要什麼賞賜？」

胤禛突然跪倒在地，恭敬地說：「臣弟確實有一事，不知道能不能講？」

太子吃驚地說：「什麼事？值得你行此大禮？」

胤禛不再隱瞞，一五一十說出識破鬼影之事，懇求說：「鬼影一事已經傳得人皆盡知，臣弟懇請太子懲治城門貪官，安撫百姓。要不然，這件事傳揚到皇阿瑪耳中，可就麻煩了。」

太子驚訝非常，盯著胤禛看了半晌才緩緩說道：「我知道你是個直爽的人，能夠直言進諫，也算忠心。城門收費的事我會派人徹查，你記住，不要對任何人說起此事。」

胤禛叩頭答應，躬身退出去了。幾天後，他親自到城門查訪，果然發現不再收費了。他很高興，跑到東宮去見太子，卻見太子一臉怒容，訓斥他說：「怎麼？你來替老百姓謝恩嗎？我說你也不笨，以後閉門讀書罷了，不要招惹是非。」

胤禛不敢言語，悄然回去了。這件事給他很深的影響，既讓他看到了官場濫設名目，強收雜費，逼得人裝鬼的惡果，也讓他認識到政治鬥爭的微妙和殘酷，這種切身實地的鍛鍊，無疑為他日後爭儲為帝打下了基礎。更為重要的是，在與老百姓接觸過程中，他看到了民間疾苦，看到了貪官污吏給老百姓帶來的災難，使他堅定了嚴懲貪官，為政清明的決心。

多年後，胤禛做了皇帝，把禁絕地方官員亂收雜費做為治吏安民的內容之一，傾力整頓，頗見成效。有一次，御史釋迦保奉命巡察奉天，查實當地老百姓做販賣豬羊生意的時候，如果進出城門，就要按照每口三錢收費，另外，車輛出入也要收費，小車一輛收銀十六錢，大車一輛收銀三十二錢，這樣下來，每年收的銀兩在兩千兩左右，被府尹、書吏、經歷司查驗官員等分掉。在官吏盤剝下，物價騰貴，百姓怨聲載道。釋迦保把這種情況奏報給了胤禛，胤禛立即下令嚴行查禁。奉天府府尹得到旨意，不敢怠慢，不但革除了城門雜費，還嚴厲查辦其他各種名目雜費。胤禛知道後，誇獎他辦理得「非常及時，應該表彰」。受此影響，在許多地方流行的各種雜費，諸如給官員送禮的到任禮、端午禮、生日禮、閱城禮、盤庫禮等等，盡被裁革，出現了較為清明的政治環境。

第三節 分油的故事

皇子抓賊

這天，胤禛想起父皇離京已近兩個月，不知道前方戰事如何，甚為思念，不免有些焦躁。於是換上平民裝束，再次來到宮外。他信步走來，發現自己正向著柏林寺而去，不覺好笑：「多日不見小鐘用，不知道他怎麼樣啦？」

兩人見面後，小鐘用發現胤禛心情不佳，就說：「阿哥爺，奴才給你講個笑話吧。」

「好啊，」胤禛說，「講來我聽，要是講得我不笑，你可要當心受罰。」

小鐘用講道：「前朝崇禎年間，有一次，崇禎出宮閒步，宮門一名太監在旁邊殷勤伺候。崇禎忽然記起這老太監在宮裡很多年了，也算有功於朝廷。就問：『家裡還有什麼人呀？』太監說有一個侄子。崇禎一聽，就說：『好，朕安排你的侄子去荊州做官。』老太監一聽，嚎啕大哭：『皇上，奴才哪裡做錯了，您怎麼讓老奴的侄子去送死呢！』崇禎愕然，老太監接著哭

訴道：『荊州是兵家必爭之地，連關公關雲長都守不住，我侄子哪頂得住啊。他去了那裡，早晚還不得讓東吳大將拿了他的腦袋去！』」

「哈哈哈，」胤禛大笑：「你這奴才，真會編故事。」

小鐘用說：「奴才不敢，奴才只求阿哥爺您高興。」

胤禛說：「你這個故事讓我高興，也讓我想起前方戰事來了。如今皇阿瑪御駕親征，兩個月了，也不知道情況如何。我這次來，就是上香求佛祖保佑的。」說完，在小鐘用帶領下恭敬地上香叩頭。

上香完畢，胤禛辭別小鐘用回宮。走出廟門，恰好碰到傅鼐和鄔先生，幾人閒聊幾句，打算去羊眼包子鋪吃飯。傅鼐笑著說：「我聽鄔先生說，最近那家包子鋪生意非常好，我們去了，搞不好店主不會收錢。」

胤禛說：「他是小本生意，生活很不容易，我們怎麼能貪圖那點錢財呢？既然想去吃飯，還是該付帳才對。」

他們說著拐了幾個彎，來到一個十字路口處。路上人多，他們站了一會兒，正在考慮著從哪條路去羊眼包子鋪，卻見人群騷擾，一下子全朝前湧去。傅鼐好奇心強，追過去看熱鬧。看

關公壁畫。

了一會兒，回來向胤禛彙報：「真是奇聞，一個老太太的錢被搶了，一個年輕人為她追趕小偷。你們猜怎麼了？小偷是追上了，可小偷和那個年輕人都說自己是抓賊的。這倒好，分不清誰是小偷了。」

「竟有這樣的事？」胤禛驚奇地說，「這要是辨不出好人壞人，天下還有公理嗎？」

傅鼐說：「別管了，一會兒他們肯定要去官府告狀，讓當官的為他們分辨吧。」

鄔先生插言道：「慢著，我覺得這件事有些蹊蹺，那個老太太被搶了錢，難道不認識小偷嗎？她分不清小偷和抓賊的？」

胤禛也覺得甚是疑惑，說道：「青天白日，天子腳下，賊人搶錢不算，竟敢反過來誣陷好人。這種惡劣的行為實在令人憤慨，走，我們過去瞧瞧，看看到底是怎麼回事。」

他們湊上去時，人群中兩個年輕人已經扭打成一團，旁邊站著一個年邁的老婦人，氣喘吁吁地叫嚷著：「你們到底誰是好人啊？真是急死我了。」

鄔先生過去問老太太：「老人家，您的錢包是怎麼被搶的，您怎麼會不認識搶您錢的人呢？」

老太太眯縫著眼睛打量著鄔先生，嘆氣說：「別提了，我那老頭子病了，今天早上想吃羊眼包子，要我出來買。走到半路，我遇見兩個賣油的打架，攔住了去路，我剛停下來，小偷就上來搶了我的錢包就跑。我年老眼花，沒有看清他的模樣，也追不上他。就覺得身邊一個人喊

著『抓小偷』追出去了。咳，你說年紀大了有什麼用，連小偷都認不出來了。」

聽她絮絮叨叨，胤禛有了主意，他分開眾人，來到兩個打架的人前，高聲說：「別打了！我有辦法分辨你們兩人。」

「什麼辦法？」兩人幾乎同時追問。

「這也不難，」胤禛指著大約一百公尺遠的一棵大樹說，「看見那棵樹了嗎？你們從這裡跑到大樹那邊，然後再跑回來，記住，要用最快的速度跑。」

兩人聽了，雖然摸不著頭腦，卻也沒有反對。圍觀的人都想看看這個辦法有沒有用，自覺地閃到兩邊，留出一條路來。

胤禛讓那兩個人站在一條線上，喊了一聲「開始」，就見他們飛速地朝大樹奔去。很快，兩人一前一後趕了回來。這時，胤禛指著後跑回來的人說：「他就是小偷。」這個人大驚，不服氣地說：「你憑什麼說我是小偷？」

「憑什麼？」胤禛冷笑道，「就憑你跑得慢。」說完，他面向大夥，解釋道：「小偷在前面跑，抓賊的在後面追，只有小偷比抓賊的跑得慢時，才有可能被抓住。如果小偷跑得快，是不會抓住的。所以，從剛剛他們兩人的跑速來看，這個人一定是小偷！」

眾人聽罷，恍然大悟，紛紛唾棄小偷。小偷見自己暴露了，像只洩氣的皮球，癱坐在地上。

抓獲了小偷，老太太和抓賊的人都很感激，胤禛卻提出了新的疑問，不知道他對什麼不明白？

分油

胤禛疑慮的事情是，為什麼老太太剛剛停下來就會遭遇搶劫？這件事和那兩個賣油的有沒有關係？帶著這個疑惑，他和傅鼐、鄔先生順著老太太指引的方向走去，打算會會那兩個賣油的。

果然，走了不遠，就看見兩個賣油的正在打架，他們周圍站著不少人。傅鼐指著那兩人，驚奇地叫道：「哎呀，這兩人我好像在哪見過？對了，他們也在我家附近打過架。」

胤禛好生奇怪：「他們不好好做生意，為何到處打架？」

站在人群中，胤禛逐漸明白了賣油販子打架的原因。原來，這兩個人合夥做生意，後來產生了矛盾，打算拆夥。他們剩下10斤油，準備平分。無奈，兩人只有一個裝剩油的油缸，一個裝3斤油的葫蘆，還有一個能裝7斤油的瓦罐。他們忙了半天，卻無法將10斤油平分，所以兩人就此爭吵不休。

圍觀者有的伸著脖子看熱鬧，有的低頭算計一會兒，嘆著氣說：「不容易，不容易。」那些看熱鬧的就問：「什麼事不容易？」那個嘆氣的回答：「平分10斤油啊。」

傅鼐問鄔先生：「先生，你聰明多智，能不能幫他們平分10斤油？」

鄔先生沉思著說：「不好分啊，就這幾件用具怎麼平分10斤油呢？依我看，倒不如讓他們去買桿秤，不就好分了？」

傅鼐剛要上前告訴賣油者，卻見胤禛一把攔住他，神祕地說：「不要著急，讓我來。」說著，他上前說道：「兩位不要吵了，這件事交給我吧。」

眾人都吃驚地望著胤禛，不知道這個少年有何良策。賣油的販子盯著他不信地問：「你能用現有的用具平分10斤油？」

胤禛笑笑，不疾不徐地說：「只要你們真心想分，聽我的安排，肯定能夠達到你們的要求。」

油販子皺皺眉頭，有些不情願地說：「好，你說。」

胤禛提高了聲音吩咐道：「你們照我說的做。第一步，先兩次把葫蘆灌滿油，倒進空瓦罐。」眾目睽睽之下，油販子只好按照他的吩咐去做。

胤禛接著說：「再把葫蘆第三次灌滿，把能裝下7斤油的瓦罐倒滿。這樣，瓦罐有7斤油，葫蘆裡有2斤油。對不對？」

眾人齊聲喊：「對。」靜靜等待下一步吩咐。

胤禛看著油販子按照自己的吩咐做了，繼續說：「第二步，把瓦罐裡的7斤油全部倒回油缸，這樣油缸中共有8斤油。再把葫蘆的2斤油倒入空瓦罐。這樣，葫蘆是空的，油缸有8斤油，瓦罐有2斤油。

第三步，再次把葫蘆灌滿油，倒進瓦罐。大家來看，瓦罐本來有2斤油，加上這3斤油，正好5斤。10斤油不就平分了嗎？」

聽了他的話，看著油販子果真平分了10斤油，眾人嘖嘖嘆道：「真是奇妙，真的平分了。」在他們的議論聲中，兩個油販子舉止奇異，他們不但不感激胤禛，反而拿起瓦罐轉身就走。胤禛招呼傅鼐：「攔住他們，別叫他們跑了！」

傅鼐平日習練武藝，有些身手，上來扭住一人的胳膊說：「你這個人真是不知好歹，我們替你平分了油，你不說聲謝謝，慌忙跑什麼？」

那人也不答話，只是拼命掙脫。胤禛已經扭住另一個人，將他們推到一處，厲聲責問：「我不用你們謝，只要你們說實話。你們說，你們以此手段聚攏人群，然後趁人不備竊取錢財，對不對？」

「啊？」傅鼐驚訝地張著嘴巴，「他們與剛才那個小偷是一夥的？」

這時，兩個油販子見事情敗露，垂頭喪氣地什麼也不說了。

胤禛抓獲了一個盜竊團夥，將他們繩之以法。事後，傅鼐不解地問：「阿哥爺，您怎麼看

出他們是騙人的？」

胤禛說：「你不是說了嗎？看見他們曾經在你家附近爭吵。你想，不就是10斤油嗎？用得著在京城各處爭吵好幾天嗎？肯定是騙局。」

鄒先生笑著說：「這一點我倒想到了。可是在下還有一事不明，阿哥爺是怎麼想出平分油的方法的？」

這下輪到胤禛笑了，他想了想故意說：「天授神機，不可洩露。」鄒先生聽了，弄得一頭霧水。胤禛心裡直樂，他跟隨父皇學習算術，具備一定的數學知識，解答這類問題還是很輕鬆的。

烏蘭布通之戰。

又過了幾日，胤禛得到前方戰事消息，康熙在征途中生病，想念太子，命太子立即啟程前去見駕。胤禛十分難過，恨不能隨行去見父皇，可聖命難違，他只好跟隨眾人為太子送行，然後默默等待父皇歸期。

誰也沒有想到，太子一去，竟然觸怒龍顏。原來康熙患了瘧疾，中醫無法醫治，病情危重，思念兒子也是人之常情。可是太子心思不在父皇身上，面君後嬉笑自若，竟無半點憂戚神色。康熙大怒，當即命他先行回京。後來，康熙服用金雞納霜病癒，烏蘭布通之戰也結束。康熙無心追趕噶爾丹部，匆匆班師回朝。

當康熙回到宮中，聽說胤禛前去廟中進香祈求戰事順利，並日書百孝為自己祈福時，想到太子的表現，心裡淒惻很久。不過，他心機深厚，並沒有表現出什麼。天下恢復了安寧，深深後宮也恢復了以往的平靜。在康熙領導下，胤禛兄弟日讀夜修，追求著更大的進步。

胤禛和胤祉、胤祺三個少年皇子奉命祭孔，來到神聖的孔子故鄉——曲阜。在這裡，他易席遵禮、諷批老塾師，引來眾人讚嘆。

祭孔大典上，胤禛行跪拜大禮，進退周旋、俯仰揖讓，皆符合先聖禮儀要求，得到眾儒賞識誇獎。他與眾儒談論學問，彰顯個人政治抱負。

恰在這時，發生了一起失火案，胤禛有意了解其中原委，機智地懲罰了一個貪圖名利的武生。

第八章

奉命祭孔廟　跪拜先聖斷頭案

第一節　祭孔

易席遵禮

1693年，清廷重修闕裡孔廟落成，康熙命胤祉帶領胤禛、胤禩等前往曲阜參加告祭典禮。在古代，祭祀和兵戎是國家大事，其中祭孔又是祭祀活動的一大盛事。孔廟始建於西元前478年，後世歷代帝王為了尊崇孔子及其學說，對其進行了一次又一次地重修、擴建，逐漸形成了一處規模宏大的古建築群。這次康熙派皇子前往祭孔，體現了他對於儒家學說的重視，也寄托著他的殷切希望，這就是希望皇子們透過祭孔活動，能夠進一步領悟聖人學說，以提高個人德行操守。

曲阜孔廟，位於山東省曲阜市南門內，為中國現存最大的孔廟。

秋高氣爽，萬里無雲，胤禛兄弟乘坐馬車一路南下，出河北，過濟南，從巍峨的泰山腳下前行，來到了聖地曲阜。皇子駕臨，榮耀無比，當地官員和衍聖公迎出曲阜北門，歡迎他們到來，並安排隆重的儀式為他們接風洗塵。歡迎宴會完畢，一位官員帶領他們下榻休息。這位官員有意討好幾位皇子，說：「阿哥爺屈駕降臨，我們深感榮幸。」

胤禛嚴肅地說：「你怎麼能這麼說呢？這裡是聖人居住生活過的地方，我們奉命參加祭司典禮，是對聖人的仰慕，是我們的榮幸。」

那位官員討了個沒趣，指著床鋪訕訕地說：「為了迎接阿哥爺，我們準備了好幾個月，把以前迎接皇帝的象牙席子都用上了。」

胤禛驚訝地瞅著他，更為嚴肅地說：「什麼？你們是聖人故地的官員，怎麼連起碼的禮儀都不懂？我們是皇子阿哥，怎麼可以和皇帝用一樣的用具？這不是越禮嗎？」

那位官員嚇了一跳，垂下頭不敢言語。胤祉見此，勸說胤禛：「當差的一時糊塗，這也是難免的，你不要發火了。」

胤禛沒有就此打住，盯著官員說：「不行，我們不能接受這種越禮的待遇。你趕緊吩咐下去，換下皇帝用過的所有東西。」

胤禩輕笑一下：「四哥，何必這麼認真。這裡就你我兄弟，難道還會有人說出這件事去？你不必大驚小怪，接受他們的一片忠心吧。」

「不行，」胤禛臉色陰沉，「我們從小熟讀經書，學習禮儀，來到了禮儀之鄉反倒做出這等越禮之舉，豈不是枉讀了聖賢書？」

胤祉打算聽從他的勸告，卻見胤禩一把攔住他：「三哥，我們奉命祭孔，一是尊崇聖人，二來也要顯示皇家氣度。為了這點小事吵吵嚷嚷，還不讓人笑話？」

胤禛指著胤禩生氣地說：「你小小年紀怎麼有此用心？皇家氣度是什麼？就是越禮行事嗎？真是的，要想不讓人笑話，就趕緊撤下象牙席！」

胤祉嘆了一口氣，不耐煩地說：「你呀，做事就是認真！算了，撤掉象牙席，這總行了吧。」

那位官員看到皇子們爭吵，早就嚇得退到了門外，聽到這句話，慌忙地吩咐人換席，重新為他們布置房間。經過一番收拾，已經很晚了，胤祉和胤禩倒頭就睡，胤禛卻拿出一本書，坐在燈下認真閱讀。胤禩夜裡起來小解，看到他屋裡亮著燈，有心過去勸勸，想到他固執的脾氣，又「哼」了一聲回去睡了。

八阿哥胤禩（1681～1726年），是胤禛最大的政治對手。

第二天，胤禛兄弟參觀查看祭孔準備事宜。有了昨晚的教訓，官員們再也不敢小瞧這幾位少年皇子了，他們嚴格按照禮儀行事，不管招待他們用飯，還是安排他們行禮，再也沒有越禮之事發生。不少人見到這種情況，都暗暗稱讚皇子們謹遵禮儀的做法。隨行的顧八代聽說這件事後，滿意地想：「四阿哥做事很有原則，這正是他的長處啊。」

由於皇子在場，祭祀活動的各種準備事宜需要向他們請示，胤祉忙著與名儒學家探討典籍，祭拜聖人聖蹟，各種準備工作也就交給胤禛處理。胤禛年齡不大，以往祭祀祖先都是跟隨父皇前往，自己不過跟著行禮膜拜。這次由他親自處理各種問題，自然給他極大的鍛鍊機會。這天，他與顧八代在孔府花園裡漫步，聽說前面有棵五槐抱子的奇樹，甚為驚訝，遂過去觀看。這一去，卻聽說了一件奇事。

諷批老塾師

幾位下人正在花園裡工作，他們沒有注意到胤禛和顧八代，其中一人說：「唉，你們知道嗎？昨夜那個老塾師又在廟前講學了。」其他人聽了，笑著說：「聽說他還帶著好幾個弟子，專門講說《詩經三百篇》，說是為了紀念先聖。」第一個人說：「其實他講的不好，不過為了揚名罷了。」其他人問：「你怎麼知道他講的不好？」第一個人說：「我們雖是下人，可長期

生活在聖人府邸，耳濡目染，也懂得些學問禮儀了，還能聽不出好壞？」

胤禛聽到這裡，輕輕對顧八代說：「聖人聖地，教化禮儀，確實不同一般鄉野村間。」

顧八代點著頭說：「四阿哥說得有理。我有一點好奇，不知道那位講學的老塾師有何樣本領，敢在聖人面前賣弄？想來是個奇人，我們何不晚上去聽一聽？」

胤禛說：「我也正有這個想法。」

吃過晚飯，他們相約著來到孔廟東門外，果然看見一位塾師模樣的人正在月光下高聲講學，他的身邊圍著幾個少年人。這位先生講的是《詩經．衛風》，聲音朗朗，就像孔廟裡的鐘鼓一樣響亮。他講了一會兒，吩咐學生們背誦朗讀。胤禛和顧八代站在一株樹影下，聽他講學的內容，不禁啞然失笑道：「此人勇氣可嘉，教學的本事卻是平平。看來，我們要勸勸他。」

他倆說話間，不想驚動了那位老塾師，老塾師喝問：「什麼人？」

胤禛邁步向前，從容答道：「顏回。」顏回是孔聖人的第一高徒，聽孔子所講的許多高深道理，他能「聞一知十」，且嚴格按照孔子關於「仁」、「禮」的要求約束自己，「敏於事而慎於言」，以德行著稱，孔子稱讚他具有四德。為此，顏回被人稱為復聖。

老塾師大喜，忙施禮問：「復聖駕臨，有何指教？」他以為自己講學感動了先聖。

胤禛故意說：「是為了老先生講學呀。」

老塾師激動萬分，一面喊起自己的弟子向胤禛施禮，一面說：「多謝先聖器重。」

胤禛沉穩地說：「老先生搞錯了，我的老師在裡面告訴我說，這幾天總有人在外面顛三倒四地講話，就像醉漢一樣，你去看看，不要讓他吵了，讓他趕緊離開！」

此話一出，全場譁然，老塾師鬧了個大紅臉，羞得再也無話可說。顧八代沒想到胤禛一向嚴謹，卻說出這等笑話，已是笑彎了腰。這件事很快傳遍孔府內外，老塾師得知那晚冒充顏回的竟是當今皇子，又急又羞，再也不敢在人前賣弄學問了。

很快，祭祀大典正式舉行了。祭祀孔子的典禮，稱為「釋奠禮」。釋、奠都有陳設、呈獻的意思，指的是在祭典中，陳設音樂、舞蹈，並且呈獻牲、酒等祭品，對孔子表示崇敬之意。祭孔大典主要包括樂、歌、舞、禮四種形式，樂、歌、舞都是緊緊圍繞禮儀而進行的，所有禮儀要求「必豐、必潔、必誠、必敬」。大典用音樂、舞蹈等集中表現了儒家思想文化，體現了藝術形式與政治內容的高度統一，形象地闡釋了孔子學說中「禮」的涵義，

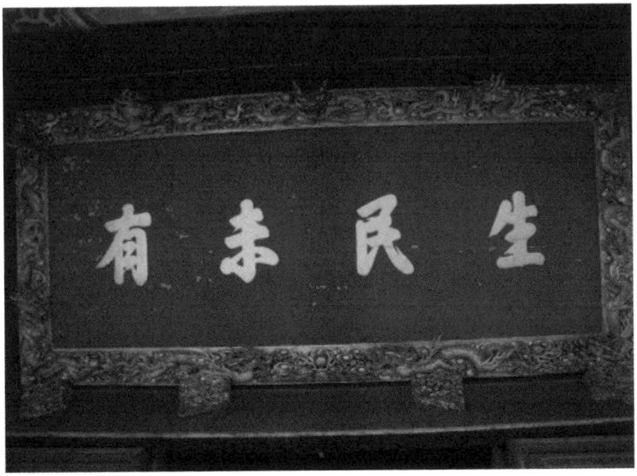

孔廟大成殿外的雍正御題匾，源於孟子對孔子的讚頌：「生民未有盛於孔子也」，意即從有人類以來，還沒有全面超過孔子的人。

表達了「仁者愛人」、「以禮立人」的思想。

祭孔的最重要議程是三獻禮，分為初獻、亞獻和終獻。初獻帛爵，帛是黃色的絲綢，爵指仿古的酒杯，亞獻和終獻都是獻香獻酒。皇子在場，初獻自然由他們手捧帛爵進獻。在胤祉帶領下，胤禛和胤禩將帛爵供奉到香案後，主祭人宣讀並供奉祭文。而後全體參祭人員對孔子像行大禮。作為皇子，不用像其他人一樣行跪拜禮，只需叩拜則可，然而胤禛卻沒有叩拜，而是徑行下跪，至虔至誠。這一舉動震驚了全場人員，隨行禮部官員提醒他說：「阿哥爺，您只要叩拜就行了。」胤禛並不理會他，跪拜禮畢才說：「我在先聖面前獻爵，理應下跪方顯真誠。」

接著，亞獻和終獻開始，分別由亞獻官和終獻官將香和酒供奉在香案上，程序和初獻相當。在這個過程中，每每對孔子像行禮，胤禛總是行跪拜禮。

第二節

獨到的儒學見解

獨到的儒學見解

胤禛在祭孔活動中的表現深得諸位名儒賞識，典禮結束，大家齊聚孔府安懷堂，與諸皇子繼續探討儒學。一位學士有意奉承胤禛，恭敬地說：「阿哥進退周旋、俯仰揖讓，皆符合先聖禮儀要求，真是我等學習的榜樣啊。」

胤禛當即嚴肅地說：「先聖思想，以仁義道德啟迪萬世人心，輔政立教，造福黎民百姓，這比帝王還要有益於天下，當然應該受到與天地共存的尊崇。你所說的禮儀，只是繁文縟節而已，怎麼能夠體現先聖的思想，又怎麼能夠說符合先聖禮儀呢？」

那位學士臉色一紅，吶吶地說：「阿哥所言極是，聖人制訂禮儀，教化四方，人們有了行事規範，懂得天倫常理，人心正，民風端啊。」

胤禛微微搖頭，看著他說：「自古以來，人們往往遵循先聖明教教化百姓，卻不知道受益

者猶在君主也。所謂禮，如果只是講究進退周旋、俯仰揖讓，這是小禮。我想各位都是名家大儒，自然深知禮的本意。話說回來，如果尊儒只是為了表面文章，不去做事，不為天下蒼生著想，就是虛的。」

聽他說出這番話，在場人無不訝然，他們面面相覷，似乎在說：「這位皇子不僅懂得遵禮，還能體察禮儀深意，用禮來考察為人做事的真假，看來功底不淺啊。」

又一位學士開口說：「在下愚鈍，以為化民成俗，立教明倫，使天下人為臣者知道忠君，為子者知道孝順，這就是禮的本意。」

胤禛轉向他，想了想說：「禮與義往往並提，就是因為義也有大小之分。我認為講信用，不欺人，慎言行，都是對義的俠義理解，而大義是指開誠佈公，無黨無偏，和衷共濟。」

話題就此深入下去，各位名流望著侃侃而談的四皇子，一個個面露欽羨神色。胤禛接著說：「先聖還教導我們知廉恥，我認為廉恥也有大小之分，比如當官的不貪圖老百姓的東西，這是小廉。而真正的廉，是要善於為百姓謀求福利，教導百姓勤儉，治理一方，教化一方，能夠使當地家給人足，路不拾遺。既沒有盜賊奸佞，也沒有貪官污吏。」看來，年紀輕輕的他已經有了自己的政治理想。

顧八代了解自己的學生，看著眾人異樣的表情，笑著說：「廉恥二字，最為我等重視，殊不知，一個『恥』字卻是涵義萬千啊。」

「此話怎講？」幾位學士問道。

胤禛接過顧八代的話，說：「『恥』對不同的人，有不同的要求。比如說為人臣者，往往以君主不為堯舜而恥，可普通百姓，就會以失言於人為恥。諸位說，是不是這個道理？」

大夥聽了，略一思考，都點著頭說：「有道理，有道理。」

胤禛依然沒有停下自己的話題，總結道：「所以，我以為，我們讀聖人書，尊聖人教誨，就不能只圖小節而不去明大義。拘於小節，明哲保身，不敢擔負天下重任，這是不可取的。」

大夥這才明白胤禛的深意，知道他尊孔學禮，不是流於表面形式，而是強調學有所用，為天下人謀福。由此來看，他是一個務實的人，是一個心念天下的人。這一點，正體現出他的政治抱負。

辯論結束，胤禛和兄弟們又逐一祭拜了顏廟、周公廟等聖人紀念地。在周公廟，胤禛在元聖殿內親眼目睹了金人銘背的三位歷史人物，周公、魯公伯禽和一個童子。這個故事講的是周公的兒子伯禽出任魯國國君，臨行前，

周公，西周初期傑出的政治家、軍事家和思想家，被尊為儒學奠基人，孔子一生最崇敬的古代聖人之一。

周公交待他說：「為人處事一定要謹慎，禮賢下士，謙恭待人。我是文王的兒子，武王的弟弟，成王的叔父，地位高高在上，尚且能做到『一沐三握髮，一飯三吐哺。』你到了魯國，一定要謹記我的話。」儘管他一再叮嚀，還是不放心，又把自己的話寫下來，掛到一個童子的背上，讓他走在前面，讓伯禽跟在他身後，時時都能看到上面的文字，記住其中的道理。

雖然胤禛早在無逸齋就讀過這個故事，可如今身臨周公廟，看到後人為了紀念先賢，為他們雕塑的神像，遙想幾千年前的那些感人故事，依然心潮起伏。做為普通皇子，他們從小受到的教育就是能夠效法周公，輔佐皇帝治理天下，成就一代賢王美名。

制訂聖誕祭日

胤禛獨到的儒學見解，無所顧忌地表現出了自己的政治理想和見解，他自然沒有料到，後來這件事傳到康熙耳中，他又是高興又是擔憂，高興的是兒子有此才幹，擔憂的是他在政治上太有理想，會不會危及太子地位。權衡利弊，他決定罷黜顧八代禮部尚書的職務，對胤禛以示警告。幾年來，胤禛克己用忍，透過參佛磨練心性，對父皇的懲戒心知肚明，他立刻意識到，自己太過張揚，為師傅招惹了禍端。所以，這次祭孔對他來說，影響非常深遠。

在胤禛做了皇帝後，他對於孔子的尊崇超越了前輩所有帝王。繼位之初，他追封孔子五世先人，把他們由前代封的公爵，改封為王爵。過去帝王去學宮，稱做「幸學」，意思是尊帝王之巡幸，是臣下尊君的意思。可是胤禛覺得這樣說，對先聖不尊，於是下旨將「幸」字改為「詣」字，表達自己的崇敬之意。另外，他還要求對孔子的名諱予以敬避，凡是地名、姓氏都要加以改易，加偏旁，「丘」作「邱」字，讀「期」音。

在胤禛尊孔的各種舉動中，他欽定孔子聖誕的事情尤為值得一提。雍正4年，衍聖公孔傳鐸盛請雍正為《聖蹟圖像》作序文。雍正親自書寫，並親臨曲阜祭拜孔子，為孔廟題寫了「德冠生民，道隆群聖」的對聯。在這次祭拜中，他身為天子，卻跪拜行禮。並對禮部和太常寺官員說：「當年做為皇子，參與祭祀大典，行了跪拜之禮。如今雖然身分變了，但是心意未改，立於先師之前，心甚不安。」他把孔子當作了自己真正的老師。

在曲阜期間，胤禛看到孔廟執事人員沒

《孔子聖蹟圖》，圖中孔子方面密髯，俯身拱手，席地而坐，神情恭肅；國王和顏悅色，靜坐在孔子對面的紅木椅上，做側耳聆聽狀。國王身後三、五隨臣，交頭接耳。此圖所繪為孔子周遊列國，遊說諸王的典故。

有爵秩，認為不能盡顯對孔子的尊崇，不能顯示祭祀典禮的隆盛，為此下旨設立執事官，兩名三品官員，四名四品官員，這些人由衍聖公在孔氏子孫內挑選。他還下旨仿照皇宮宮殿制度修建大成殿，黃瓦畫棟，十分壯觀。所用器皿，由皇宮中出，前後花費了150萬兩白銀。

不僅如此，胤禛了解到先師誕辰時，決定以農曆8月27日，即孔子誕辰日為祭祀時間，這一天全國禁止屠宰，天下人虔誠齋素。典禮規格極高，與康熙聖誕日相同。說起祭孔典禮，可以追溯到西元前478年，孔子去世後第二年，魯哀公將孔子故宅闢為壽堂祭祀孔子。漢武帝罷黜百家、獨尊儒術後，各地紛紛建孔廟，孔廟逐漸演變成封建朝廷祭祀孔子的禮制廟宇，進而使祭孔大典成為「國之大典」。自唐玄宗於西元739年封孔子為「文宣王」後，祭祀孔子的活動開始升格。宋代之後祭祀制度扶搖直上，明代已達到帝王規格。但是，最初祭孔每年只有秋季一次，後增為春秋二次，時間並不確定。直到雍正確立聖誕祭日，孔子誕辰祭祀典禮由過去的中祀改為大祀，這一制度沿襲下來，時至今日，依然在這一天舉行隆重的祭孔典禮。

胤禛尊孔重教，還特別注重儒學的實用性。這一點主要表現在科舉考試中，他重視「四書」文，敕諭禮部以「四書」為科舉考試的主要科目。要求「四書」文一定要做得「雅正清真」，這就是文章不僅優美好看，還要思想醇正，講解真切，體現儒家聖賢的精神。這一要求，有效地抵制了當時文風辭華，冗長浮糜的習氣，為朝廷選拔了一批有用的人才。

第三節 還頭斷案

武生告狀

在祭孔期間，還發生了一件事情。這天，胤禛和兄弟們剛剛起床，就聽到前面有人喧譁，他奇怪地出門查看，原來是昨天夜裡孔府豆腐坊失火，燒壞了許多東西。孔府上下人等無不為此事所驚，所以一大早起來議論紛紛。胤祉聽說後，不以為意地說：「這是常常發生的事，有何大驚小怪。」

胤禛說：「此事雖是常事，可發生在祭孔期間，我還是有些不放心。既然我們在此，何不參與詢問一下失火的原因，回去了也好向皇阿瑪交待。」

胤禩笑著說：「四哥真是精細，這樣的小事也要過問。」

胤禛說：「事關先聖，並無大小。這幾天我在聖地虔誠祭拜，看到幾處問題，一一做了記錄，回去都要向皇阿瑪奏報的。」

胤祉問：「什麼問題？還是孔林圍牆的事嗎？」

「是，」胤禛回答：「孔林的圍牆傾塌了一處，這是一定要奏報的。」昨天，他們兄弟去孔林祭拜，發現了一處傾塌。他接著說：「還有，孔廟落成，負責祭祀的人員官職過低，這也不能體現尊聖的本意。」

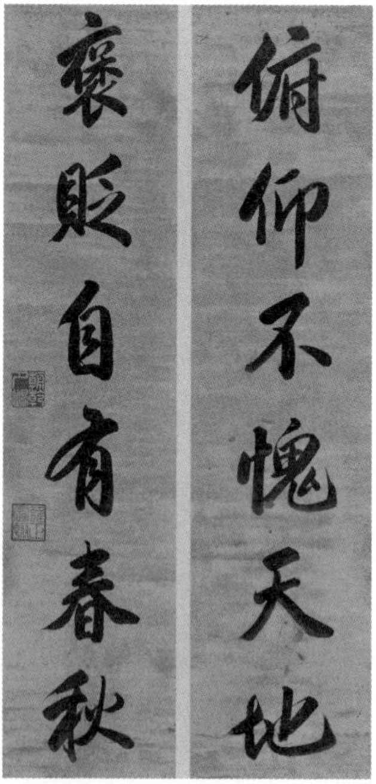

雍正皇帝的行書六言聯。

胤禩語帶譏諷地說：「我們奉命祭孔，不是前來視察官員的，你這樣做是不是越權行事？」

胤禛正色反駁：「我們身為皇子，奉命祭孔，就應該全心全力做事，不能顧忌太多。要是發現了問題也不向皇阿瑪奏報，豈不是欺君瞞上！」

這一路上，胤禛和胤禩多次發生爭執，對很多問題表現出不同的見解。做為此次祭孔的領頭人物——三阿哥胤祉好不煩躁，他低聲呵斥道：「你們不要爭了，這件事是孔府內部事務，我們最好不要過問。」

胤禛還想爭辯，想了想還是忍下了，他坐到桌子前讀書寫字，消磨心中悶氣。不一會兒，隨行的幾位儒生、官員進來請安，其中好多人沒有見識過皇子書法，他們看到胤禛書寫的小字行書，運筆流暢嫻熟，結構嚴整，與康熙的書法十分接近，不僅歡欣嘆服：「阿哥書法工力，遒美妍妙，真似萬歲親書。」

胤禛謙虛地說：「皇阿瑪書法精妙深遠，我雖效法多年，仍不能領悟其深意。」

胤禩聽了他們言論，很是不以為然。原來他雖然聰明過人，十分機靈，卻不愛書寫之法。為此，在無逸齋他常常受到師傅批評。有一次，為了應付康熙檢查，他請人代寫，恰好這件事讓胤禛發現了，胤禛批評他說：「為人做事應該誠實勤懇，你這樣欺瞞皇阿瑪，不肯用力，到頭來還不是害了自己！」胤禩害怕父皇懲罰自己，懇求說：「四哥，你千萬不要告訴皇阿瑪。」胤禛說：「只要你認真改過，我不告訴皇阿瑪。」他果然沒有對他人說起此事。不過，胤禩依然不愛寫字，所以雖然讀書多年，書法仍是兄弟中最差的。現在，他看到眾人誇讚胤禛，心裡酸酸的，想了想說：「各位大人不知，皇阿瑪一直嚴格要求我們，所以我們兄弟都擅長書法。」

大夥聽了，紛紛掉頭轉向胤禩：「阿哥爺年少有為，不愧人中龍鳳啊。」

胤禩笑著說：「這沒什麼，書法不過是一技之長，如何解讀聖賢書，依照聖賢要求為人做事，上敬君，下愛民，才是最根本的。」

大夥無不點頭欽嘆，認為這幾位少年皇子深得先聖教誨，真是國家大幸。大夥正在說話，卻見一位下人進來彙報：「諸位阿哥爺，各位大人，衍聖公請大家前方用膳。」他們這才停下議論，互相謙讓著轉向前面客廳。

用過早飯，胤禛依然不忘豆腐坊失火的事，他聽說有人正在調查此事，就喬裝一番然後帶著一名侍衛悄悄出了孔府，打算一探究竟。說來也巧，他走在路上遇見兩個人扭打著要去見官。

胤禛好奇，走過去問：「你們為何爭執？」

其中一人個頭高大，穿著武生服裝，他並不認識胤禛，大咧咧回答：「小人抓住了火燒豆腐坊的壞人，特來向衍聖公彙報。」

「喔？」胤禛忙問：「有這樣的事？有人故意放火燒豆腐坊？」他說著，指指告狀者身邊的人繼續問：「是他嗎？」

告狀者連連點頭：「是，就是他。」

胤禛看看那人，只見他身著粗布衣衫，面色蒼白，似乎受到了驚嚇，戰戰兢兢地立在那裡，一副不知所措的表情。胤禛問他：「你是做什麼的？為何燒了豆腐坊？」

那人不敢回話，囁嚅半天忽然跪倒在地，連聲呼道：「小人冤枉，小人冤枉啊。」他以為胤禛是來調查此事的人。

胤禛嚇了一跳，追問：「你有什麼冤情？」

那人看到有人關心自己，便衝著告狀者叫道：「是他燒了豆腐坊，是他燒了豆腐坊。」

胤禛覺得好奇怪，不知道他倆到底誰說了實話。

還頭斷案

為了辨明真偽，胤禛仔細追問被告者：「你說，這到底是怎麼回事？」

那人指著告狀者說：「小人是在

在豆腐坊做事的，昨天晚上值班，夜裡他突然來了，說今日多要幾盤豆腐，要我趕緊出來。我放下手裡的其他工作，趕緊地做起來。可是做到半夜，不知為何突然火起。我當時很害怕，就跑出去喊人，他第一個到了。後來，很多人聽到呼救聲，也都趕來了，才把火撲滅。今日一早，我想回家睡覺，他卻突然抓住我說：『你別走，豆腐坊失火了，皇子阿哥們在這呢，這事要讓他們知道了，我們就糟了。所以我們得先討論好，要是有人問話，好有個說詞。』我說：『這有什麼好說的，又不是我放的火！』他不高興了，說：『你值班呢，你說不是你放的是誰放的？』我當時又睏又累，頂撞道：『不是我就不是我，我不知道是誰！』沒想到他生氣了，惡狠狠地說：『我看這件事你脫不了關係，走，去見官！』就這樣，我被他拖到了這裡。」

告狀者聽他這麼說，冷笑著說：「你說不是你，誰信啊？我拖你來錯了嗎？哼，告訴你，我是武生，是有功名的人，你剛剛頂撞我，就該受到懲罰！」

那人也不客氣，說：「你不分對錯，誣賴好人。昨晚你最先到了豆腐坊，是你放的火！」

告狀者生氣了，一把抓住那人就要把他拖走。胤禛上前攔住，看著他們說：「我明白了，你們倆互相指責對方，看來都是害怕承擔責任，依我看，這件事你們做得都不對。」

告狀者放下那人，看著胤禛說：「你是誰？跑到這裡亂管閒事！告訴你，皇子阿哥來了，前天祭孔我還見過他呢，你要是敢在此地惹事，小心我連你一塊告了。」

胤禛冷冷一笑：「想不到聖人腳下，也有這等狂徒，看來教化四方的任務還是很重要啊！」

告狀者還想與他理論，卻見對面走來幾位孔府執事官員，他們看到胤禛，慌忙施禮問好。這下子，告狀者傻眼了，他傻愣愣地站在那裡，竟然不知跪拜施禮。一位執事官呵斥他說：「見了阿哥爺不行禮，真是膽大妄為！」他這才撲通跪倒，垂頭不敢說話。

胤禛問那幾位官員：「你們是不是來調查豆腐坊一事？這兩人都是當時的見證者，想必問問他們就清楚了。」

經過一番調查詢問，終於查清了豆腐坊失火的原因。原來，這次火災與兩個吵架者並無關係，不過是一場天然火災。那個告狀的武生一心巴結上司，所以急切地捉拿了值班者，當胤禛得知真相時，笑著說：「這件事我倒有個處理意見。」

執事官員忙說：「請阿哥爺裁決。」

胤禎對值班者說：「這件事雖然不是你做的。可是你推託責任，也是不應該的。我看你也沒有錢賠償損失，這樣吧，值班者你明知對方是武生，在他捉拿你時你不但不聽，還強行爭辯，我先罰你給武生磕100個頭。」

值班者聽了，雖然覺得委屈，可想到這是阿哥爺判決的，再說也是他首先替自己說話，要不然，武生勾結執事官員，說不定真的裁定是自己縱火的。那樣的話，就不是磕幾個頭的問題了，於是他跪在武生面前，一個個磕下去。

旁邊有人記著磕頭的數目，磕到70多個時，胤禎忽然說：「慢著，我記起來了，我們大清制度，文生是磕頭100，武生只需磕頭50，剛剛值班者磕了70多個頭，武生還要還回去20多個啊。」

武生一聽，著急地說：「小人沒做錯什麼，為什麼還要受罰？」

胤禎說：「你為了個人利益陷害他人，其心惡毒，還說沒什麼錯嗎？你依仗功名，欺壓百姓，還說沒什麼錯嗎？這不是罰你，這是提醒你，以後為人做事要謹記聖人教誨，言行舉止要符合禮儀法度。」

武生沒辦法，只好乖乖地跪在值班者面前磕了20幾個頭。

執事官員琢磨胤禛的判罰，無不欽佩地說：「阿哥爺斷案奇妙，奇妙！」

胤禛繼續判決說：「至於那些被火燒了的豆腐，我想不見得全不能吃了。只要還能食用的，可以繼續用來做菜。」孔府廚師得到這個命令，試探著用火燻過的豆腐做菜，竟然做出了口味燻香特異，十分好吃的菜。後來孔府燻豆腐成為曲阜地方特色菜，人們用樹枝點火燻烤豆腐，製成表面有些乾燥、燻黃的豆腐塊，冷拼熱炒，無不叫好。

胤禛巧遇「河神」陳天一，發現了河堤上不合格的椿木。為此，他請求康熙嚴懲治水官員，確保工程合格。這時，江南發生水災，胤禛推薦陳天一，並跟隨前往視察。一路上，他增長了見識，了解到民間疾苦。

為了控制水情，胤禛打破鄉紳不當差的舊例，督促他們和老百姓一起勞動。在料場，他親眼目睹了官吏橫征暴斂的惡跡，給予嚴懲不貸的責罰。

水患無情，淹沒了一座縣城，眼看著幾千人性命難保，十幾萬人吃住無著，胤禛果斷地向糧道借用軍糧，進而惹下大禍。

第九章 多次巡河工 為民借糧伸大義

第一節

路遇河神

自稱河神的瘋子

祭孔完畢，皇子們啟程北上，為了趕路方便，他們微服行進，倒也別有一番樂趣。一日光景，已經來到泰山腳下，望著巍峨泰山，大家議論紛紛，有的讚嘆泰山雄偉，有的講述歷朝歷代泰山封禪的故事，唯獨胤禛面容鬱鬱。顧八代問道：「四阿哥，你為何心事重重，不妨說出來聽聽？」

胤禛喟然嘆道：「路過此地，我想起『苛政猛於虎』一語，所以心情沉重。」「苛政猛於虎」這句話出自《禮記．檀弓下》，講的是有一年孔子路過泰山腳下，看到一位婦人趴在新墳頭上，哭得十分傷心。他聽了聽，覺得婦人一定遇到非常不幸的事了，就過去關切地詢

泰山封禪圖。

問。婦人哽咽著回答：「君子有所不知，這座山上有老虎，以前我公公被老虎吃了，後來我丈夫也落入虎口。現在，我的兒子又被老虎吃了，所以，我非常悲痛。」孔子很同情他，就說：「既然這裡有老虎，你為什麼不離開這裡啊？」婦人回答：「因為這裡沒有嚴酷的暴政。」孔子聽了這話，大為震驚，仰天長嘆，對弟子們說：「你們要記住啊，嚴酷的暴政比老虎還要厲害！」

顧八代看到胤禛與他人不同，心懷天下，心想，四阿哥心性所在有些奇異，這樣看來，他定有從政的志向，可惜——想到這裡他不敢想下去了，畢竟從當時環境來看，胤禛能成為一代賢王已經不錯了。

大夥鬧哄哄地趕路，這日來到京城附近，聽路人說前面有處廟會，他們好奇，隨著路人前去廟會遊玩。沒多久，他們來到廟會場地，但見一座大廟，內內外外燃著千支火燭，好幾座戲臺正在唱著大戲，鑼鼓點子敲得響亮震耳。戲臺前人群湧來推去，好不熱鬧。還有一隊踩高蹺的，他們有人扮作梁山好漢，有人扮作八仙，扭來晃去，吸引一大群人跟在身後。此時，就聽賣瓜子的、賣小吃的、賣茶水的攤販，喊叫聲此起彼伏，不絕於耳。還有幾個測字算命的先生，正在搖頭晃腦兜售生意。看到這一切，皇子們算開了眼了，他們東張西望，不知道該做什麼好了。

不一會兒，胤禛他們擠到廟前，這才明白這處廟會是為了紀念河神生日才設立的。此地比鄰一條河，正是康熙親自視察治理的永定河。永定河本名無定河，河道遷徙不定。在康熙大力治理下，終於有所穩定，為了表示它永遠不再改道，不再氾濫，康熙特地賜名「永定河」。胤禛看到眼前情況，對顧八代說：「百姓們生活安寧，看來永定河不再危害當地百姓了。」顧八代沒說什麼，隨著胤禛繼續往前走。忽然，就見廟裡一陣慌亂，人群只往外擠，顧八代護持著胤禛趕緊後退。只見幾個人連推帶拉把一個人攆出廟來，怒沖沖說：「今天是河神生日，你再來搗亂，小心打斷你的腿！」

被攆出廟來的人並不氣惱，慢吞吞地拂拭身上塵土，不屑地說：「什麼河神？我才是河神！」說完，頭也不回徑直走了。

他的話顯然激怒了眾人，不少人衝著他的背影吐唾沫，罵道：「瘋子，敢說自己是河神，真是不想活了。」

胤禛悄悄扯扯顧八代的衣袖說：「顧師傅，你看這是個什麼人？怎麼大言不慚自己是河

清代高蹺，俗稱秧歌。較早組成的內容，是表現《水滸》男女英雄人物，分醜、俊兩班。

神？」

顧八代微微搖頭：「看他神情舉止，不像是瘋子。他敢來鬧廟會，其中肯定有隱情。」

胤禛說：「我也是這麼想的，走，我們跟上去看看。」說著，拉著顧八代就去追趕那個自稱河神的人。

廟會上人多，他們擠來擠去，好不容易看到那人的身影了，卻見那人一溜煙又鑽不見了。這樣追了一路，好不容易走到人少的地方，胤禛快走幾步，上去準備擒住那人的胳膊，不料那人也有些功夫，反手一擋，竟把胤禛的雙手推開了。胤禛並不退後，而是跟上去又是一抓，那人急忙閃身，又一次躲開了。胤禛心裡好奇，還想繼續與他周旋，卻見他跳出幾步，回身盯著胤禛朗聲說：「這位公子跟隨我多時了，不知道有何見教？」

胤禛開門見山地說：「我想知道你為什麼被人趕出河神廟？還有，你自稱河神？這又是什麼道理？」

那人一聽，哈哈大笑：「公子真是好奇心強。你沒聽人說嗎？我是瘋子，人稱陳瘋子。怎麼樣？知道答案了吧。」

胤禛輕輕一笑：「瘋子如果都是你這般身手，還有你這樣的思辨能力，天下人豈不都是瘋子？」

那人不笑了，看了一眼胤禛望著遠方說：「這天下人原本都是瘋子，有人為官瘋，有人為名瘋，有人為利瘋，我呀，為了河水瘋。公子你說，我是不是瘋子？」

「什麼？」胤禛吃驚地說，「為河水瘋？不知道這是個什麼瘋法？」

那人不再回答，轉身向著一家小客店走去。胤禛見此，與顧八代一起跟著走了進去。不知道他探知了那人的祕密沒有？

不合格的樁木

胤禛進店，要了幾個小菜，招呼那位自稱河神的人入座。幾杯酒下肚，那人的話多起來，胤禛這才清楚他的身世來歷。此人姓陳名天一，小時候算命，先生說他命中缺水。為此，家裡鼓勵他玩水弄潮，沒想到他與水結下緣分，多次考察當地河流情況，寫成了《水編》一書，大談治水之法。後來，在人推薦下，他成為當地一名治水官吏。可惜，他為人狂傲，不僅不懂得應承巴結上級官吏，還多次指出他們的缺點錯誤，以及貪污受賄的陋行，結果被罷了官。此後，他受到打擊，再也沒有能力參與治水。可他一心治理河水，不能放棄此事。於是，他遊走各地，宣傳自己的治水方法。這次來到永定河，他發現當地官吏治水中的缺點，有心指出卻無人理他。他還發現當地人愚昧迷信河神，本想前去制止，沒想到被趕了出來。

胤禛聽罷，看著陳天一說：「據你說，永定河的治理存在不足，這不足在什麼地方呢？你可有更好的方法？」

陳天一笑笑：「公子也關心治水的事？恐怕我說了你也不懂。這樣吧，趁著天色還早，我帶你去個地方瞧瞧。」

「去哪裡？」胤禛問。

「嘿嘿，」陳天一笑道，「一個神祕的地方，去了你就知道了。」

顧八代擔心遇到麻煩，輕輕碰碰胤禛的胳膊，不讓他去。胤禛沒有理會，接著陳天一的話說：「好啊，我最喜歡探知祕密，就聽先生的安排，去瞧瞧。」

陳天一高興地說：「公子年紀不大，勇氣可嘉，我們走。」

說完，他們一起離開客店，大踏步向著遠離廟會的河堤走去。顧八代沒辦法，只好趕緊起身跟在他倆身後。走了大約二里路程，到了永定河岸邊，這裡是河水南岸，一眼望去，遠遠近近插滿了各樣樁木。這些樁木是鞏固河堤的重要用具，它們的長短大小事關重要。胤禛看著河岸，並沒有發現什麼奇異之處，忍不住問陳天一：「先生，這就是你說的神祕之處？」

陳天一不答話，只顧超前趕路。顧八代氣喘吁吁跟在後面追問：「陳先生，這裡有什麼神祕？會不會有河神現身？」

陳天一依然不回答，徑直走到樁木前，指著這些樁木說：「你們看見了吧，這就是祕密。」

「祕密？」胤禛和顧八代異口同聲，「幾根樁木有什麼祕密？」

陳天一正色道：「幾根樁木本是普通的治水用具，可是在這裡，它們卻具有了不同的意義。」說到這裡，他伸手拔出幾根樁木，遞給胤禛說：「你瞧瞧，看見它們有什麼祕密之處了嗎？」

「這，」胤禛接過樁木左右端詳，不解地說，「這不是平常的樁木嗎？有什麼祕密？」

陳天一冷笑幾聲，憤憤地說：「樁木關係著河岸安危，如果短小不合規格，將會造成極大危害。我早就算過這裡的樁木規格，可是現在用的這些樁木又短又細，根本達不到要求。你們想，這樣的樁木固定河堤，會產生什麼後果？今天我去河神廟本想揭露這事，不想那些人愚昧無知，不但不聽，還把我趕了出來。最氣的是聽說治理河水的官員得到了皇上賞賜，還要推廣他的治水經驗，這樣下去，豈不是誤國誤民！」說到這裡，他氣憤地接連拔出好幾根樁木，一根根扔在地上，仰天長嘆。

永定河——京師的母親河。

胤禛手握不合格椿木，心裡非常驚訝，他立刻想到，這一定是治水官員貪污錢財，購置了短小椿木，才造成這種後果。他越想越生氣，恨不能立即回京奏報父皇，嚴厲懲治治水官員。顧八代明白了椿木的事後，清楚胤禛的心思，過去勸說：「多年來萬歲以河務為最重要的政事之一，這些年治河無數，成效不大，唯獨這永定河還算不錯的。我聽說萬歲準備召見治河官員，學習這裡的經驗。您想，這個節骨眼上，行事可要謹慎。」他提醒胤禛要三思，不能不計後果地捅出椿木的事，免得掃了康熙的興致。

胤禛望著椿木沒有說話。陳天一見此，奇怪地盯著顧八代說：「聽你口氣，倒像是萬歲身邊的大臣。我問你，你我行事如何，與萬歲爺有什麼關係？與永定河又有什麼關係？我跑到河神廟去說這件事，有人聽嗎？有人聽嗎？沒有！現在人們都以為永定河已經治理好了，再也不會氾濫了。」

顧八代被他搶白一通，有心訓斥他，想到自己和胤禛的身分未明，只好吶吶地說：「我就說嘛，這治水大事我們又不懂，參與進來也沒什麼好處，如今萬歲爺聖明，肯定不會就此罷休。」

陳天一又是幾聲冷笑：「這天下大事，為的是什麼？為的是誰？為的是名聲還是利益？為的是朝廷還是百姓？萬歲聖明，可大臣們未必知道廉恥，一個個挖空心思巧取豪奪，想盡辦法升官發財，你們說，什麼樣的天下抵抗得住他們折騰？」

這幾句話說得胤禛心頭發涼，他猛一愣，拿起幾根椿木說：「我相信這些椿木會說話，會澄清事情的真相，還老百姓一個公正。」

陳天一拍拍他的肩頭，搖搖頭說：「老百姓相信河神，萬歲爺相信官吏，沒有人相信你我。」

胤禛輕笑一下：「你太悲觀了，放心，我有辦法讓真相大白於天下。」說完，他夾著幾根椿木與陳天一繼續探討治水的事。晚些時候，他們回到廟會，胤禛送給陳天一一把折扇，並在上面題寫了一首詩，說道：「日後相見，希望我們都能為治水貢獻自己的一份心力。」隨後，他找到胤祉等人，帶著椿木回京面君。

第二節 兩巡永定河

返工的工程

胤禛兄弟回京，康熙十分高興地接見了兒子們，聽取他們奏報祭孔之事。當他看到胤禛手裡拿著幾根椿木時，奇怪地問：「四阿哥，你手裡拿的是什麼？」胤禛就把路過永定河，發現不合格椿木的事一一告訴康熙，並說：「皇阿瑪，這些椿木不合要求，對治水不利，請您嚴格調查此事，懲治治水官員。」

康熙吃驚不小，走過去拿起幾根椿木，左右觀看一番，而後對胤禛說：「這件事皇阿瑪知道了，你們先下去吧。」

胤禛說：「皇阿瑪，您一定要調查這件事啊，不能放過那些治水官吏。」

「好了，」康熙有些心煩地說，「朕知道如何處理此事，你退下吧。」

胤禛還想說幾句，看到康熙臉色不對，只好叩頭退出。來到外面，胤祉對胤禛說：「老

四，你把椿木交給皇阿瑪也就算了，怎麼一而再地要求他懲治治水官吏，這不是明擺著讓皇阿瑪難堪嗎？」

胤禩氣呼呼地說：「皇阿瑪本來興致極高，還要獎勵我們呢。你倒好，這一弄，所有的功勞全都泡湯了。」

胤禛聽著他倆嘮叨，不耐煩地說：「你們就知道邀功請賞，一點也不替國家百姓著想。要我說，這樣的功勞不要也罷！」說完，他頭也不回地朝無逸齋而去。

幾天後，胤禛正在書房讀書，李德全前來傳旨，要他去乾清宮見皇上。胤禛放下書本，剛要隨他前行，卻見顧八代走過來悄聲說：「四阿哥，萬歲召見肯定是為了椿木的事，不知道你打算如何應對？」

胤禛略一沉思，義無反顧地說：「這件事關係重大，我會再次請求皇阿瑪徹查那些貪官污吏，嚴懲辦事不利的官員。」說著，他大踏步出了無逸齋。

乾清宮內，康熙正在批閱奏章，他的身邊放著那幾根胤禛帶回的椿木。這幾天，康熙針對椿木的事考慮了很多，聽取了好幾位重臣的意見，他見胤禛進來，並沒有停下手裡的工作，低著頭說：「永定河治理成功，皇阿瑪本想慶祝一下，在全國推廣他們治水的經驗。可是你帶回這些椿木，你說，皇阿瑪該怎麼辦？」

胤禛跪倒在地，堅決地回答：「皇阿瑪，兒臣愚鈍，卻不敢忘記您的教誨，身為皇子，應該時刻以江山社稷為重，不能只顧個人得失。所以，儘管我帶回椿木妨礙了您的計畫，惹您生氣。可是一想到這些椿木可能危及百姓，帶來更可怕的後果，我就不寒而慄，因此，兒臣堅持認為，首先徹查治水官吏，嚴厲懲治那些辦事不力的官員，然後，工程返工，改換合格椿木，做到真正的治水成功。這樣一來，雖然顏面上不好看，卻是為百姓和江山著想，這才是真正值得慶祝的事。」

康熙不露聲色地說：「照你說，皇阿瑪是個好大喜功的人啦。」

胤禛連忙說：「兒臣不敢。皇阿瑪為民治水，仁愛天下，老百姓們都稱頌您是仁君。這件事情追根問底，在於官吏們貪婪心重，做事不力，是他們危害了治水計畫。兒臣覺得，不懲治他們不足以震懾天下官吏，不能保證治水順利進行。」

「呵呵，」康熙忽然笑起來，放下手裡的工作，抬頭看著胤禛說，「四阿哥，你說老百姓稱頌朕，這恐怕是你自己編撰出來的吧。」

胤禛回答：「兒臣奉命祭孔，這一路上所見所聞，無不顯示出天下昇平的景象，還用兒臣編撰嗎？不過，仍有不少官吏心術不正，他們為了名利什麼都敢做，這些人是我們大清的蛀蟲，不除他們將會禍國殃民。」

其實，康熙對椿木一事早就有了自己的主張，他召喚胤禛不過有心考驗他，如今見他堅持返工，態度堅決，遂想到：這個孩子從小脾氣倔，做事果斷，面對大是大非，能夠不畏困難，不怕得罪人，堅持己見，實在難得。想到這裡，他高興地說：「這次南下，你立功了。朕已經派人前去永定河調查樁木一事，督促他們返工重修。明年春天，朕要親自前往，檢查他們的工程質量。」

胤禛一聽，激動地連連磕頭說：「皇阿瑪聖明，皇阿瑪聖明。兒臣願意跟隨您一起去，還要向你推薦一位『河神』。」

康熙問：「『河神』？就是帶你查看樁木的人嗎？朕很想見他，這次去了，一定要會會他，看看他到底有何能耐，敢自稱『河神』？」

冬日逝去，春光乍現，永定河返工工程已經結束。4月，康熙帶領胤禛和幾位大臣來到永定河，視察工程情況。來到河堤，胤禛第一個拔出樁木，仔細查看了它的長短粗細後，開心地喊道：「樁木變了，變了。」康熙也彎下腰身，拔出一根樁木，舉起來對各位大臣說：「你們看，這些粗大的樁木足可以鞏固河堤了。」大臣們齊聲說：「萬歲治水成功，永定河再也不會氾濫了。」

他們沿著河岸巡視，不時拔出樁木驗看。就在這時，胤禛忽然發現前方有一個體形高大的人影，好似去年見過的陳天一，他立即跑到康熙面前說：「皇阿瑪，『河神』來了。」

康熙順著他的手指望去，看了一會兒什麼也沒說，不知道他有沒有和陳天一結識？

力薦「河神」

胤禛以為陳天一來了，慌忙過去招呼，才發現自己認錯了人。這讓他好氣惱，他問那人：「此地有個叫陳天一的，自稱『河神』，你知道他住在哪裡嗎？」

那人說：「陳天一不在，說是去黃河、淮河一帶考察去了。你們怎麼認識他？他可是個瘋子，他臨走時說，不久皇上就要召見他讓他治水了。你說，這樣的話誰會相信？」

胤禛沒有接話，悻悻地回到康熙身邊，重述了剛才那人的一番話，有些後悔地說：「真是可惜了，不知道怎麼找到他？」康熙說：「人才可遇不可求，只要治水不停，這個陳天一就一定會出現。」

這次巡視之後，不久到了夏秋汛期，康熙決定南下巡察黃河、淮河、運河治理情況，了解民情，聯絡江南士大夫。這次視察，他特意帶了太子胤礽、胤禛和八阿哥胤禩。他們出了京城，首先來到了永定河，按照康熙的意思，他要親眼看一看治水情況。未到河岸，他們看到莊稼欣欣向榮，人們忙碌不停，到處一派豐收景象，康熙欣喜地說：「只要河水不氾濫，莊稼就確保豐收了。走，看看河堤情況。」

他們來到河邊，看到河堤堅固，在洶湧水流的衝擊下，依然挺拔不動。胤禛很高興，賦詩一首說：「帝念切生民，鑾輿冒暑行。繞堤翻麥浪，隔柳度鶯聲。萬姓資疏浚，群工受准程。聖心期永定，河伯助功成。」隨行大臣聽了，隨聲附和：「萬歲治水成功，造福千秋萬代啊。」

他們有說有笑地在河堤巡視，傍晚時分，康熙帶著他們到附近客店休息。第二天，胤禛早早起床，一人來到了河堤，他拿出幾件科學儀器，蹲下身親自測量水量水位，還細心地記錄各種數據，不停地計算著。就在他忙著測算時，卻聽遠處傳來一聲喊問：「你在做什麼？也想治水嗎？」

胤禛聽到聲音耳熟，抬頭遠望，不禁高興地叫道：「陳天一，果真是陳天一。」

此時，陳天一正站在遠處河堤上，一邊將手臂平伸出去，似在測試風力、風向，又似目測對岸的大堤，一邊衝著胤禛喊叫。胤禛跑過去說：「陳天一，你怎麼在這裡？你不是去了黃淮一帶嗎？」

陳天一認出胤禛，也很高興，對他說：「今年永定河工程返工，我回來看看，永定河是不是徹底治理成功了。哎，你在這裡測算什麼？也想學習治水？」

胤禛笑了：「是啊，治水關係天下民生，誰不想學習？你看，我帶來了先進的儀器，測算起來更準確了。」陳天一笑著說：「又是測又是算，

《雍正祭先農圖》。

多麻煩。說來說去，這日頭風向比什麼都準，小兄弟，你要想學習治水的方法，只管跟我學。」

胤禛卻另有打算，在他引薦下，陳天一見到了康熙，他這才知道胤禛的真實身分，驚喜地說：「怪不得永定河工程得以返工，原來都是阿哥爺的功勞。」

康熙初識陳天一，對他桀驁不馴的個性並不認同。無奈當今是用人之際，朝廷缺乏治水人才，所以他也就暫時容忍下來，讓他跟隨自己一同視察黃淮之水。這天，他們來到開封鐵牛鎮，陳天一跳下馬車，徑自跑到黃河岸邊去了。胤礽不滿地說：「這個人太狂傲了，連皇阿瑪也不放在眼裡。這樣的人即便再有才能，也不值得一用。」

胤禛反駁說：「古往今來，有才能的人都有個性，陳天一性情真爽，一心鑽研治水之術，用他治水，肯定會取得成功。」

胤礽說：「現在他一個人跑了，誰知道他去做什麼？治水是為了穩定天下，要是他心存不正，就是治水成功，又有何用？」

「可是，」胤禛急急地說，「治水不僅是為了朝廷，更是為了天下蒼生。我覺得不管他性情如何，只要他能治水，這樣的人就值得用。」

胤礽顯然有些生氣了，語氣重重地說：「你懂得什麼？陳天一有才能，好啊，你這就下去把他找回來。」

兩人的爭吵傳到康熙耳中，他煩悶地說：「不要吵了，先到前面客店休息。」他們一行人來到鐵牛鎮，找了一處店家住下來。幾個侍衛要了幾份飯菜，大家剛始要開吃，卻聽到河濤滾動的聲音隱隱傳來，接著大地也發起抖來，頓時，鎮上譁然大亂，人叫狗吠，一群群人蜂擁著朝東奔跑。胤禛拉住一個鄉民問道：「你們跑什麼？」鄉民回答：「黃河決堤了，快到東面山崗上躲避。」康熙等人大驚，也隨著人流東奔。胤禛驚訝之餘，停下腳步說：「陳天一去了黃河岸邊，會不會遇到危險。不行，我要叫他回來。」他剛剛轉身，卻見陳天一回來了，他大聲喊道：「不要慌，不要跑。黃河決口不會危及鐵牛鎮！」

可是，人們逃命要緊，誰會聽他的話？唯有胤禛留下來，勸說陳天一：「還是走吧，不要待在這裡擔驚受怕。」

陳天一笑道：「阿哥爺過慮了。我從去年冬天就在這裡考察水情，了解這裡的情況。剛剛我又去岸邊查看了一下，發現此時水中有6成泥沙，而鐵牛鎮一帶河寬500丈，平常水深不過7尺，加上洪水，上漲不過兩丈。河岸距離鐵牛鎮1,100丈，你想，這沙灘就是天然屏障啊。一旦水上了沙灘，流速必然減慢，泥沙也就會越積越厚，達到一定程度，說不定會形成一條長堤。果真如此，可以節省下不少治水的銀兩呢。」

聽了他這番細緻精確的分析，胤禛心裡有了底，他拉著陳天一坐回桌邊，兩人邊吃邊聊。果然，洪水沒有漫進鐵牛鎮，而在岸邊淤成一道沙堤。康熙聽胤禛奏報了陳天一的分析後，這才點著頭說：「陳天一有些本事，這次四阿哥薦人有功。好啊，朕就任用陳天一來治水。」

第三節

南巡黃淮

親歷治水懲鄉紳

胤禛力薦陳天一，得到康熙認可。他非常高興，日夜與陳天一相伴，向他學習治水的方法，借閱關於治水的書籍。此時，黃河已有多處決口，康熙決定留下來親自指揮治水。這天，他召開緊急會議，商量治水策略。皇子、官員們匯聚一堂，議論紛紛，各自陳述治水的方法和理由。康熙聽了半天，始終眉頭緊皺，原來這些策略都是陳舊的方法，並無半點新意。他不禁嘆道：「自康熙元年以來，黃河幾乎年年決口，歷來的方法總是效法大禹治水，結果，河床年年淤沙，越積越多，每年為了清沙排淤，耗費千萬人力、百萬黃金，然而，效果如何呢？大家都看到了，汛期一到，依然水患無窮。朕以為，治水者心意是好的，卻不能洞察黃河水患的病根，這才是問題的關鍵。」

聽了這話，大家不約而同將目光轉向陳天一，希望聽聽這位「河神」的高見。陳天一一直

沒有發言，他見眾人期待的目光，這才開口說：「如果一味開寬河道，黃河的泥沙清了又淤，這樣下去，一萬年也清不完。依我看，有幾個意見，第一，黃河、淮河和運河治理不是單一的，應該綜合治理；第二，河督衙門設在濟寧，不太合理，應該遷至清江。這樣便於黃淮運三河同時治理。」

這番話一出，眾人吃了一驚，心想：陳天一夠大膽的，不知道他有什麼具體的良方？康熙很感興趣，追問道：「你說說，怎麼樣清理掉淤沙？」

陳天一微微一笑，轉向胤禛說：「阿哥爺比我高見，他昨晚提出的方法非常可行。」昨天夜裡，胤禛拿著幾本治水書籍，找到陳天一說：「我從這幾本書中發現了一個治水方法，覺得好奇，想向你請教。」

陳天一忙說：「阿哥爺太謙虛了，我能參與治水，這都是你瞧得起我，你有什麼問題，只管講來。」

胤禛說：「這是前明一位治水專家的著作，他提出加固加高河堤，使河道變窄的方法，認為這樣水勢增強，流速加

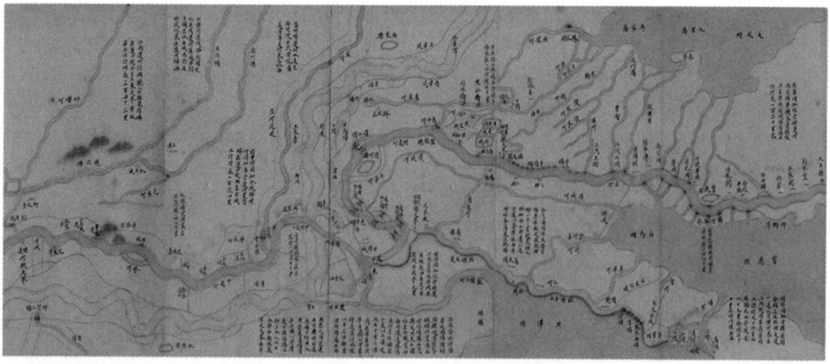

清代《京杭運河全圖》，圖中所描繪的是淮河、老黃河與洪澤湖交會之處，即今天淮安地區。

快，不但新沙不會淤積，還能捲走舊沙。我覺得這個方法適用目前黃河的治理，你看呢？」

陳天一大喜，接過胤禛手裡的著作說：「我正有此意。目前黃河河床越來越高，單純開道清沙已經沒有多大作用了。只有束堤沖沙才是最好的辦法。」兩人又討論了很久，才各自回屋休息。

今天，陳天一面對諸位催問，說出了胤禛昨夜的發現。康熙好奇地盯著胤禛：「怎麼？你有治水的方法？」

胤禛冷靜地分析束堤沖沙的具體方法和好處，建議採取此法。康熙聽了，點著頭地說：「這確實是新鮮的方法，不妨一試。」

河督聽了，為難地說：「萬歲，此法固然可行，不過，目前河水已經決口，多處百姓受災，如何救助百姓才是當務之急。」

胤禛說：「你說的沒錯，束堤沖沙是長久之計。現在來看，應該結合當前情況，先行救助災民，疏通河道，幫助他們重建家園，恢復生產。」

康熙同意了胤禛的提議，開始大力治理河患工作。這一日，胤禛奉命前往開封秀水鎮視察水情，剛剛到了鎮上，就聽當地官吏上前訴苦：「阿哥爺，這裡水患特別嚴重，我們打算徵用鎮上所有勞力。可是，一些鄉紳自恃功名在身，不服從命令，難以調度。」

胤禛想了想說：「你去召集所有鄉紳，我有辦法讓他們聽從命令。」

官吏得令，趕緊照辦。中午時分，當地鄉紳大都到齊了。胤禛各個打量他們一番，問道：「還有沒來的嗎？」

官吏回道：「鎮西的張保官世襲功名，從來不聽從官府命令。這次派人去喊他，他說：『我有功名在身，不用納稅當差，不管誰來了，我也不會去。』」

胤禛冷冷笑道：「好一個『功名在身』。你去告訴他，這次治水不同以往，凡是消極怠惰者，不僅責罰銀兩，還要革除功名，永世不得再獲錄用。」

在場鄉紳面面相覷，一個個心裡嘀咕著：「這位皇阿哥手段嚴厲，難道是皇帝的意思？」康熙實行寬仁政策，按照祖宗規定，保護鄉紳的法定免役權。因此，當時鄉紳不僅不用納糧繳稅，還不用服役。在這種保護下，他們的權慾逐漸膨脹，常常勾結官府，欺壓百姓。這些行為在胤禛看來，都是無法容忍的惡行。今天，他看到鄉紳們面對天災，為了個人利益不肯聽從調令，真是忍無可忍，遂說出了上面一段話。當然，這並非康熙本意，但是鄉紳們聽到胤禛這番話，哪還敢抵抗命令，一個個乖乖地加入治理水患的隊伍當中。

在胤禛嚴厲督促下，秀水鎮治水工作進展迅速，第一個完成任務。康熙聽說後，誇獎胤禛辦事得力，準備對他進行嘉獎。這時，有人悄悄遞上話來，說胤禛在治水時假傳聖旨，威嚇鄉紳。康熙聽了，一時不知該如何處置他了？

料場奇聞

胤禛雖然工作出色，但因強迫鄉紳出工，被他人抓到把柄，告到康熙那裡。康熙左右思忖，最後召見胤禛問他：「你私自徵用鄉紳，這可是違反祖制的事，難道你不怕嗎？」

胤禛誠懇地回答：「兒臣只想趕緊止住水患，保護一方百姓安寧，沒有想那麼多。」

康熙輕輕一笑：「朕知道你的性情，做事總是這麼急躁。既然你誠心做事，別無他念，這次就放過你。功過相抵，獎勵也取消了。」

胤禛說：「兒臣不敢奢望獎賞，只求快速治理水患。」就這樣，他繼續加入治水工作之中，晝出夜巡，與治水官吏和當地百姓打成一片，勤奮能幹，普受讚譽。這天，他和陳天一來到開封府明德鎮督察水情，天色已晚，他們直接到駐地休息。夜裡，兩人無法入睡，相邀到河岸巡視。不一會兒，他們走出很遠，在微弱的月光下，看到前方有幾十輛大車，胤禛奇怪地說：「當地百姓已經轉移了，哪裡來的這麼多大車？」

陳天一觀察一會兒，猜測說：「可能是運料的車輛，我們過去看看。」

他們過去細看，不禁大吃一驚。只見車旁滿是露宿的百姓，有的車上還有哇哇哭叫的孩子和婦人，拉車的牲畜虛弱地垂著腦袋，滿是疲憊不堪的神情。胤禛連忙喊起一位百姓詢問：「你們在這裡做什麼？為什麼不趕緊轉移？」

那位百姓無力地回答：「我們不是本地人，離這裡有三天路程呢！」

「那你們來這裡幹什麼？你們不知道這裡是水患重地嗎？」胤禛著急地問。

那位百姓嘆氣說：「怎麼不知道？我們就是奉縣官的命令，前來運送秫秸的。你看見了嗎？這幾十輛大車上裝滿了秫秸。」

果真是運料的車輛，陳天一鬆了一口氣，過去說：「既然是運料的，為什麼停在河岸？還不趕緊趕到收料場去。」收料場就在不遠處，專門收集各方運送來的物資。

此時，好幾位百姓圍攏過來，他們打量著胤禛和陳天一的穿著，紛紛說道：「兩位公子爺，你們不知道啊，我們趕著馬車去過收料場，你們猜怎麼著，那個當官的說要收費，每車10貫錢啊。我們都是窮苦人，哪裡有錢繳這個費用。結果，當官的不讓我們進去，我們只好待在這裡。這一待就是十幾天，帶的盤纏用完了，打算逃跑，可又走不掉，我們實在沒有辦法，只好在這裡哭泣，祈求老天爺睜眼，幫助我們度過難關。」

胤禛和陳天一聽罷事情原委，相視無語，他們不敢相信竟有這樣的事情發生。陳天一默默

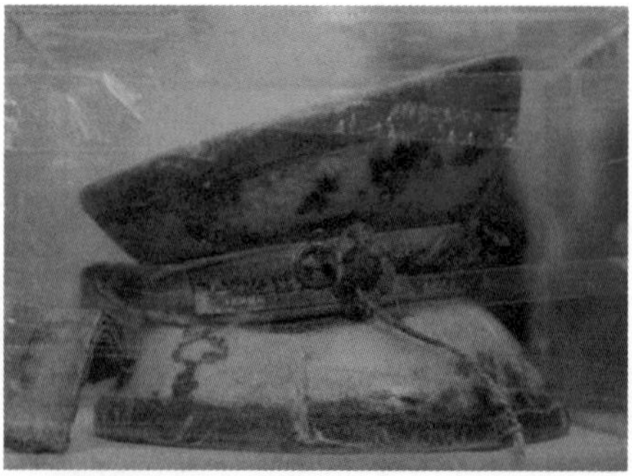

清貪官頭顱被做成人頭鼓，上綳人皮以警後人。

地想，我治水多年，見識過各樣貪官污吏，也沒有聽說過這樣的事啊。胤禛看出他半信半疑，靈機一動，對百姓說：「幾位鄉親，大家不要著急，我們兩人也是來送料的，正巧與料場的一位官員相識。這樣吧，我們一會兒繳完了料，就替你們進去說說，看看能不能代繳。」

那些百姓聽了，欣喜異常，環繞著胤禛連聲稱謝。胤禛拉著陳天一離開百姓，簡單商量一番，然後，他們回來趕著一輛裝滿秫秸的牛車進了料場。收料場內，負責收料的官吏看到進來兩位穿著鮮亮，面色細潤的人，高興了一下，猜想他們肯定是鄉間富戶，以為可以發財了，於是主動上前詢問：「哪裡來的？知道料場規矩嗎？」

胤禛隨便說了個地名，然後問道：「料場不就是收集物資嗎？還有什麼規矩？」

官吏皮笑肉不笑地說：「一看你就是富家子弟，不知道人間疾苦啊。告訴你，每車交費50貫，讓值班的兄弟打酒吃，然後就可以繳貨回家了。」

「什麼？」費用竟然漲了5倍，胤禛驚叫，「哪條律法規定運送物資還要繳費？你們藉機索取錢財，真是太不像話了。」

「不像話？」官吏獰笑道，「我們在這裡收料容易嗎？日夜值班，辛苦不必說，哪有什麼油水可撈？你聽著，在這裡我說的話就是律法，不管是誰都要聽我的。」

胤禛氣憤地指著他說：「你這樣做，與搶劫的強盜有什麼不同！你這樣無法無天，貪贓枉法，難道就不怕嗎？」

「哈哈，」官吏大笑，「怕？我怕什麼？怕你告狀？哼，你去告呀，我等著呢。」

看他有恃無恐的樣子，胤禛氣得手腳發顫，已是無法與他言論。陳天一上前幾步，指責官吏說：「你不要得意，如今皇上親臨治水，對你等貪贓枉法行為非常痛恨，有朝一日你的劣行敗露，小心吃不了兜著走。」

沒想到官吏聽了這話，不但沒有收斂，反而露出猙獰面目，招手喊來幾個隨從，吩咐他們：「打，把這兩個不知死活的傢伙打出去！」隨從立即揮動皮鞭木棒，不分青紅皂白一陣亂打。胤禛和陳天一人少力單，與他們周旋一會兒，漸漸支撐不住，只好丟下牛車退出料場。

料場外，百姓們眼巴巴等著交完秫秸回家呢，卻看見胤禛和陳天一被打了出來，牛車也丟了，一個個嚇得目瞪口呆，不敢言語。胤禛穩定心神，安撫百姓說：「你們不要怕，先回去休息吧。明天我一定為你們索回牛車，還你們一個公道。」

一位百姓嗚嗚哭泣起來：「他們連公子也敢打，什麼人能制服他們啊？我們還能回去嗎？」他這一哭，其他人也都抑制不住，頓時，河岸上哭聲一片。此情此境，胤禛再也無法忍受，淚水撲簌簌滴落下來。不知道他將如何懲治貪官？

第四節 為民借糧

危情逼近

胤禛在料場遇到前所未聞的官場劣行，對他觸動極大。他連夜趕回駐地，一面召集治水官吏開會，一面讓當地長官帶人前去拿下料場官吏。天未明，料場官吏被押到了駐地，當他看到昨夜前來送料的兩人一個是當今皇子，一個是治水總監時，嚇得癱軟在地，面無顏色。胤禛怒氣未消，喝令左右將其推出斬首。

河督長跪不起，說道：「阿哥爺，料場出現此等劣跡，都是在下管理不當，我罪責難逃，請您責罰。可是料場官吏也是朝廷命官，處死他要有皇上批准。在下已是罪責深重的人，別無他求，只求阿哥爺不要受此牽連。」

陳天一笑著說：「他倒會求情。阿哥爺，依我看，處死料場官吏倒是便宜了他，不如打他100大板，然後給他戴上重刑具，沿河示眾，效果可能更好。」

胤禛沉著地說：「我自然清楚刑法之事，如何處置他應該交由官府裁決，我只是擔心官官相護，對他處罰太輕，所以說出斬首的話來。好了，既然你們明白了他的罪行，就把他帶回官府，從速判決。」他涉世不深，卻屢屢看到官吏的劣行敗績，因此深為擔憂。

在陳天一和當地官吏審判下，料場官吏被判杖責一百，帶著刑具沿河示眾。附近料場官吏聞訊，無不驚恐萬狀，從此，各料場在收集物資時，無不隨到隨收，再也不敢欺負老百姓了。

這件事後不久，太子胤礽患了重病。康熙眼見治水走上正規，有心陪著太子回京治病，遂安排胤禛留下督察治水情況，帶著胤礽、胤禩和部分官員先行回去了。

胤禛第一次奉命單獨辦差，幹勁十足，他在黃河、淮河和運河三處河道上奔忙不停，時而親臨河工現場，時而參與治水會議，時而指揮災後安置工作，忙得不亦樂乎。這天，他和陳天一前往清江縣視察災情。清江縣位於黃淮運三河交界地，地處水陸交通要地，朝廷在這裡設了糧道、鹽道。來往南北運河的船隻，都要在這裡打尖停靠。可是，今年汛情一到，黃河、淮河決口，清江縣城受到衝擊，大水漫

明代周臣《流民圖》局部，此圖原共繪流離失所的難民二十四人。這種描繪生活在社會最底層人物的畫，在古代是極其罕見的。作者如實描寫，不加任何修飾，對筆下人物寄予了深厚的同情。

漫，圍困了小小縣城。附近村寨難民紛紛湧進城裡，幾天之間，不足萬人的縣城猛增到十幾萬人。這一來，糧價飛漲，百姓們吃飯成了最大的問題。

胤禛來到清江縣城，就見大街小巷、寺廟道觀、牆根屋簷下，到處搭起了簡易帳篷，隨處堆放著濕淋淋的行李，面黃肌瘦的難民可憐巴巴地瞪著一雙雙淚眼，渴盼著能夠吃上一口飯菜。胤禛穿行其間，心如刀絞，他匆匆地奔向官衙，希望早一點見到知縣，與他商量對策。

忽然，前面一座廟前圍滿了人，就聽裡面有位女孩哀聲哭叫：「行行好吧，行行好吧，我爹娘餓死了，有哪個好心人肯出錢把他們埋了。」哭聲連連，卻無一人應聲。有幾個人看不下去了，勸說她：「孩子，別哭了，如今清江縣城已經餓死幾十人啦。還有十幾萬人沒飯吃呢，誰會為妳埋葬父母。」

女孩聽了這話，哭得更加淒慘。胤禛看不下去，在身上掏了掏，卻發現沒有攜帶銀兩，只好解下一塊玉佩遞給女孩說：「拿去安葬父母吧。」女孩接過玉佩，叩頭不止。胤禛無心受謝，轉身就走。不料身後圍上來一大群難民，他們有的拉住他的胳膊，有的跪在他的前面，有的乾脆抱住他的雙腿，無不哭訴哀求：「善人，救命啊，善人，給我們點活路錢吧。」

胤禛圍困難民中間不能脫身，情急之下，向他們解釋：「大家不要急，我正是要找知縣為大夥籌劃糧食的事。」

「真的嗎？」、「我們有救了。」難民們跪倒一大片，齊聲高呼，「善人，老天派善人來拯救我們了。」

有位年輕小伙子站在人群外，高聲喊道：「什麼老天爺？清江縣有一百萬石糧食存在倉庫裡，只要我們打開庫房，就有糧食吃了。」這聲呼喊驚醒眾人，他們呼啦一下離開胤禛，跑到年輕小伙子周圍，七嘴八舌地追問著：「糧倉在哪？」「哪裡有糧食？」最後，一行人在小伙子帶領下，浩浩蕩蕩離去了。有些年老體弱的，眼看著他們走了，趴在地上哀哭不絕。

胤禛沒有阻止難民搶劫糧庫的計畫，他站立當地，許久才邁動腳步繼續趕路。這時，陳天一從另一條路走來，見到胤禛就說：「我有一個老相識，名叫馬爾齊哈，是清江縣同知，他說當地有不少富戶，打算發動他們捐糧救災。」

「是嗎？」胤禛臉上露出一絲笑意，「這倒是個好主意。」他們邊說邊走進縣衙，見到清江縣知縣後，詢問捐糧一事。知縣閃爍其詞，支吾著說：「這些富戶都是有些靠山的，我雖已下令召集他們，可是來的人不足十之二三。」

胤禛心裡沉沉的，想到，這些鄉紳富戶真會惜財愛命，前番在秀水鎮他們不肯服役，現在又不願意捐糧救災，真不知道他們為何這般自私。思來想去，胤禛不想再次威逼他們，觸怒龍顏，可是怎麼樣才能讓他們主動交出糧食，解救當前災情呢？

大膽借糧

就在胤禛思索之際，馬爾齊哈上前獻計：「阿哥爺，富戶不肯捐糧，其中大有緣故。」

胤禛忙問，「什麼原因？」

馬爾齊哈小聲說：「知縣是當地人，他家富足一方，是清江最大的富戶。可他為人吝嗇，不但不帶頭捐糧，還暗地指示其他富戶也不要捐糧。您想，他這麼做，還有誰會主動捐糧救災？」

原來如此，胤禛怒火中燒，恨不能立即將知縣緝拿問罪。可是想到救災事緊，不能意氣用事，強行忍住怒火，召來知縣問：「我在路上聽說，有人前去糧庫劫糧，不知道事情怎麼樣啦？」

知縣回答：「阿哥爺放心，我已通知糧庫管事嚴格看守，那些刁民鬧事，已經被打死了3個。」

胤禛一驚，追問道：「知縣大人，你身為父母官，眼看著百姓餓死，不但不想辦法拯救，還濫殺無辜，你說，你這麼做問心有愧嗎？」

知縣一時語塞，滿臉通紅地低垂下腦袋。胤禛繼續說：「聽說這3天城裡已經餓死70多人，萬一激起民變，城內無兵，城外無援，請問誰承擔責任，又如何善後？」

知縣坐不住了，撲通跪倒在地，央求道：「阿哥爺，在下無能，無力救災救難，請您處罰。」

胤禛笑了：「知縣大人，您無力救災，我倒有個方法幫你，不知道你肯不肯聽我一言？」

知縣忙說：「請阿哥爺明示。」

胤禛說：「知縣大人，您如今守著個糧倉，卻讓百姓餓死，這說起來實在不應當。而且，我還聽說清江縣內富甲一方的鄉紳也不少。這兩處加起來，我就不信不能解救十幾萬災民的危機？」

「這——」知縣遲疑不定，「阿哥爺，清江設於糧道，這是天下共知的事情。可這些糧食不歸清江縣管。就目前這批糧食來說，這是軍糧，萬歲爺專旨調撥用來西北用兵的。萬萬動不得，動任何一粒都是掉腦袋的大罪啊。」

胤禛語氣一轉，不客氣地說：「怎麼？你也怕死？成千上萬的災民就不怕死？事已至此，救災才是最要緊的，再拖延下去，恐怕不是幾十個人餓死的事了。」

知縣為難極了，遲疑著說：「最多十日，朝廷賑災的糧食就會到了，那時一切危情自然解決。」

「十日？」胤禛氣憤地說，「虧你說得出口，十日時間會有千條人命，難道你準備眼睜睜看著這些人餓死？」

知縣又一次窘在當場，過了許久，才狠下心說道：「阿哥爺，在下這就召集富戶商討捐糧的事。」他權衡利弊，覺得捐出糧食比丟掉腦袋強多了。

胤禛心裡一陣好笑，故意說：「知縣大人帶頭捐糧，這要是傳到萬歲耳中，肯定會受到嘉獎。」

知縣既心疼又喜悅，匆忙地招呼人員組織捐糧一事。縣衙裡，胤禛卻另有打算，他對陳天一說：「富戶捐糧，最多不會超過一萬石，當前十幾萬災民，不過是杯水車薪。我看我們必須另想對策。」

陳天一問：「阿哥爺有什麼高見？」

胤禛苦笑一下：「高見談不上，不過需要膽量而已。」

「此話怎講？」陳天一不解。

胤禛起身望著窗外，沉吟片刻後堅定地說出「開倉賑災」四字。

陳天一大吃一驚，結結巴巴地說：「這……這可是掉腦袋的大事，知縣不會支持你，你打算怎麼辦？」

胤禛難得地冷靜，他抓起桌案上一支毛筆，迅速地寫了一張借條，大意是向清江糧道借糧一百萬斤。寫完之後，他拿給陳天一說：「來，你來做個證人。」陳天一何等豪爽的個性，向來不怕事，可今天面對這張借條，他手心出汗，腳底發涼，好半天才在上面簽上自己的名字。

下午，胤禛拿著借條找到知縣，讓他簽字。知縣見此，叫苦連天，他拒絕簽字：「阿哥爺，您要了小人的命，小人也不敢簽字啊。」馬爾齊哈在旁勸道：「大人，事已至此，你不簽也得簽啊。你想，阿哥爺借糧，你敢不借嗎？話說回來，若因為你不借而餓死千萬百姓，萬歲追查下來，你還是難逃一劫啊。要我說，與其這樣死，不如借糧救百姓而死。總歸落個好名聲啊。」

知縣無奈，只好簽字，而後他癱軟在地：「完了，完了，糧食沒了，命也保不住了。」

胤禛不理他，拿著借條，命令馬爾齊哈帶著一干衙役到糧庫運糧。然後，他命人張貼告示，親自分發糧食。當天夜裡，他忙了一晚沒有闔眼，將糧食分發災民，累得腰酸腿疼。災民有了糧食，齊聚縣衙門口，歡呼「萬歲」。知縣聽到這些呼聲，彷彿聽到了催命的叫喊，嚇得臥病在床，不敢出門。

一日光景，一百萬斤糧食全部分發到災民手中。但見清江城內，各處煙火繚繞，人們生火

清代糧倉。

做飯，歡聲笑語，看來這場危情能夠安全度過了。胤禛環視城內，心情異樣，他知道，災民雖已脫離苦海，可他卻必須面對私開糧倉的大罪，真不知道他會受到什麼懲治？能否還清一百萬斤糧食？

徵糧還糧，胤禛受命下江南，路上遇到了機智風趣的李衛。在他幫助下，胤禛徹查了一位嗜賭如命的縣令。這位縣令被迫誦唱《戒賭歌》，成為一時笑談。在此影響下，當地賭風漸漸好轉，不少人戒掉賭癮，恢復了正常生活。

禁賭一事傳播廣遠，湖廣總督害怕胤禛找自己的麻煩，連夜上門行賄。胤禛嚴行拒絕，並把他的賄賂拿出來，用於抗旱救災。

官吏們不肯用心辦差，致使旱情得不到緩解。為了懲戒他們，胤禛想出吐飯求雨的計策……

胤禛徵糧順利，回歸途中，船隻漏水，出現了雙魚救主的奇觀。而他看到太子奢靡，貪慕虛名，為了補一件衣服竟然動用兩江總督運送布料，花費300兩銀子時，震驚不已。

第十章

皇子下江南　吐飯求雨禁賭風

第一節 江南徵糧

兄弟求情

少年胤禛積極治水，不顧個人安危為民借糧，解了清江之急，這一舉動很快傳遍朝野，康熙深感震驚，他傳下聖旨，命兒子火速回京交待此事。胤禛知道這件事情關係重大，不敢怠慢，匆匆踏上回京路程。當他離開清江縣城時，人們得知他為了百姓犯下重罪，紛紛走出家門，夾道相送。馬爾齊哈更是聯絡部分百姓，為胤禛寫了鳴冤叫屈的萬民摺子，暗地跟隨胤禛回了京城。

朝廷內，關於胤禛借糧一事形成兩派意見，一派認為他私開糧庫，觸犯國法，罪責難逃；一派認為他救民於水火，乃是大義之舉，應當受到肯定和表揚。康熙做為一國之君，胤禛的父親，該如何處理這件事，十分為難。這天，康熙正在乾清宮休息，胤祉忽然帶著幾位年齡稍幼的皇子阿哥進來，他進門就為胤禛求情：「四弟做事認真，心地慈善，他救災救民，兒臣以為沒有做錯。」他這一說，9歲的十三阿哥胤祥接過話去：「四哥一向關愛我們，還說我們皇子應該以天下為重，皇阿瑪，我覺得四哥做得對。」

聽著他們兄弟互相求情關懷，康熙心裡一陣熱，他起身一一打量幾個兒子，發現有胤祉、胤祺、胤祐、胤禩、胤禟、胤祥、胤禵等，其中胤禵最小，排行十四，只有7歲，入讀無逸齋不足一年。康熙慈愛地說：「你們為四阿哥求情，可見你們心地善良。不過，這是國家大事，你們還是不要參與了。」

愛新覺羅胤祥，因對雍正皇帝的治績助力甚大，遂得世襲，成為清朝有史以來第九位鐵帽子王。死後，謚號為「賢」，雍正帝為了紀念他的功勞，下旨將其名中的「允」字改回「胤」字，成為雍正朝唯一位最終得以在名字中保留「胤」字的皇帝兄弟。

胤祥一臉稚氣地說：「皇阿瑪不是教導我們要關心天下嗎？怎麼又不讓我們參與國家大事了？再說，我們為兄弟求情，這是人之常情，並非國家大事。」他機警可愛，能文愛武，深得康熙喜愛。

康熙笑了：「四阿哥人緣不錯啊，這麼多兄弟為他說話。十三阿哥，皇阿瑪知道你們的心意了，你們退下吧。」

胤祥還想說什麼，就見大阿哥胤禔和太子胤礽雙雙入內，他們看到這麼多兄弟在場，立即明白發生了什麼。胤禔搶先開口：「西北用兵需要大量軍餉糧草，老四這麼一折騰，耽誤多少事！皇阿瑪，您可要嚴嚴厲厲地理這件事。」

胤礽本來也想請康熙嚴懲胤禛，聽到胤禔這麼說，改口說：「老四也是為了百姓，他這是情急之下的無奈之舉。依我看，應該從輕處罰。」他和胤禔的矛盾很深，幾乎到了水火不容的程度。

康熙清楚兒子們的心事，他鬱鬱地說：「你們不要為這事操心了，都下去吧。」

再說胤禛，自從回京後一直被看押在暢春園讀書，失去了部分行動自由。但他心裡想念父母師傅，想念兄弟姐妹，為了排解心中鬱悶，他作詩抒情。這天早上，他剛剛吟誦完「諷詠芸編興不窮」一語，就聽外面有人低聲喊道：「四哥，四哥，你在嗎？」

胤禛伸著腦袋望向窗外，看到胤祥站在那裡，高興地說：「老十三，你怎麼來啦？」

胤祥捧著幾個荔枝，遞過去說：「我怕你受苦，特地來看望你。給你，這是剛剛從南方運來的，可好吃啦。」

胤禛撲哧樂了：「瞧你，像個小偷似的。我們生在皇宮，錦衣玉食，什麼沒有吃過。可是你沒去鄉間走走，老百姓的生活還很困難啊。」說到這裡，他的語氣變得憂慮起來，「貪官污吏橫行，欺壓百姓的事情屢見不鮮，你我生活宮中，真是無法想像。」說著，他對胤祥講起這次南巡黃河治水的各種見聞。

胤祥認真地聽著，不時對貪官污吏的惡行表示憤慨。兩人談論多時，胤祥才戀戀不捨離去。不想這件事讓康熙知道了，他責問胤祥：「你為什麼私自去見四阿哥？不知道這是觸犯律法的事嗎？」

胤祥回答：「四阿哥為人正直，誠實守信。去年，他為了教我學習算術，連著多日不曾休息。有一次，大哥讓四哥陪他去南苑打獵，可四哥推辭說：『我答應了教老十三學習算術，怎麼能言而無信？』當時大哥說他迂腐固執，我聽見了，還為他打抱不平呢。皇阿瑪，四哥這麼關愛我，現在他落難了，我不能見死不救。」

康熙說：「你倒是俠義心腸，也罷，看在你這份情誼上，就饒了你。以後可要記住，做事多考慮，不能意氣用事。」

就在朝臣和皇子為胤禛借糧一事各持己見，互不相讓的時候，一位關鍵人物出場了，他就是馬爾齊哈。馬爾齊哈官職微末，進京後找不到人為他呈遞萬民摺子。為此，他只好多方打聽，到處求人，最後見到了隆科多。隆科多見到萬民摺子，欣喜不已，當即表示想辦法呈遞萬歲。不久，摺子到了康熙手中，他看了摺子，親自召見馬爾齊哈，向他打聽胤禛借糧的前後經過，並將摺子交給眾臣觀看議論。最終，他做出一個令所有人都感到奇特的決定，這個決定對胤禛來說，是福是禍呢？

徵糧還糧

康熙決定：「俗話說『有借有還』。四阿哥借糧一事雖然事出有因，但是既然借了，就要想辦法還上。朕認為，只要他能夠還了清江糧道的糧食，這件事就既往不咎。」得知這個判決，胤禛哭笑不得，他想，足足一百萬斤糧食，我哪有能力還？這時，顧八代為他獻計：「所謂取之於民用之於民，借糧還糧都是為了百姓，為了國家。我想，老百姓們知道你遇到難題，肯定會積極捐糧相助，你不妨請旨下江南徵糧。這樣一來，既能還上糧道的糧食，還能巡察江南民情。」

胤禛覺得有理，果真請旨下江南。康熙深謀遠慮，早就料到他會這麼做，有意鍛鍊兒子做事的能力，欣然應允。就這樣，隔年胤禛開始了自己的江南之旅。這一去，發生了許多有意義的故事。

胤禛經淮安、揚州，渡長江，很快到達鎮江，前往金山江天寺進拜，並作詩一首：「宿暮金山寺，今方識化城。雨昏春嶂合，石激晚澌鳴。不辨江天色，惟聞鐘罄聲。因知羈旅境，觸境易生情。」隨行的小鐘用聽了，高興地說：「阿哥爺，您的佛性越來越深了，奴才還俗的日子快到了吧？」胤禛笑笑，沒有回答。

這天，他們乘船趕往蘇州，一路上，胤禛憑欄眺望，但見山清水秀，景色明媚，好一派江南水鄉美景。他自幼生長北國，從沒有見過這等景致，因此興致勃勃地觀賞著，還不時喚來小鐘用問這問那。小鐘用是江南人，回到故地，格外激動，他興奮地為胤禛講解著當地風土人情，兩人都很開心。不巧的是，船隻到達蘇州時，天上飄起絲絲細雨。小鐘用為胤禛撐著雨傘，失望地說：「可惜了，無法到虎丘一遊。」胤禛遙望虎丘，平靜地說：「茫茫吳越事，都付與東流。勝地美景，有時候是存在人的心裡，而不是看在眼裡。」

小鐘用似懂非懂，引領著胤禛到附近客店住宿。就在客店門口，他們看到一群人圍在那裡，小鐘用好奇地過去觀望，看見一個十幾歲的少年跪在地上哭，他的身邊有一張破席子。看了一會兒，他明白了，這個孩子的兄弟死了，無法安葬，所以他跪求路人施捨。小鐘用可憐他，正要取出錢兩資助他，卻見店內走出一人，趁人不備，悄悄走到破席子前，也不知用了什麼法術，就聽破席子裡一聲慘叫，一個十幾歲的少年突然竄出來，抱著腳跟大叫：「疼死我了，疼死我了。」

周圍人大驚，以為死人詐屍，紛紛後退。店人招呼一聲：「大家別怕，這兩個痞子天天在這裡裝死詐騙，我剛才用釘子扎了他的腳，怎麼樣，裝不下去了吧？哼，趕快滾蛋，不要妨礙我做生意！」

那兩個少年見事情洩露，只好收拾破席子離去。周圍人見此，無不唾棄謾罵。胤禛心裡卻是一動，他想，這兩個少年行此舉止，縱然不對，可是他們能夠想出這種計策，實屬罕見。

李衛（1666～1738），江蘇桐城人，雍正朝署刑部尚書，授直隸總督，同鄂爾泰、田文鏡均系雍正帝心腹。

我倒要會會他們，看他們有何說詞。」想到這裡，他吩咐小鐘用悄悄將兩個少年帶回來。經過一番交流，他得知兩個少年是兄弟倆，一個叫李保，一個叫李衛，桐城人，家境本來不錯，由於父親嗜賭，結果敗落了。為了生計，他們只好行此下策謀生。胤禛聽了，驚訝地說：「朝廷屢屢禁賭，怎麼還會有人嗜賭敗家呢？」

李衛是個機靈鬼，他瞅著胤禛說：「看公子模樣，定是達官貴人家的子弟，從小只知讀書習字，不知道世間齷齪。您看看這天下人眾，有了幾個閒錢，做了幾天小官，哪個不是又賭又嫖的？皇上遠在京城，怎麼禁得住這些事情？」

小鐘用制止他說：「你小小年紀，知道什麼世間道理？還敢污蔑朝廷和命官，真是不知好歹！」

李衛不服地說：「我說的都是真的，不信你四處走走瞧瞧，在這江南之地，有幾個當官的不賭？」

小鐘用說：「你再亂說，小心官府拿你。」

「拿我？」李衛自嘲，「拿我做什麼？陪他們賭錢。告訴你，我從小跟著父親學會了賭錢，手段高明，真賭起來，沒幾個人是我的對手。」

聽著他們爭吵，胤禛心裡越來越沉重，他知道，從明朝末期盛行一種叫「馬吊」的遊戲（即今天的痲將），人稱「亡國之戲」。順治入京後，鑒於明朝滅亡的教訓，在諸多方面整綱肅紀，同時也嚴禁賭博，到了康熙即位，更是把賭博做為大禁。有一段時間，查禁特別嚴厲，那些整天沉迷賭博的賭徒們躲在家裡不敢出屋，為此，京城內大街小巷之中的盜賊也日漸稀少了。各地來往京城的客商看到這種情況，非常滿意，他們經營越來越放心，再也不怕遇到偷盜搶劫之類的事情發生。此事深得人心，一度傳為佳話。當時胤禛年幼，不過也深為父皇的決策高興，可是如今來到江南，竟然看到賭風盛行，災禍蔓延，令他非常心寒。他思來想去，決定留下李衛，陪同他一路查禁賭博之風，肅清官場惡習。

第二節 禁賭

贏了小鬼

胤禎留下李衛兄弟，打算趁機查禁賭風。在李衛幫助下，他們很快了解到海寧縣令王顯是個賭徒，嗜賭成性。有一次，王顯病重，可他依然用手臂敲打床沿，不停地發出賭博時的呼喊聲。家人勸他：「你都病成這樣子了，怎麼還不忘賭呢？」王顯說：「我的幾個賭友站在床前，他們邀請我賭，我怎麼能拒絕呢？」他說完這幾句話，一口氣沒上來，昏迷過去。家人以為他死了，圍著哭喊。不一會兒，王顯又甦醒了，伸著手喊：「還我賭債！還我賭債！」家人忙問怎麼回事。王顯回答：「剛才我到了鬼門關，幾個小鬼攔住我賭錢。結果我贏了，可小鬼賴帳，不給我錢，還把我打出來了。」家人聽此，又氣又無奈。後來王顯病好了，他以為自己好賭才大難不死，因此常常得意地在人前吹噓：「我贏了小鬼，他們不敢索拿我去地府了。」

可想而知，在這位王縣令治理下，海寧縣城會是什麼風氣。賭徒遍地，以賭為生者大有人在，嚴重危害了當地人的生產生活。聽說這種情況後，胤禛氣憤難當，他決定親自懲治這位賭官。為了行事方便，他們化妝成普通商旅，來到官府求見縣令。縣衙前，一位農民正坐在地上哭泣，胤禛上前問：「你有什麼冤屈？為何在這裡哭泣？」

農人哽咽著說：「我是附近鄉里的人，前些年外出生意，賺了些錢。可是我那不孝的兒子不爭氣，迷上了賭博，很快就把家業輸光了。我看他無心悔過，就和他分家另過。沒想到，這個不孝子竟然把我的房子輸給了人家。我現在無家可歸，來到衙門告狀，卻被官差打出來了。縣老爺說：『賭博有什麼不好？我就愛賭，還贏了小鬼呢。要不是我會賭，恐怕早就死了。你們這些無知之徒，也該學學賭博，不要整日無事生非。』您說說，這還有天理人道嗎？這還讓人活嗎？」說著，他放聲大哭。

胤禛大怒，一邊拉起農人一邊說：「你不要傷心，這等無法無天的官吏早晚會被繩之以法。」然後，他和小鐘用、李衛徑直闖入縣衙。縣衙內，幾位衙役正在埋頭賭博，猛地看到進來幾個少年，呵斥道：「幹什麼的？幹什麼的？出去，出去。」小鐘用上前喝問：「青天白日，你們身為官差竟敢聚賭官衙，不怕被抓嗎？」

「哈哈，」衙役哄堂大笑，「我們就是抓人的，誰敢抓我們？看你們年紀輕輕，是不是也想學學啊？這個容易，只要磕頭拜師，我們不收學費。」

胤禛強忍怒火說：「去把你們大人喊來，我有事見他。」

一位衙役想都沒想就回答道：「老爺正在後堂賭錢，看見了嗎？剛才那位來告狀的老漢的兒子也在裡面呢。他家的房子被老爺贏來了，你說，老爺能還回去嗎？」另一位衙役有些警覺，起身打量胤禛等人一眼，問道：「你們是幹什麼的？找老爺有什麼事？」

李衛上前一步，嬉笑著說：「幾位大人，我們是路過的客商，在下久慕老爺大名，聽說他連小鬼都贏了，因此特來拜見，想與他一賭高低。」

那位衙役眼神一亮：「這麼說，你也是愛賭的。這就好辦了，你們不知道，我家老爺最喜歡與生意人賭錢，他說了，生意人有錢，賭起來過癮。你等著，我這就去為你通報。」

不一會兒，衙役出來傳話，讓胤禛等人後天前來一賭。李衛問：「為什麼要等到後天？」衙役不耐煩地說：「老爺的賭期已經排到後天了，你們就等著吧。」

胤禛心生一計：「既然如此，後天我派人來接大人

雍正皇帝《行書七言絕句扇面》，紙本，臺北故宮博物院藏。

到清風軒。」

清風軒是海寧縣最大的茶樓，臨河面水，景致不錯。衙役聽了，連忙點著頭說：「好主意，好主意，不愧是大商人，賭博都要有個好去處。」

後天一早，胤禛安排完畢，派李衛帶人去接王顯。王顯不知是計，以為果真來了送財的大商戶，高高興興地上轎前往。清風軒內，幾人見過後，王顯看到他們不過是幾個少年，心想，區區幾個毛孩子，涉世不深，還想與我賭，真是拿著雞蛋砸石頭——有來無回。好，我就讓你們見識見識我的厲害，叫你們血本無歸。想到這裡，他厚顏無恥地問：「幾位帶來了什麼賭資？」

胤禛來到窗前，指著樓下河邊一艘大船說：「瞧見了嗎？這是家父讓我運送到海關的一船寶物，我準備用它們做賭資。」

「寶物？」王顯滿臉貪婪神色，恨不能立即讓船隻歸為己有。他讓手下人下去查驗，果然看見裡面堆放著名貴綢緞、瓷器還有茶葉等，心花怒放，立即命人鋪開賭桌準備一賭。

胤禛一把攔住他，面帶寒氣地說：「大人別慌，剛才你驗看了我的賭資，我還沒有看到你的賭資呢？你說，你用什麼和我們賭？」

「這個……」王顯一貫欺壓百姓，與人賭博從來不帶賭資，贏了索要對方錢財，輸了賴帳不給，哪裡準備什麼賭資了。

看他支吾，胤禛冷笑一聲說：「大人不必害怕，我不會為難你。我愛好文墨，昨夜一時性起，寫了兩首詩詞，這樣吧，我們初次相識，開盤三局就以這兩首詩做賭，誰輸了，誰就在清風軒高聲唱誦50遍，然後正式開賭，大人就以此做賭資，你看如何？」

王顯大喜，忙不迭地說：「唱誦詩詞？好啊，有雅興。我賭了這麼多年，還沒遇到你這樣高雅的賭徒呢。想當年我十年寒窗苦讀，讀盡天下書，詩詞文章，樣樣在行，這才進京趕考取得功名。哎，不說了，不說了，反正讀詩頌詞都是我拿手的。」

胤禛不理睬他，朝著李衛使個眼色，一場別開生面的賭博拉開了帷幕。

智懲賭徒縣令

李衛和王顯左右相對，你來我往，開始賭博之戲。這個王顯賭習奇怪，他一般不會贏取前三局，他有他的道理，他認為「大贏不贏前三局」，前三局如果輕易取勝，接下來會容易輸。今天胤禛給出前三局的條件極其優惠，他想，反正前三局輸了也是唱誦詩詞，我讓給他又何妨？只要能贏得那一船寶物就夠了。在這種心理驅使下，他胡亂打了幾圈，輕易認輸了。胤禛和李衛暗暗高興，緊接著又來了兩局。結果，王顯接連輸了三局，不過，他依然滿面春風，主動地說：「後生可畏，我輸了，輸了。」

李衛嘿嘿笑道：「大人主動認輸，真是好涵養，請您唱誦詩詞吧。」

王顯接過詩詞，略一打量，未及開口，已是大驚失色。原來，這兩首詩一首叫《勸賭歌》，一首叫《十二月》，都是流傳當地的民謠。《勸賭歌》詞曰：「正月雪花紛紛揚，流浪漢子進賭場，賭起錢來全不顧，輸掉天地怨爹娘；二月杏花開滿牆，老婆勸賭情誼長，勸我相公莫再賭，做個安分守田郎；三月桃花正清明，姐妹勸賭淚淋淋，勸我哥哥莫要賭，勿負姐妹一片情……」這是一首勸人戒賭的歌謠。《十二月》則深刻地描繪了賭徒的嘴臉，其中唱道：「正月初來是新年，賭博野仔惹人嫌，誤卻青春和年少，一年挨過又一年。二月裡來是仲春，賭博野仔憂忡忡，衣裳夾襖都押當，米缸嘴向西北風……八月十五是中秋，賭博野仔大出醜，當面討債扒衣褲，當街挨罵不知羞……」兩首歌謠無不苦口婆心勸解那些執迷不悟的賭徒改邪歸正，真是引人深省。王顯拿著兩首民謠，哆嗦著雙手說：「你們……你們開什麼玩笑？本大人怎麼能誦唱這樣的歌謠？」

「哎，」李衛說，「我們不是說好了嗎？誰輸了誰誦讀。大人，你可不能反悔。要是你不唱，豈不是毀了你半世賭名？」

王顯氣得滿臉通紅，指著李衛說：「你膽子太大了，敢拿我開玩笑！哼，我這就叫衙役把你們綁了。」

李衛毫無懼色：「大人，這裡可是賭場，講究公平競爭，你要是動了衙役捕快，那你還算是名賭嗎？再說了，不就是兩首歌謠嗎？唱了又怎樣？你不唱也罷，我們就此別過，就算從沒有見過面，不過，那一船寶物你可不要想了。」說著，他當真吩咐幾個夥計下去開船，準備離去。

王顯心想，他們這一走，自己空擔個賴帳的惡名，還沒有撈到丁點好處，這哪是我王顯的賭徒本色。不行，我要留下他們繼續賭。哼，瞧你賭技平平，剛剛我不過有意相讓，等我讀完民謠，贏了你的一船寶物，就有你好瞧的了。想到這裡，他面露奸笑，攔住李衛惡狠狠地說：「小兄弟，不要著急，我唱，我唱。唱完了我們好賭那一船寶物。」

李衛哈哈一笑：「好，大人請吧。」

王顯氣急敗壞地站到窗邊，展開民謠，極不情願地誦唱起來。說來也怪，清風軒本來客人不多，可王顯這一誦唱《勸賭歌》和《十二月》，立刻聚攏來很多人。趕路的、做生意的、夥計、挑夫，還有趕集的婦人孩子，好奇地圍上來，不解地互相詢問：「老爺唱什麼呢？」「好像是戒賭歌。」「他不賭了，不怕叫小鬼抓去？」「哎，不對了，老爺怎麼唱起來沒完了？」「是啊，他都唱了好幾遍了。」「哪裡？他已經唱了十幾遍了。」

看到圍攏的人越來越多，聽著他們各種冷嘲熱諷的說詞，王顯又羞又氣，恨不能有個地洞鑽進去。這時，前幾天告狀的那位老漢匆匆趕來了，擠進人群衝著王顯喊道：「老爺，您不賭了？您不賭了就還給我房子吧。」

王顯惱羞成怒，真想喊人將老漢轟走。可看看身後的胤禛和李衛，他們坦然自若，正高興地與人們打招呼說笑呢。王顯心一橫，哼，不要高興得太早了，等一會兒讓你們欲哭無淚！

約莫一個時辰，王顯終於唱完了50遍《勸賭歌》和《十二月》，他一屁股坐在椅子上，端起水杯一飲而盡，怒沖沖地喊道：「來，接著賭。」

胤禛冷冷地看著他問：「大人唱了50遍戒賭歌，難道賭癮一點沒有減弱嗎？」

王顯一副猙獰面孔，瞅著胤禛和李衛說：「好小子，你們想矇騙本大人，告訴你，你現在必須賭！」

胤禛哼了一聲，示意李衛和他繼續賭。這一局，李衛很快輸了。王顯狂笑著帶人衝下清風軒，直撲河邊船隻。他頭一個跳上船，摩挲著雙手吩咐：「快，快將寶物運走。」話音剛落，卻見船裡突然湧出十幾個官兵，他們身穿盔甲，手握鋼刀，在小鐘用帶領下一字排開，一個個怒目圓睜，瞪視王顯。王顯嚇壞了，不知所措地呆立當場，吃吃地問：「你們……你們要幹什麼？」

「幹什麼？」胤禛緊隨其後登上船隻，朗朗說道，「王顯，你聚賭成性，危害一方，霸佔民宅，不知廉恥，像你這樣喪心病狂的賭官留之何用？」說完，他吩咐小鐘用將他拿下關押。至此，王顯和海寧縣所有衙役才知道，胤禛是奉命南下的皇子。

老百姓風聞胤禛拿了王顯，無不擊掌歡慶，他們湧上街頭，爭相目睹皇子風采。人群中，那位告狀的老漢握住胤禛的手說：「多謝阿哥爺啊，阿哥爺真是青天大老爺。」

胤禛說：「我有一首詩送給你，你回去後唸給你兒子聽。我想，他聽了這首詩，也許有所醒悟。」

老漢激動地連連點頭。胤禛高聲唸道：「貝者是人不是人，只因今貝起禍根。有朝一日分貝了，到頭成為貝戎人。」他的聲音響亮，不僅老漢聽到了，很多圍觀者也記住了，他們仔細思量著，卻猜不透其中深意。胤禛沒有說破謎底，微笑著登上船隻，帶著小鐘用、李衛等人走了。

第三節 吐飯求雨

退賄銀

胤禛懲治賭官王顯，打擊賭風惡習，成為大快人心的新聞事件。在海寧縣及附近，那些平日裡以賭為榮的賭徒收斂了許多，不少人開始醒悟，逐漸擺脫了賭習。那位告狀老漢回鄉後，聯繫本族成員，在村口豎立一塊「永禁賭博」的石碑，告誡人們不要沾染賭博惡習。後來，他找到兒子，告訴他皇子留詩相勸的事。兒子聽了，仔細琢磨，終於明白了其中深意，跪在地上痛哭流涕地說：「『貝』『者』是賭字，『今』『貝』是貪字，『分』『貝』是貧字，『貝』『戎』是賊字。皇子告誡我，不要貪婪嗜賭，否則將成為賊啊。」從此，他戒掉賭習，並大力傳唱《勸賭歌》和《十二月》，規勸那些嗜賭成性的賭徒。

這次禁賭事件，讓胤禛看到了官場賭博的陋習，以及賭博帶給人們的危害和禁賭的難度。多年後，他做了皇帝，更是嚴加糾禁賭風。他增加律條，規定官吏賭博不僅要革職，還不准花

錢贖罪，永世不得再行錄用。在他大力查禁之下，當時從事賭博業和賭具製造業的人們都改行做別的生意了。

再說現在，胤禛在海寧禁賭之後，繼續南下湖廣一帶。這一天，他到達了湖廣督撫衙門。這位督撫以軍功受封，是個武官，可他偏偏喜歡賣弄自己的文采，經常在人前人後炫耀自己的書法。地方官員不敢得罪他，都奉承說：「督撫大人書法獨步海內，既有名家大師的傳統又有獨到的創新，真是不可多見啊。」督撫聽了，洋洋自得。胤禛到來後，督撫覺得他身分貴重，有意請他點評，這天邀請了不少名流來到府衙，品茶論書，倒也頗有情趣。不一會兒，督撫命人拿出自己最為得意的書法作品，請胤禛點評。胤禛早就聽說過這位督撫的事情，於是煞有介事地看著他的作品，對在座各位說道：「督撫大人的書法果真奇特，你們看，這一筆取自顏體，很有風範；這一筆取自柳體，很有神髓；而這一筆取自歐體……」督撫聽著，一開始以為胤禛誇獎自己，高興得眉飛色舞。可是看到周圍人無不竊竊嬉笑，他這才回過味來，胤禛這是在罵自己的字是四不像啊！

這件事讓督撫丟了顏面，可他又不敢得罪胤禛，非常生氣。他的一位門人向他獻計說：「聽說皇子這次南巡，是奉密旨行事，一路上他查了不少官吏。大人聽說過海寧縣令的事嗎？當眾唱《勸賭歌》啊，多麼丟人現眼！所以以小人之見，大人應該好好招待這位皇子，不要惹出事端。」

督撫久歷官場，自然明白「好好招待」的含義，很快準備了豐厚的錢財，和一些名貴物品，夜裡親自來拜見胤禎。胤禎正在屋內讀書，聽說督撫求見，知道其中必有緣故，他在小鐘用耳邊叮嚀幾句，小鐘用立即來到前門，大聲問：「督撫大人，你深夜叩門求見，有什麼要緊事嗎？」

督撫忙回道：「在下給阿哥爺送來些零用物品，請笑納。」

「是這事呀，」小鐘用說，「督撫大人費心了。阿哥爺說了，這裡的用品一應俱全，他不需要其他東西了，你帶回去吧。」

督撫忙說：「東西都準備好了，帶回去豈不浪費了？還請阿哥爺留下。」

英姿勃發，富有雄才的皇子胤禎。

小鐘用說：「那就留下吧。」說完轉身就走。

督撫忙喊住他說：「在下還有其他事情與阿哥爺商量，請你通報一聲。」

小鐘用笑著說：「阿哥爺說了，如果督撫大人為公事而來，那麼可以白天在公堂上說，不必夜裡鬼鬼祟祟的，倒像是有什麼見不得人的事。如果大人為私事而來，對不起，阿哥爺奉命辦差，不能與地方官員私下交往。」

督撫沒想到胤禛做事如此決絕，一肚子火，悻悻回到府邸。那位獻計的門人還等著他的好消息呢，剛要上前詢問，就被督撫摑了一個耳光，罵道：「都是你出的餿主意，害得我丟盡顏面！」

門人捂著腮幫子，委屈地說：「大人不必氣惱。您想，既然他收下了東西，說明他已經為大人收買了。他不肯見大人，不過遮人耳目罷了。」

督撫想想，覺得有道理，思忖著說：「這麼說，這位皇子心計了得，竟然懂得瞞天過海之術？」

一夜無話。第二天，督撫召集屬下官員集會府衙，商量抗旱之事。最近一段日子，此地乾旱無雨，莊稼受到嚴重影響，旱情再不緩解，豐收將要無望。官員們剛剛聚齊，胤禛走來了，他的身後兩個人抬著一個大箱子。督撫見了，好奇地問：「阿哥爺，您這是……」

胤禛說：「大人，昨夜承蒙關照，送去了這麼多物品。可是我區區一人，哪裡用得了這麼多東西，所以，我讓人給你送回來了。我們明人不做暗事，為了以防萬一，請你打開箱子驗看驗看，有沒有缺少什麼？」說著，他命人當眾打開木箱。

督撫嚇壞了，有心阻攔，可哪裡攔得住。木箱一打開，就見珠寶玉器，翡翠綢緞，應有盡有，目不暇給。在場人眾看了，無不瞠目結舌。胤禛故意大驚：「哎呀，督撫大人，這就是你的日常用品嗎？我從小生活宮中，也沒有見過這麼奢侈的生活品呀，湖廣一帶的生活水準竟然如此之高，真是想不到啊。我想我回去奏報萬歲，他一定為你們高興。」

督撫難堪至極，臉色一會兒紫一會兒青，一句話也說不上來。

吐飯求雨

胤禛當眾退還督撫行賄的財物，給在場官吏一個下馬威。他們一個個擦拭著額頭汗珠，心裡七上八下，不知道這位少年皇子還會做出什麼事來。胤禛卻有自己的想法，自從他來到湖廣，發現旱情嚴重，為此，他參與了好幾次抗旱會議。讓他大失所望的是，每次開會，這些官吏只說一些無關痛癢的話，根本不想辦法解決問題。他很焦急，有心督促督撫積極抗旱，又沒有良策，昨夜他上門行賄，恰恰給了胤禛機會。胤禛指著一箱子寶物說：「我看旱情嚴重，督撫大人既然不用這些東西了，就變賣錢財，用來抗旱救災吧。」

督撫心疼得直打哆嗦，卻不敢說半個不字，只好含糊答應。胤禛趁機催促在場其他官吏，提議他們也捐錢救災。可是，官吏們貪污慣了，根本不把老百姓放在心上，面對胤禛的提議，一個個表面上答應了，等到回到各自衙門，根本不去兌現。

胤禛滿心以為自己懲治督撫，威嚇了諸官吏，沒想到他們無恥至此。這天，他帶著小鐘用和李衛到田間地頭明察暗訪，看到一片片莊稼枯萎倒地，老百姓有的拖兒帶女離家討飯，有的艱難地肩挑手提著水搶救莊稼，十分可憐。他心裡難過，拉住一個農人問道：「官府不是撥下錢糧救災了嗎？」

農人有氣無力地回答：「哪有什麼錢糧？撥下的錢糧還不夠當官的貪污呢！哪有我們老百姓的份？」

胤禛明白了，官吏們不但沒有拿出錢財抗旱，反而貪污了朝廷撥下的救災物資。他氣憤填膺：「這幫貪官污吏，我不信制服不了你們。」說著，帶著小鐘用和李衛回到住處，他們又想到了一個好辦法。

下午，恰逢府衙又一次召開抗旱會議。會上，胤禛平靜地說：「歷來抗旱都是農業最頭疼的事，俗話說，『人鬥不過天』，所以每到乾旱季節，人們都會施法求雨，我看，我們也祈求老天爺幫忙吧。」

督撫滿臉堆笑：「阿哥爺說得有道理，有道理。以往我經常帶領屬下求雨，這次阿哥爺來了，請您多多指教。」

胤禛說：「指教談不上，不過我倒有個想法。乾旱危害嚴重，老百姓們非常渴望官府能為他們出點力，這次求雨，我們就大張旗鼓地進行。貼出告示，規定日期地點，曉諭百姓，為了感動上蒼，以示虔誠，全城百姓、官員一律先齋戒7天。」

「好主意，好主意！」胤禛話音未落，所有官員異口同聲附和。

胤禛笑著說：「諸位大人以民為重，甘願齋戒7天，我相信上天有知，肯定不會辜負你們一片愛民之心。」

事情就這樣說妥了，7天後，求雨的日子來到了。這天下午，督撫大人帶著諸位下屬浩浩蕩蕩奔赴郊外祭壇，舉行隆重的求雨儀式。城內外老百姓聽說官府為了求雨，官員們整整齋戒7天，都覺得是個新奇事，因此很多人不顧炎熱，紛紛圍攏來觀看這場聲勢浩大的求雨活動。

胤禛和小鐘用、李衛早已來到現場。小鐘用在胤禛推薦下負責這次求雨活動的主持工作，他看見眾官員到了，安排他們坐於壇前，說道：「諸位大人，心誠則靈，為了感動上蒼，救助我方百姓，我宣布，大家必須坐在烈日下，不能撐傘遮涼。」諸官員養尊處優慣了，聽了這話不免有些皺眉，可是看到皇子帶頭坐到烈日下，一個個不敢言語，默默坐下不語。

烈日炎炎，坐在祭壇前，好比上了蒸籠一般，不一會兒，每個人的臉上都流下汗水。胤禛小時候中過暑，特別怕熱，可他堅持坐著，一動不動。小鐘用清楚胤禛的情況，著急地來回踱步，有心上前為他遮擋驕陽，想到計畫未果，還是忍下了。

很快，有些官員堅持不住了，他們左顧右盼，渴望有人送上茶水解渴。小鐘用好像明白他們的心思，吩咐幾個跟班的抬來一口大茶缸，喊道：「諸位大人辛苦了，請喝茶解暑。」

官員們已經曬得口乾舌燥，恨不能跳進涼水裡泡一泡，看到送上茶水，哪裡還顧忌其他，像惡狼看見了羊群一樣，撲過去一頓狂飲。飲茶完畢，他們長長地喘口氣，磨蹭著不肯坐回祭壇。這時，胤禛慢慢起身來到茶缸前，也倒了一杯喝下去。小鐘用看著他喝茶，似乎有些不情願，又是搖頭又是擺手，可是胤禛並不理他。

督撫見小鐘用舉止怪異，剛想上前詢問怎麼回事，卻忽然覺得胃裡一陣翻騰，他無法忍受，趕緊跑到一棵樹下大吐不止。就在他翻江倒海般嘔吐的時候，其他官員也像著了魔法一樣，一個個狂吐起來。頓時，求雨場地變成了嘔吐之所，周圍眾人見此，無不掩鼻躲避。督撫見此，一邊嘔吐一邊吩咐下人趕緊掩埋。胤禛卻擺擺手制止他，並說：「我們向老天求雨，就讓老天看一看諸位的誠心。」原來，他早就料到諸官員不會謹遵齋戒之命，有意派小鐘用在茶水中加入了催吐藥物，目的就是借此機會懲治他們。

待到眾人嘔吐完畢，胤禛與他們一一驗看所吐之物。結果除了他吐出的是糙米飯和青菜外，其他官員吐出的都是雞鴨魚肉等葷腥之物。看罷，胤禛勃然大怒，聲色俱厲地說：「求雨是為民請命，想不到你們視同兒戲，不肯遵守齋戒之約，膽敢侮慢上天，怪不得老天不肯下雨。你們觸怒上天，荼毒百姓，這樣的大罪不治，天理難容！」

此時，前來觀看求雨的百姓聽說官員們沒有認真齋戒，吐出的全是雞鴨魚肉等葷腥，頓時一片譁然，他們叫嚷著：「貪官不除，老天不容！」要求胤禛懲治他們。

督撫等官員這才明白，胤禛「求雨」別有用心，他們趕緊地磕頭認錯，表示願意全力抗旱救災，捐出個人錢財，將功補過。至此，胤禛終於懲治了這幫貪官，有效地督促了這次抗旱工作。

第四節 雙魚救主

雙魚相救

轉眼間，秋收時節來臨了，胤禛下江南已有兩個多月，這日，他們正在前往兩江的路上，河南總督忽然派人前來送信，請他回開封徵糧。原來，經過去年全面治水，今年汛期來臨時，當地沒有造成損失，莊稼大獲豐收。百姓們感激朝廷治水有功，聽說皇子待罪徵糧，主動要求捐獻軍糧，以解皇子之難。

胤禛聽了，十分感動地說：「只要誠心為老百姓做事，老百姓就會擁護你，這個道理一點也不假啊。」

李衛笑嘻嘻地說：「您愛民如子，一心為了百姓做事，天底下當官的要都像您，那就好了。」

小鐘用一副不以為然的神情：「阿哥爺是主子，將來要治理國家，那些當官的怎麼能與他

相比？你呀，一看就沒多大出息。」

李衛急了：「我沒出息？將來我做了官，一定像阿哥爺一樣，專門為老百姓做事，做個大清官。哼，我可不像你，整天在宮裡才沒出息。」

「你……」小鐘用聽到他揭自己的短，氣不打一處來，追著就要打他。李衛眼疾手快，閃身躲開，朝著他做鬼臉。

胤禛一面看著他倆嬉鬧，一面皺著眉頭想事情，一時間沒有想好要不要回開封。第二天，小鐘用和李衛催問何日啟程去開封，胤禛卻說：「開封歷年遭受水災，今年好不容易豐收了，老百姓剛剛要過幾天好日子，我們又去徵糧，這樣不妥。」

小鐘用說：「他們主動交糧，有什麼不妥的？要是不去開封，我們到哪裡徵糧？」

胤禛說：「臨行前萬歲有旨意，今年應該到兩江徵糧。我們一路行來，兩江地區風調雨順，百姓豐實，徵集軍糧應該不成問題。」

李衛撇撇嘴：「哎，放著嘴邊的肥肉不吃，偏要去啃硬骨頭。」

小鐘用也抱怨道：「要是在兩江能夠徵糧，我們還跑到湖廣幹什麼？留在海寧不就成了？」

胤禛看看他們兩人，沒說什麼，帶領他們繼續趕往兩江。小鐘用和李衛有所不知，胤禛之所以趕往湖廣，一是為了體察民情，一是為了交付太子的一船寶物。當日在海寧，他與王顯賭鬥的寶物是太子胤礽讓他運往廣東商行的。當時，西洋和南洋前來中國貿易的船隻商人很多，他們透過各種管道結識顯貴。胤礽不知怎麼與他們相識，認為與外商貿是斂財的好手段，因此頗為熱衷。

他們水陸並進，很快來到兩江總督衙門。督撫盛情招待他們，聽說了徵糧一事後，滿口應承著說：「朝廷指派，我一定全力完成。」

胤禛依然有些不放心地問：「有什麼困難嗎？」

督撫說：「阿哥爺，您上次經過此地，查禁賭風，老百姓非常擁護。他們聽說你來徵糧，無不踴躍捐糧啊。您說，老百姓的工作您都做通了，還有什麼困難？」

一百萬斤糧食很快徵齊，交由胤禛親自押往清江糧道。臨行前，兩江總督交給胤禛幾箱子貨物，對他說：「這是太子爺命奴才採辦的，他派人送信，煩您捎回京去。」

胤禛知道胤礽常常向下屬官員索取財物，如今竟然明目張膽地讓自己捎運物資，心裡很反感，拒絕說：「我奉命徵糧運糧，責任重大，不敢耽誤太子大事，還是您派人押送吧。」說完，他押送軍糧啟程了。

一行人通過水運運送糧食，這天夜裡來到江寧（今南京）采石磯附近。隨行官員向胤禛稟報說：「這裡是處險灘，常常發生事故。」

話剛說完，另一位官員慌張跑來：「不好了，不好了，最前面的船隻漏水了。」

胤禛大驚，隨著他們來到漏水船隻查看，果見底艙不斷湧上水來，船隻正在慢慢下沉。在場人慌亂一團，有的說趕緊下水堵住漏洞，有的說趕緊運走船上的糧食，還有的搓著雙手一一否定他們的提議：「天黑水深，怎麼堵住漏洞？再說了，船上裝著十萬斤糧食呢，多長時間才能運完？」危急時刻，胤禛反而相當鎮靜，他步出船艙，來到甲板上，望著皎潔夜空忽然跪倒在地，禱告說：「老天在上，我胤禛奉命徵糧運糧，如果船中有一粒糧食是非法而來，我情願葬身魚腹，換取船隻安全。」

說也奇怪，他剛剛禱告完畢，船艙就不漏了。小鐘用和李衛驚喜地喊道：「船不漏了，不漏了。」其他人見此，都覺得很神奇，紛紛跪倒在胤禛身邊，共同祈求上蒼護佑。

第二天，船隻到了碼頭，胤禛吩咐小鐘用說：「昨夜上天護佑我們，躲過一劫，為了行船安全，你帶人去檢查檢查那隻船。」

小鐘用帶著人檢查昨夜漏水船隻，發現船底在礁石上撞出一個洞。幸運的是，有兩條大魚被水草纏住，牠們裹在一起，恰好堵住了漏洞。胤禛聞聽，慨嘆不已，他命人取出兩條大魚，好好安葬。此後，這個地方就叫雙魚灘。

補衣服風波

過了雙魚灘，胤禛幾經努力，終於來到清江交還了一百萬斤軍糧。完成重任，他立刻回京復命。康熙聽說他一路所為，很高興地誇獎他：「遇事果斷，辦事能幹。」太子胤礽聽說他回來了，也忙不迭地見他，詢問交待他辦理的事情。

胤禛一一做了回答，開誠佈公地對胤礽說：「兩江總督弄了好幾箱子東西送你，我覺得這件事太張揚了，傳出去不好，所以沒有給你捎回來。」

胤礽有些生氣：「這有什麼不好？你不當家不知柴米貴，我堂堂一個太子，需要打理的事情太多了。就憑固定的收入，根本入不敷出，你知道嗎？我辛辛苦苦弄錢為了什麼？就是為了維持我太子的形象！」

胤禛不解地說：「您本來就是太子，還需要什麼維持？依我看，您這樣做反而有害於您太子的形象。」

胤礽焦急地吼著：「你懂什麼！我做了20年太子，難道還不知道如何保持自己良好的形象嗎？我身邊有很多人，他們為我出力做事，我得想辦法養著他們啊。」說到這裡，他突然意識到自己說的太多了，慌忙停住話頭，沒好氣地離去了。

胤禛望著胤礽離去的身影，心裡沉沉的，他覺得太子心事重重，卻一點心思都不放在國家

大事上，他似乎忽然明白了太子焦慮的原因，這就是他特別擔心自己的地位受到衝擊。這一想法讓他心驚膽戰，在他過去18年的歲月裡，他一直敬重太子，視他為未來君主的法定接班人，從沒想到會產生這樣不忠的想法。既然想到了，他決定好好跟太子談談，幫他消除心中顧慮。

這天黃昏，胤禛悄悄來到東宮，打算與胤礽細談。剛走到宮門外，就聽太子胤礽在裡面大吵大鬧，好像發生了什麼大事。他站在門外，躊躇著不知是進是退，猛然聽到一聲脆響，緊接著胤礽衝出宮門，手裡還拿著一件衣服。胤禛連忙上前施禮問安。胤礽看到他，哼了一聲問道：「幹嘛呢？鬼鬼祟祟的。」

胤禛回答：「臣弟不敢，臣弟只是想來看望太子，別無他事。」

胤礽怒火未消：「你還好意思來看我，瞧瞧，這都是你幹的好事，說好了讓你從兩江捎回那些東西，你偏偏自作主張。你看見了，我這件湖縐布料的衣服破了一個洞，就等著用那些東西補呢。你說你，你不運回來我拿什麼補？」

胤禛盯著胤礽手裡的衣服，驚奇地問道：「臣弟愚鈍，不知道太子如此節儉，衣服破了還要補。」在他心目中，胤礽崇尚奢華，講究吃穿，怎麼會突然想起補衣服呢？

胤礽擺擺手：「不要說好聽的了。最近皇阿瑪特別提倡節儉，前幾天禮部尚書穿了件舊朝服，皇阿瑪竟然誇了他好幾次。我這件衣服是皇阿瑪賞賜的，我剛穿了兩次就劃破了，我要是不穿了，皇阿瑪肯定怪我浪費奢侈。」

原來如此，胤禛安慰胤礽：「內務府什麼布料沒有，您何苦要等兩江運來的？」

胤礽說：「剛才我就是為這事訓斥他們呢。他們找遍內務府，竟然找不到適合這件衣服的布料。為我裁剪服裝的宮人說了，我這件衣服是用有花的湖縐布料做的，要找到花頭正好合適的一塊布料才能補好。」

胤禛明白太子發怒的原因了，想到自己前來的目的，試探著說：「臣弟以為，縫補衣服是為了節儉，現在您這件衣服破了，興師動眾從江南運送布料，這樣做不但達不到節儉的目的，恐怕還會造成很大的浪費。」

胤礽沒好氣地說：「怎麼，你想教訓我？告訴你，我的目的是讓皇阿瑪和天下人知道我勤儉，而不是節約錢財！」

胤禛忍不住頂撞道：「您為了個人名聲，勞民傷財，這樣做實在不妥！再說了，皇阿瑪英明聖斷，要是知道您做了這樣的事，不只是怪罪你，恐怕還要訓斥你。」聯想太子所為，他內心憂憂，真想與他深入地交流一番。

胤礽哪裡聽得進去他的勸告，高喊低叫地訓斥他一通，兀自回宮去了。望著太子的背影，胤禛心裡忽然湧動著難過的情緒，不知道究竟為了什麼。

過了些日子，胤禛見到太子。太子胤礽對他誇耀道：「老四，那批布料運到了，正巧裡面有我用的布料，你瞧，我的衣服縫補好了。」

胤禛看著太子補過的華衣，禁不住問：「太子，補這件衣服用了多少銀子？」

「不少，」胤礽回答，「聽說用了三百兩銀子。我覺得奇怪，做一件新衣服還用不了幾十兩銀子，怎麼補個洞反而這麼貴？我擔心奴才們貪污錢財，緊接著追問，才知道他們為了找到花頭正合適的一塊布料，竟然剪了上百匹布。」

「啊，」胤禛吃驚地叫道，「上百匹布？不知道能做多少件新衣服呢！」

「嘿嘿，」胤礽神祕地一笑，「這個就不用管了。」

胤禛不再說什麼，內心裡悵然。然而，沒容他過分顧慮此事，更大的事情又在等著他了。

胤禛參與征討噶爾丹之戰，掌管正紅旗大營。他辦事認真，提前深入軍營了解情況，做好了充分準備。在議論是否進攻噶爾丹時，他得到師傅顧八代提醒，獻出虛張聲勢之計，嚇退了噶爾丹。

昭莫多大捷後，胤禛奉命犒勞三軍，他不顧私情，嚴厲處罰犯錯的將士，引起他們不滿，也導致自己封爵受礙。

受封貝勒，胤禛搬出皇宮，令立府邸，依然勤奮讀書，崇尚節儉，被兄弟戲稱「守財阿哥」。他不為所動，依然故我，結交了不少志同道合的朋友，同時，在跟隨父親北祭南巡過程中，進一步磨礪自我，渴求進步。

第十一章

出征噶爾丹　四貝勒辦差議事

第一節　帶兵出征

正紅旗大營

1695年，康熙34年5月，在烏蘭布通一戰中敗退的噶爾丹，經過5年修整，東山再起，起兵兩萬進至巴彥烏蘭，再次虎視大清天下。噶爾丹本是準噶爾汗國的王子，他的父親於1640年創建準噶爾國，傳位長子僧格。僧格去世後，汗位應該由嫡系長子即策旺阿拉布坦即位。可是策旺阿拉布坦兄弟年幼，無法統轄國家，不少野心家趁機作亂，瓜分準噶爾國。此時，噶爾丹正在西藏學習佛學，聞聽消息返回國內，經過多次征戰，終於平息內亂，統一了國家，並於1679年自稱博碩克圖汗。然而，這時的策旺阿拉布坦已經長大成人，英武決斷，按照傳統，他應該繼承汗位。所以，為了穩固地位，噶爾丹稱汗之初就準備殺死他。策旺阿拉布坦聽說後逃走。噶爾丹親帥二千名精兵追趕，雙方在烏蘭烏蘇（今新疆沙灣縣東）交戰，沒想到噶爾丹慘敗。從此，策旺阿拉布坦招降納叛，積聚實力，開始了取代噶爾丹的行動計畫。1688年，噶爾丹出兵喀爾喀時，策旺阿拉布坦趁機反攻伊犁，擴大地盤，站穩了腳跟。1690年，噶爾丹在烏蘭布通戰敗時，已經無法返回伊犁，進退失據，只好留在科布多地區。如今，他歸路已斷，只有東進才能壯大自己的勢力，也才有可能重振昔日雄風。因此，他明知失去了整個準噶爾國的支持和戰略的縱深，還是硬著頭皮向大清開戰。

再說清廷上下，聞聽噶爾丹又來了，人人憤慨，個個爭先，積極支持討伐噶爾丹。鑒於前次征討噶爾丹，福全和胤禔主副將軍不和造成重大失誤，以致於康熙親征途中得病，不得不匆匆班師回朝的教訓，這一次，康熙傳旨御駕親征。幾年來，胤禛習文不忘修武，騎射之術大有長進，還跟隨伯父福全學習火器，多次隨父檢閱京營駐軍，對軍事並不陌生。他聽說康熙親征噶爾丹，第一個踴躍報名，要求隨父親征。康熙看著兒子們一天天長大成人，心裡的憂慮加重，特別是看到胤禔和胤礽矛盾深重，他常常感到不安，同時，胤礽的表現也讓他越來越不放心。這些事情就像一塊石頭，沉甸甸地壓在他的心頭。然而，做為一代英主明君，他絲毫沒有洩露自己的真實想法，而是努力栽培太子，希望他按照自己的要求成長、繼位。如今，他看到胤禛報名參戰，欣喜地說：「朕早就有這個想法了。你們兄弟都長大了，該為皇阿瑪分憂解愁，為國家朝廷效力了。」其實，他早就根據形勢做好了打算，這就是安排皇子們隨軍參戰，一來考察鍛鍊他們的軍事能力，二來提高他們的地位和影響力，牽制太子和大阿哥的勢力。

經過朝臣商議，康熙最終決定由胤禛掌管正紅旗大營，胤祺、胤祐、胤禩分別掌管鑲黃旗、正黃旗和鑲紅旗大營。胤禩不足16歲就掌管一旗兵馬，可見康熙對他非常看重。清軍以八旗為主，形成八旗制度。這一制度由努爾哈赤在女真人牛錄制基礎上建立而成，是清代兵民合一的社會組織制度。最初只有四旗，分別是正黃旗、正藍旗、正白旗和正紅旗。後來又增設四旗，分別為鑲黃旗、鑲藍旗、鑲紅旗和鑲白旗。共有八旗。八旗制規定，三百人為一牛錄，五牛錄為一甲喇，五甲喇為一固山（固山即旗）。滿族人按八旗制分隸各旗，平時生產，戰時從征。清朝統一，太宗皇太極為加強對旗人的束縛，增強了八旗制的軍事職能，並為擴大軍事實力和籠絡人心，又建立了漢軍八旗和蒙古八旗。八旗設有軍營、前鋒營、驍騎營、健銳營和步軍營等常規伍，還有相禮營、虎槍營、火器營和神機營等特殊營伍，演習摔角、射箭、刺虎和操練檢槍等。其中火器營設立於康熙31年，烏蘭布通之戰後，這是由於火器在戰爭中的地位越來越凸顯。八旗兵分為京營和駐防兩類。京營是守衛京師的八旗軍的總稱，由朗衛和兵衛組成。侍衛皇室的人，稱朗衛，且必須是出身鑲黃、正黃和正白上三旗的旗人，如紫禁城內午門、東西華門、神武門等由上三旗守衛。駐防是指駐防全國各要地的八旗兵馬。

以十三副鎧甲起兵而震驚世界的清太祖努爾哈赤。

胤禛受命後，立即前往正紅旗營中視察。他在顧八代陪同下來到營地前，不想被阻門外，守門的士卒攔住他索要通行證件。顧八代解釋說：「這是四阿哥爺，他奉命掌管正紅旗，特來視察。」士卒很固執，堅持說：「都統有命，任何人沒有證件不能入內。」都統即旗主，當時正紅旗都統名叫齊世。顧八代與齊世相識，他說：「你去通報一聲，讓齊世前來迎接阿哥爺。」守門士卒回絕道：「我奉命守門，不負責通報消息。」

顧八代一向脾氣和藹，這下子有些火了，指著士卒說：「你不認識我，還不認識阿哥爺這身裝束嗎？我看你懶得皮疼，真是欠打。」

胤禛卻笑了，制止顧八代說：「顧師傅，你怎麼也急了？你我前來視察，本就有些唐突，守門士卒不讓進去，也是遵守軍紀，何必與他計較？」

說話間，早有好事者跑進去報告了齊世。齊世沒想到胤禛這麼快來到大營，慌忙走出觀看，果然是皇子親臨，連忙緊走幾步施禮相迎，並訓斥守門士卒不懂規矩。胤禛故意說：「都統大人，這我就不明白了，守門的軍士哪裡不懂規矩了？難道他隨便放人進出營地就是懂規矩？」一句話把齊世說的臉紅了，他不好意思地說：「我擔心四爺受了委屈——」

胤禛說：「我來到這裡是為了帶兵參戰，不是為了享受，所以我看到你管理的軍隊軍紀嚴明，士氣高昂，就很高興了，哪裡談得到委屈二字？」

齊世忙不迭地點頭答應，心裡想，人人都說四阿哥做事認真，性情剛直，看來果不其然。

他一邊琢磨著，一邊帶領胤禛到各營中查看情況。每到一處，胤禛都仔細地詢問軍士們操練情況，並親自驗看他們的武器，還不忘鼓舞軍心鬥志。他特別關注火器營，在那裡一待就是一天，又是查看火器，又是指導軍士們打槍用炮。不僅如此，他知道顧八代久歷戰場，富有作戰經驗，還安排他留駐營中，多方參謀、策劃，為出征做準備工作。

油衣備戰

2月，春節剛過，康熙傳旨軍隊出發。這一天，就聽紫禁城內門外淨鞭四聲開道，繼而午門鐘聲響起，康熙戎裝佩刀，威風八面，帶領皇子走出宮門。玉帶橋上，嗚角吹號，在雄壯的軍號聲中，禮部官員恭導康熙來到拜天圓殿，諸王大臣、侍衛等依次序立，君臣先後行三跪九叩祭天大禮。然後，禮部官員再恭導康熙拜旗纛之神，君臣仍行三跪九叩大禮。在叩拜的人群中，胤禛身著鎧甲，腰掛佩刀，畢恭畢敬地跟隨父皇參與祭天祭旗禮儀。

禮儀完畢，太子胤礽跪而奉酒，預祝大軍凱旋。康熙接過酒杯的剎那，眼前浮現6年前自己在征途病重，急召太子相見，太子毫無憂戚之色的情景，他略一遲疑，將杯中酒一飲而盡，而後把監國印信授予太子。隨後，康熙率軍出德勝門，踏上親征之途。隨征官兵俯伏在馬背上，等到聖駕一過，他們各整隊伍，相隨進發而去。

這次出征，兵分三路，中路由康熙親帥，東路由薩布素率領，西路由名將費揚古率領。康熙不僅御駕親征，還在兵力上做了很大調整，他調用了西北綠旗兵和藤牌兵參戰，衝擊了戰鬥力不強的滿蒙騎兵，給整個隊伍帶來了生機。另外，他啟用了一代名將費揚古，解除了福全和胤禔的軍權。費揚古是順治寵妃董鄂氏的弟弟，有人將其比做漢朝衛夫人之弟衛青，可見他的軍事才能之卓越。東路主帥薩布素是黑龍江將軍，他集合東北士兵組成東路軍。這樣，清軍從寧夏、歸化城（今呼和浩特）、額爾古納河三個方向保衛喀爾喀蒙古，威脅噶爾丹。

雍正皇帝戎裝像。

康熙率領中路軍出歸化城，直向巴彥烏蘭挺進。這一天，軍隊正在茫茫荒漠與隔壁交錯的地帶逶迤前行，天色忽然暗下來，康熙騎在馬上，抬頭仰望天空，不解地自語：「剛剛進入春天，正是乾旱少雨的季節，怎麼會陰天？」隨行的大學士尹泰聽了，也皺著眉頭說：「是啊，西北多荒漠，一年到頭很少下雨，這天怎麼反常地如此陰暗？」這時，李德全從行李中找出一件油衣，跑到康熙身邊小心地說：「萬歲爺，這天像要下雨，奴才給您準備了油衣。」油衣相當於今天的雨衣，防雨工具之一。

康熙看著李德全手裡的油衣，心裡一緊。烏蘭布通戰役之後，清軍總結經驗，製造了便於遠途奔襲的子母炮，並透過屬國朝鮮向洋商訂購了大批火槍，這些槍炮是這次出征的重要武器。受當時技術所限，製造的槍炮特別怕水，遇到下雨天氣防潮就是一件大事。也許出征前過於自信，康熙竟然沒有想到下雨一事，眼看著天氣有變，著實吃了一驚。就在這時，雨點劈里啪啦落了下來，李德全慌忙將油衣披到康熙身上，還招呼他人說：「快，準備帳篷，讓萬歲爺避雨。」

康熙一把扯下身上的油衣，著急地說：「不要管我，快去看看火器。」

尹泰等人聽到這話，東奔西跑地慌亂一團。雨水無情，下得越來越大，不少生於此地的官兵驚訝地說：「多年不下這麼大的雨了，真是奇怪啊。」

康熙有些失望，心想，老天阻我前行，難道不讓我剿滅噶爾丹？他焦慮地策馬奔向火器營，卻見胤禛策馬奔來，隨手披到康熙身上一件油衣，大聲說：「皇阿瑪，我已經命軍士搭了帳篷，您快去避雨，不要淋壞了身子。」

康熙忙問：「火器怎麼樣了？」

「放心吧，」胤禛回答，「我已經命令軍士們保護好了。」

康熙追問：「用什麼保護的？」

胤禛回答：「油布。前幾天我去營中巡察，特別在火器營觀察了幾天。聽顧八代說起以前平三藩時，多遇到陰雨天氣，就讓軍士們準備了防雨用具。」

康熙長長地鬆了口氣，笑著說：「虧你細心。」說著，跟隨胤禛前去他的營地休息。在這裡，他看到軍士們每四、五個人頂著一塊油布，正輕鬆自如地說笑著，隊伍整齊，絲毫不亂，像是經過操練一般，不由高興地說：「四阿哥慮事還真周到，你怎麼想到會遇到陰雨天？」

胤禛說：「兒臣蒙皇阿瑪教誨，接觸西學，沒事時常與三哥研究天氣變化，發現全國各地的天氣變化都是相互關聯的。比方說，北方氣候與江南甚至朝鮮、琉球一帶有關，春夏時節，江南多雨，那麼北方雨量也不小；江南少雨，北方就會乾旱。今年雖然剛交春天，然而江南多雨，兒臣想，北方雨水也不會小，漠北一帶說不定也要降雨，所以臨行前從兵部調集了油衣油布備用。」

康熙滿意地點點頭，誇讚說：「有備無患，才能處亂不驚，這是行軍作戰必須考慮到的問題。呵呵，沒想到你年紀輕輕，就有此深謀遠慮，真是難得。」

胤禛謙謹地說：「兒臣謹遵皇阿瑪聖訓，時刻要求自己認真辦事，不敢貪功圖賞。」

康熙欣慰地說：「這就好。身為臣子，認真辦差，努力做事，比什麼都強。」說完，他吩咐隊伍暫停修整，並招呼著胤禛進帳篷，和諸將軍商量下一步行軍方案。

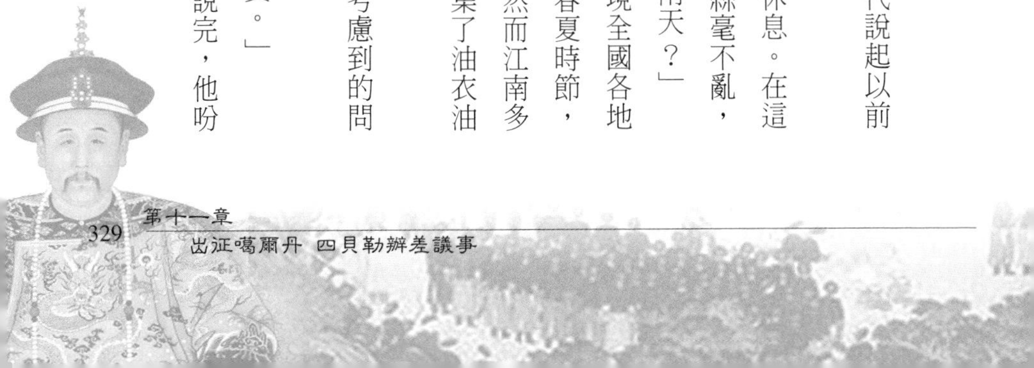

第二節 昭莫多大捷

參議軍事

清軍經過一個多月征程，4月中路軍已經來到噶爾丹侵佔地區邊緣地帶。他們一路進軍，這天，康熙下令召開會議，討論對噶爾丹作戰的具體計畫和方針。參加這次會議的將領很多，胤禛四兄弟也列席會議。會上，不少將領說：「噶爾丹主力就在前面不遠的巴彥烏蘭，東西兩路軍還沒有趕來，如果我們孤軍與噶爾丹交戰，恐怕力量不濟。」

胤禩雖然年少，但他聰明多智，善於揣摩人心，深懂康熙心思，他知道父皇親征，目的就是與噶爾丹一較高下，所以不以為然地說：「我中路軍兵強馬壯，人多將廣，力量遠遠超出噶爾丹，與他交戰，肯定可以取勝。」

康熙很高興，鼓勵他說：「說說看，我方在哪些地方比噶爾丹強大？」

胤禩早就想好了如何應對，從裝備到軍心一一擺出清軍必勝的各種條件，最後堅定地說：

「皇阿瑪，兒臣不才，願意率兵做前鋒攻打噶爾丹。」皇子出征，如果立下戰功將會大大提高個人的地位，對日後封爵晉升極有幫助。

康熙看著諸人，微笑著說：「八阿哥年紀最小，膽氣卻最壯。怎麼，你們同不同意他的主張？」

胤禩和胤祐忙回答：「八弟說得有道理，皇阿瑪親征，一定可以擊潰噶爾丹。」這句話無關痛癢，康熙當然不滿意，他將目光轉向了胤禛。胤禛一直緊皺眉頭，似乎很憂慮，看到父皇詢問的目光，這才開口說：「噶爾丹前有重兵，後無退路，我看他就像強弩之末，荒漠上的一棵枯草，早晚會被我軍消滅。可是，我軍三路征討，如果我中路軍孤軍深入，勢必犯了兵家大忌。我覺得不如等到東西兩路軍到了後，我們從三方包抄，定可以驅逐噶爾丹，不戰而勝。」他這番見解雖說不上奇妙，也有些道理，還博得了不少將領贊同。康熙一心想親自剿滅噶爾丹，威震漠北高原，他滿心以為以胤禛急躁剛烈的性子，肯定支持進攻噶爾丹，說不定還要請命出戰。沒想到他說出這番話，自然很不認同，沉著臉說：「朕親征噶爾丹，到了地方反而舉棋不定，豈不讓世人恥笑？」

胤禛不假思索地說：「等到三路兵馬會齊，剿滅噶爾丹會更有把握。」話一出口，他立刻後悔了，不自覺地垂下頭去。

會議一直進行到深夜，由於意見不一，只好待到明天再議。胤禛回到營帳，顧八代匆忙趕來說：「萬歲親征，想的就是親自剿滅噶爾丹，你為什麼說出那番話？難道不知道萬歲的心意？」

胤禛說：「我想的是如何以最少損失取得最大勝利，並沒有想到其他。唉，行軍作戰不就是以取勝為目的嗎？怎麼還這麼麻煩？」

顧八代語重心長地說：「這不是麻煩，這是必須明白的道理。戰爭是政治的一部分，是君主體現個人威望最直接、最有效的手段，你想，萬歲爺不辭辛苦，千里迢迢來到這裡，還命你們皇子掌管了四旗兵馬，他的意圖是什麼，就是要顯示皇家威嚴。」

胤禛沉思多時才說：「你說的道理我也想過，可是我中路軍一軍挺進，萬一真的遇到危險，皇阿瑪怎麼辦？我為他的安危深深憂慮。」

顧八代說：「我知道你的憂慮，為萬歲爺想好了一條計策，不知道你想不想聽？」

胤禛喜出望外：「顧師傅快講。」

顧八代俯在他的耳邊，低聲細語說出自己的計畫。胤禛聽罷，仔細分析，詳細揣摩，認為確實可行，遂不等天明，興沖沖趕往康熙營帳。

康熙聽說胤禛求見，心想，這個孩子一驚一乍，這會兒又來做什麼？難道還要勸我不要攻打噶爾丹？想到這裡，他擺手示意李德全，不要胤禛進來。隨後，他又睡了半個時辰，才翻身起床，信步到帳外散步。沒想到他一出帳門，卻看見胤禛依然站在那裡。看見康熙出帳，胤禛上前施禮問安，急急地說：「皇阿瑪，兒臣想了一夜，想好了攻打噶爾丹的計畫。」

「什麼？」康熙不信地望著胤禛，「你想好了攻打噶爾丹的計畫？說說看。」

胤禛也不隱瞞，就把昨夜和顧八代的談話彙報給康熙。康熙聽了，也覺得有道理，對胤禛說：「皇阿瑪知道你辦事認真，是個誠孝的兒子。以後要記住，遇事不要驕躁，要多思多忍，從長計議。」

胤禛一一答應，並謹記在心。多年來，他屢屢受到父皇教導，差不多總是這方面的問題。每次，他都努力克制自己，可每次遇到事情，天性又讓他有所發作。這麼看來，一個人要想改變自己的個性是何等不易。然而，胤禛就在這條自我改變的道路上艱難磨礪著、成長著，終有一日，康熙對他的評價會發生改變，這一改變就是他通向成功的有力保障。

在胤禛支持下，康熙決定繼續前進，進逼巴彥烏蘭。5月，康熙率領的中路軍來到克魯倫河邊，與噶爾丹的陣營隔河相望。駐紮後，康熙命人紮起黃帳，樹立龍旗，但見幔帳如城，座座相連，一眼望去，無邊無際；將士似山，不怒自威，一個個劍拔弩張，士氣高昂。再看康熙，他身著身著明黃紋龍甲，上面有正龍、升龍、行龍16條；頭戴皮胎髹黑漆盔，鑲有鎏金東珠裝飾，周圍雕飾龍紋圖案，其間還以梵文、瓔珞相稱；冑頂更是以金累絲為座，豪氣萬丈，不可一世。他天天帶領著身穿銀盔亮甲的皇子們騎著駿馬，掛著寶刀，來回巡視陣營，所到處，只聽將士們山呼海嘯，號鼓連聲，聲音震耳欲聾。

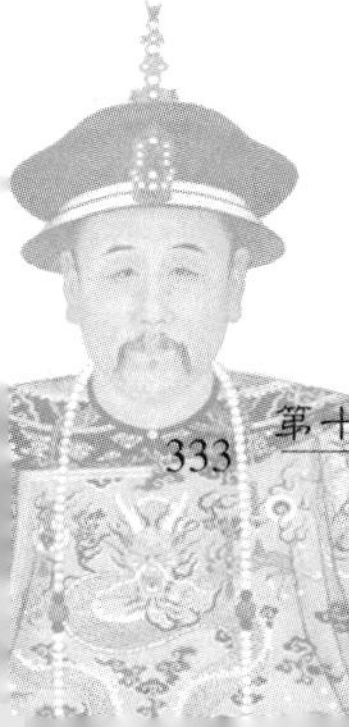

噶爾丹聽說康熙親征，已經排兵佈陣只等與自己決戰了，心裡恍惚，他不相信地帶著軍士來到克魯倫河，登北孟納蘭山眺望，觀察清軍陣勢。一望之下，他大驚失色，但見清軍黃帳龍旗，果真天子親征，再細細觀看，清軍陣營「環以幔城，又外為網城，軍容山立」，浩氣蕩天，令人膽顫。噶爾丹部將士看到這種情況，無不大驚，他們紛紛向噶爾丹提議：「康熙親征，來勢洶洶，勢頭正足，我們不如暫避鋒芒，待其消耗了軍需物資，士氣低沉時再與之較量。」

一身戎裝的康熙大帝。

噶爾丹富有軍事經驗，他知道清軍有備而來，聲勢浩大，與自己的勢力懸殊較大。如果勉強交戰，必定敗多勝少，權衡利弊，他決定不戰而退，利用己方熟悉當地地理環境的優勢與清兵對抗。於是，他連夜下令拔營棄寨，往和林方向而去。

第二天，清兵聽說噶爾丹跑了，無不擊掌歡慶，他們激動地說：「天子親征，嚇得噶爾丹不戰而敗。」康熙大喜，召集將士們相聚慶賀，席間，他滿面笑容地說：「這一招虛張聲勢果真威力無比。」原來，那天夜裡顧八代向胤禎獻的計，正是建議康熙採取強勢姿態，威嚇噶爾丹，以致其不敢出戰。沒想到，這些年噶爾丹流亡在外，深知積聚力量之難，已如驚弓之鳥，看到強大的清兵隊伍，竟然棄營逃遁。不知道他逃往何方？接下來清兵會採取哪些措施與之交戰？

昭莫多之戰

噶爾丹不戰而走，帶著人馬輜重趕往和林。正當中路軍商討要不要追剿噶爾丹部時，康熙得到軍報，費揚古率領的西路軍已經到達昭莫多。昭莫多，今蒙古烏拉巴托東南，蒙古語的意思是大森林。這裡是明永樂帝大敗韃靼阿魯臺的古戰場，東有肯特山、土拉河靜靜從南邊流過，山北坡峭壁險峻，南坡較為舒緩，山上佈滿紅色的岩石，因此蒙古人稱為紅鼻子（蒙古語忽蘭忽失溫）。此地是哈喇和林通往克魯倫河的必經之路，自古為漠北兵家必爭之地。康熙清楚昭莫多的軍事地位，猜測噶爾丹會路過那裡，因此傳令費揚古駐守昭莫多，阻截噶爾丹逃竄。

再說西路軍，在費揚古帶領下剛剛來到昭莫多，還沒有安營紮寨，派出的哨騎就回來報告，說噶爾丹的大部隊在昭莫多北30餘里的特勒爾濟山口。費揚古得知這一消息，立即召開會議，他提出我軍長途跋涉，人饑馬疲，「難弛擊。非反客為主、以逸待勞不可」的戰略主張，得到大多數將領贊同。於是，他們巧妙地制訂了以逸待勞、誘敵深入的策略。

5月13日，費揚古派出先鋒都統碩岱、副都統阿南達，帶領400名滿洲騎兵，到特勒爾濟挑戰。費揚古交待他們只許敗不許勝，節節抵抗，且戰且退，誘使噶爾丹進入已經做好準備的昭莫多戰場。他們依計行事，噶爾丹認為清兵主力在克魯倫河，果然中計，帶著一萬騎兵追趕清兵，很快進入了埋伏圈內。費揚古兵分三路，東面是滿洲騎兵、漢軍、察哈爾軍依山而陣，西面是右衛將軍直隸軍、大同駐屯軍、喀爾喀騎兵兵沿（土拉）河而陣，孫思克率綠旗兵居中。綠旗兵是西路軍主力，他們配備精良，《清史稿》中記載：「每兵兩人從僕一人、馬五匹。四兵和為一伍。」這是一支精銳部隊，佔據著有利地形，當噶爾丹部與之相遇時，雙方展開了一場血腥大戰。噶爾丹十分勇猛，他的妻子阿奴英勇善戰，他們調教的隊伍更是一支不怕死的英武之師。所以，儘管清兵利用有利的地形、火器、藤牌、拒馬木與敵人周旋，可是戰爭從早到晚，卻沒有決出勝負。

戰事進入膠著狀態時，寧夏總兵殷化行有了一個重大發現，他看到，噶爾丹陣地的後方有噶爾丹大批的家屬、輜重。於是他提議讓埋伏在左右的伏兵出擊，從後面進攻噶爾丹。費揚古採取了他的建議，命已經埋伏了一天的左右兩路軍夾擊噶爾丹部。結果，噶爾丹部在重重圍困下，戰死2,000多人，大勢已去，噶爾丹帶領數騎逃走。

昭莫多大捷，消息很快傳遍北征軍中，中路軍一片歡騰，胤禛請命率領正紅旗將士前去接應西路軍，一併清理戰場。康熙同意了他的請求，並讓胤禩帶領鑲紅旗將士與他同往。他們很快來到昭莫多，看到斷刀殘劍滿地、血跡模糊不堪的戰場，想像著刀槍劍戟、你死我活的戰鬥場景，感觸很深。

費揚古聽說皇子親臨，早就前來迎接，在胤禛和胤禩請求下，他帶著他們參觀戰場，向他們講述作戰前後的各種事情。胤禛一路走來，不停地問這問那，他們來到肯特山北麓，忽然看到橫七豎八躺著十幾具屍體。胤禛驚問：「將軍，你不是下令掩埋死亡將士的屍體嗎？這是怎麼回事？」

費揚古也很驚訝，喊過身邊士卒：「去，喊來將軍朋春，我要親自問問他，這是怎麼回事？」

朋春是一位參加過對沙俄戰爭的將軍，作戰勇敢，這次戰役前，他埋伏在肯特山北麓，多次打退噶爾丹部的進攻，斬獲頗豐。朋春聽說費揚古召喚自己，還以為自己殺敵多，作戰猛，要領受獎賞呢，急忙趕了過來。

費揚古見到朋春，怒沖沖責問他：「我早就傳令，讓你們掩埋死亡將士的屍首，你膽敢違抗軍令，置他們的屍首不顧，這樣無情無義，我要處罰你。」

朋春嚇得跳下馬鞍，躬身求饒：「大將軍息怒，末將一時疏忽，這就派人掩埋。」

費揚古剛要放他走，卻聽胤禛說：「大將軍，所謂軍令如山，朋春違抗軍令，應該受到應得的懲罰。不然，出爾反爾，無視軍令，怎麼號令三軍？」

費揚古是資格極深的老將，屢屢作戰，戰功赫赫，就連康熙也敬他三分，不料胤禛竟然說出這等責難之語，頓時又羞又憤，漲紅著不知說什麼才好。胤禩機靈，善於察言觀色，馬上說：「四哥，朋春已經知錯，而且主動改正錯誤，依我看，這也不是大事，將士們作戰辛苦，犯不著為此懲罰他們。」

胤禛瞪他一眼，堅持說：「軍令無大小，只要違令不遵就要受到應得的處罰，這才能體現軍令的作用。那些戰死沙場的將士得不到掩埋，必定無法安寧，這是對死者不公，也是對生者不敬。」

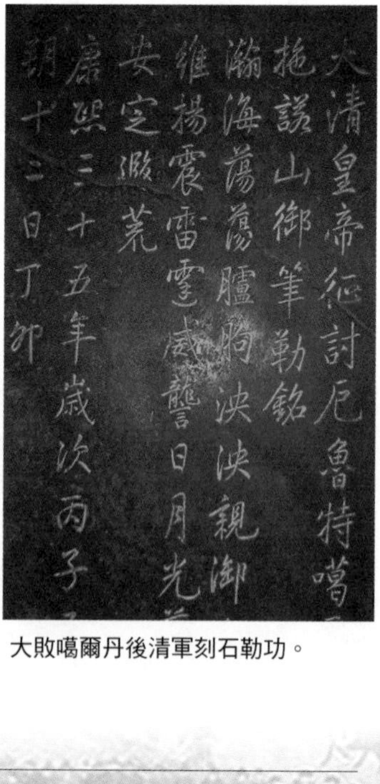

大敗噶爾丹後清軍刻石勒功。

費揚古略聞胤禛性情特色，知道他是個剛毅的皇子，有些人甚至說他為人苛責。今天這件事讓他領略到了一二，他擔心事情多有變故，忙說：「四爺教訓的是，我一定按照軍令行事，嚴厲懲治朋春。」說完，他讓隨行的主簿核對軍令，記錄朋春的過錯，一併交由兵部處置。

這件事經過核議，最終裁定朋春儘管在昭莫多一戰中立下大功，但他因為沒有埋葬18位部下的屍首而功罪相抵。事情傳到康熙耳中，他沒做任何評斷。

6月，康熙率領中路軍返回北京。這一次統兵，胤禛和兄弟們雖然沒有真正指揮打仗，但他們行軍議事，得到了非常寶貴的軍事訓練。第二年，康熙再次親征，在狼居胥山（今肯特山）徹底擊敗了噶爾丹勢力。這次出征胤禛沒有隨行，不過他十分關心戰爭情況，身居無逸齋卻作詩數首，關注邊疆戰事，其中一首寫道：

指顧靖邊烽，懷生盡服從。
遐荒歸禹甸，大漠紀堯封。
廟算無遺策，神功邁昔蹤。
凱旋旌耀日，光景霽天容。

此詩讚揚了康熙用兵功業，體現出胤禛對父皇的深深敬佩之意，也表達了他渴望邊境安寧，天下太平的心意。

第三節

四貝勒建府雍和宮

屈居貝勒

1696年12月，康熙親征回歸半年後，孝莊太后忌辰到了，他特意命胤禛前去暫安奉殿行禮。其他皇子得知這個消息，無不表示欽羨，胤祉說：「老四，皇阿瑪讓你一個人去行禮，很看重你啊。」胤禩有些妒忌，酸溜溜地說：「去暫安奉殿行禮是例行公事，誰去了都一樣。」太子胤礽心感不滿，悄悄質問胤禛：「皇阿瑪怎麼讓你一人去行禮？」這幾年，胤禛覺察出他們兄弟之間有了很多不可告人的祕密，一股明爭暗鬥的勢力將他們左右著，常常令人感到不安。面對他們的質詢，他冷靜地說：「祭祖和兵戎是國家大事，每每祭祖，皇阿瑪都會讓我們兄弟輪流參加。也許今年我隨軍出征了，所以皇阿瑪派我去行禮，向老佛爺在天之靈奏報戰事情況吧。我誠惶誠恐，唯有龍潛的日子，不敢有其他奢想。」隨後，他帶領人員出京前往遵化。

這是胤禛第三次前往遵化。孝莊太后一周年忌辰時，他隨康熙首次前去暫安奉殿，第二年，他又在太子胤礽帶領下和胤祉一同前往。回想起來，前兩次去遵化時，胤禛不過是十一、二歲的孩子，如今，他虛齡19歲，經過十幾年苦讀，已是具有一定才學和修養的年輕皇子。而且在跟隨父皇和獨自辦差過程中，實踐能力得到提高，所以這次前往行禮對他來說，應該非常輕鬆。一路上，他們疾走快行，很快來到了遵化。胤禛按照規矩進殿行禮叩拜，祭奠孝莊太后在天之靈，並祭文述說征戰噶爾丹一事。

行禮完畢，胤禛來到暫安奉殿外面巡察，發現一處牆角壞了，他立即責問守衛陵殿的官員：「為什麼如此懈怠，沒立即奏報修繕？」

那位官員喝醉了酒，仗著酒勁大咧咧地說：「我向大爺彙報過，他說這沒什麼，不用管它。」大爺就是大阿哥胤禔，這位官員是他的手下人推薦來的。

胤禛見他一身酒氣，辦差馬虎，生氣地說：「你身為暫安奉殿主事官員，怎麼不向主管的禮部彙報，偏要告知大爺？大爺事務繁多，哪有時間管這裡的事？我看你一定是不用心辦差，出了問題反而賴到大爺頭上。好啊，我今天就替大爺管教管教你！」他當即命人杖責守陵官20板子。

守陵官吃了虧，躺在床上好幾天才能下床，他心裡委屈，跑到胤禔那裡告狀：「四爺脾氣大得很，聽說您不讓修繕牆角，不容分說就把奴才打了。奴才挨打不算什麼，可他不顧大爺情面，在老佛爺陵寢地打人，這要是驚動了老佛爺在天之靈，奴才怎麼擔當得起。」

聽他添油加醋一通訴說，胤禔怒火中燒，他拍著桌子吼道：「這個老四，做事向來不講情面，現在連我的人也敢打，真是太不像話了！」他準備前去責問胤禛，卻被胤禩攔住了。胤禩的母親良妃出身賤籍，地位低下，所以，他從小由胤禔的母親惠妃撫養。由於這種關係，他們兩人關係密切，超出與其他兄弟的感情。胤禩說：「大哥，你去責問四哥，不是明擺著自找難堪嗎？這件事我們錯在先，他錯在後，依我看，要想變被動為主動，就要想辦法。」

愛新覺羅胤禔（1672～1734年），在成年皇子中他的年齡最大，所以被列為皇長子。但是，他的生母惠妃那拉氏只是一位庶妃，遠不及皇二子胤礽的生母皇后的身分高貴，胤礽因是嫡出而被立為皇太子。胤禔表面上遵從父命，內心對太子的地位十分覬覦。

「什麼辦法？」胤禔追問。

胤禩輕輕笑道：「你讓守陵的官員趕緊修繕牆角，同時，讓他們向禮部告狀，就說四哥在暫安奉殿打人，驚動了老佛爺在天之靈，給他按一個不孝的罪名，還怕皇阿瑪不懲治他？」

胤禔大喜，依計行事。果然，康熙聽說胤禛在暫安奉殿打人，非常生氣，他責備胤禛：「行事輕率」。不僅如此，這件事還影響到了胤禛的授爵之路。

轉過年來的3月，康熙授諸子世爵，胤禔、胤祉為郡王，胤禛、胤祺、胤祐、胤禩為貝勒。胤禛僅比胤祉小1歲，卻比他低一個等級，而胤禩比他小3歲，已經和他並駕齊驅，這麼看來，他在眾兄弟中實在不算突出。本來，胤禛一向誠孝，做事認真刻苦，這些都是康熙所欣賞的。按照他的年齡和才能，完全可以授予郡王爵位。然而，暫安奉殿打人一事影響很大，加上康熙十分清楚兒子們的心性特點，認為他性情不穩，過於躁烈，因此經過深思熟慮，特意將本屬兩可之間的四阿哥，放入後一年齡段的皇子中，這樣看來，康熙對兒子們的要求和希冀都很高。

再說這次封爵在朝中很有影響，不少朝臣提出了異議，這件事記錄在《起居註冊》中，經過如下：三月初三，康熙御門聽政時，大學士伊桑阿等奏稱：「昨日奉旨，皇長子、皇三子封為郡王，皇四子、皇五子、皇七子、皇八子封為貝勒，伏祈皇上將皇子照例盡皆封王。」康熙回答：「太祖、太宗之時，封子並非一例概封，視其賢者封之，時惟多隆峨王、額爾克王、墨爾根王等封王，其餘俱封為貝勒、貝子、公，或有不封者，今朕亦視其賢否加封耳，豈以己子有私乎?且如恭王為朕弟故封王，然其人豈稱所封乎？」他認為授爵應該根據個人的功勞和才能，不能只看他們的皇子身分。伊桑阿等奏曰：「前創業之初，正振作有為之時，是以如此封爵。今諸皇子夙奉皇上聖訓，俱各賢明，伏祈皇上再次加封。」他們指出皇子們各有所長，才能突出。這時康熙帝明確指出：「朕於阿哥等留心視之已久，四阿哥為人輕率，七阿哥賦性魯鈍，朕意已決，爾等勿得再請，異日視伊等奮勉再為加封，未始不可。」

事後，有人私下對胤禛說：「四爺本可以授予王位，現在屈居貝勒，實在不甘。」胤禛很不認同這種看法，他反駁說：「皇阿瑪英明睿斷，根據我兄弟的心性、才能授予爵位，這是對我們最大的信任和封賞。我授爵貝勒，已是極大的榮譽，怎麼可能心存不甘？如今，皇阿瑪指出我的缺點，希望我繼續努力進步，我想，這樣對我的人生和成長更為有利。」

在這件事上，他表現出對父皇的誠信，以及個性的逐漸成熟。實際上，這次封爵對他的影響還是很大的，讓他更加清晰地認識到自己的不足，明白了克己用忍的重要性。從此以後，他更加嚴格要求自己，努力遵循父皇的勸誡，磨礪自我，10年後，他成為康熙第一批授爵親王的皇子，為日後爭儲打下了基礎。從另一方面來說，如果沒有這次屈居人下的經歷，恐怕也難有日後成功。所以，人生路上，挫折或者不順並不可怕，只要從中汲取教訓，總結經驗，努力進取，往往可以反敗為勝。

守財的貝勒爺

康熙為諸皇子授爵後，又為他們建府邸，命他們搬出皇宮居住。此前，諸位年長皇子雖已結婚，但依然住在宮內，諸多不便，現在各自有了府邸，當然不能待在宮中不走。胤禛的府邸就是日後聞名於世的雍和宮。這裡曾是明朝時期太監們居住過的官房，大清入關後將這裡劃歸內務府使用。胤禛剛剛搬進來時，這裡稱作貝勒府，隨著他升為親王，又改成雍親王府，到他問鼎天下，做了皇帝，就把這裡改為雍和宮了。

搬進府邸後，胤禛開始了一段全新的生活，他發現宅院東側的一個跨院建有亭、臺、廊、室，栽種著各種樹木花草，古樸典雅，清幽明淨，非常適合讀書閱典，他很高興，命人收拾出來，做為自己的書院，稱作東書院。自從搬進來後，他大部分時間在東書院度過。有一天，幾位阿哥來訪，看見他一絲不苟地端坐讀書，上去打趣：「這裡又不是無逸齋，你怎麼還這麼認真？」

雍正皇帝讀書圖。

胤禛回答：「皇阿瑪教導我們讀書修身養性，我一刻也不敢忘記啊。」

八阿哥胤禩的府邸與他相鄰，笑著對其他兄弟說：「四哥自從進了貝勒府，就變成書呆子了。我天天找他下棋，他都不理我。」他天性聰慧，機敏靈動，就是不愛讀書習文。為了應付康熙檢查課業，他還找人替他寫字作文。所以，在康熙的諸多皇子中，唯有他書法較差，這就是他不肯用功的結果。

五阿哥胤祺樂了，指著胤禩說：「搬出來你自由了，可以放心大膽地找人替你完成課業啦。」

胤禛認真地說：「老八，其實我很不贊成你找人應付皇阿瑪，你這樣做，只會害了自己，讓皇阿瑪生氣。」

胤禩一臉笑意，不以為意地說：「寫字作文，都是文人的事。我們是皇子貝勒，需要學會的是如何治理國家天下，你們說對不對？」

「對！」九阿哥胤禟應聲附和，「八哥這麼聰明，不用學習那些酸腐文章，照樣比別人強。」他與胤禩關係最好，對他的話言聽計從。

幾人說了會兒話，擺出棋子開始對弈。時值夏日，酷暑難捱，不一會兒，皇子們熱得受不了了，有人開始脫掉長衫大褂，只留下短褂小衣。胤禟乾脆脫光了膀子，還嚷嚷著：「四哥，你怎麼這麼小氣，還不叫人上冰鎮酸梅湯？」

胤禛一直端坐，只是手上多了一塊汗巾，時不時拭去頸上的微汗，他聽到胤禟叫嚷，笑著說：「我自小中過暑，最怕熱，沒想到你們還不如我耐暑。」說著，他吩咐下人準備冰鎮酸梅湯給阿哥們解暑。

冰鎮酸梅湯端上來後，很快就被皇子們喝完了。胤禟又嚷道：「四哥，你真是吝嗇，端上來這麼一點湯，夠誰喝？怪不得大家都叫你守財阿哥。」原來，胤禛反對奢華，崇尚節儉，在他個人日常生活中，很少有奢靡之物，除了內務府織造處每年循例撥給的，就是康熙的御賜品件，對這些用品，大多數阿哥並不怎麼放在心上。胤禛卻很愛惜，穿的舊了破了，都會命人仔細處理，或者細心漿洗，或者密密織補。其他兄弟見他總是這麼節儉，隨笑稱他為「守財阿哥」。如今，面對胤禟的叫嚷，胤禛坦然說：「節儉總比浪費強。你要是想喝，我再命人準備，可是剩下就不好了，我們不能白白糟蹋東西。」

從這件事中，我們看到了一位恪遵禮儀、節儉用功的皇子形象。確實，胤禛的節儉非常有名，他後來做了天子，依然以節儉要求自己，還提倡臣屬們生活節儉，進而扭轉了康熙末年官場上追求奢靡的風氣。

建府立邸後的胤禛並非只知道讀書，不聞世事，相反，多次出宮辦差的經歷讓他十分掛念天下蒼生。這一天天降大雨，他起床後推開窗子凝視天際間，不禁詩性大發，作詩一首：

密雨如膏灑碧絲，稻花漠漠繞長陂。

虛齋睡起推窗看，私喜甘霖正及時。

從詩中可以看到他對農事的關懷，對風調雨順、農業豐收的渴望。做為一位養尊處優、錦衣玉食的貝勒爺，能夠處榮華而知憂患，不忘百姓疾苦，確實難得。他不僅關懷農事，有一段時間還親自參與耕種，為此有人為他作畫留念。有一年，夏至到了，胤禛聽府上人說今年小麥豐收，他忽然有了主意，對他們說：「新麥下來了，你們想辦法給我弄些來嚐嚐。」

下人們不解，他們想：「貝勒爺什麼沒吃過，為什麼偏偏要嚐新麥？」他們不敢詢問，只好為他準備。很快，他們端上來一碗用新麵粉做的麻醬麵。胤禛聞著清新的湯麵，高興地一口氣吃完，笑著說：「好，新麵下來了，老百姓又不用擔心挨餓了。」他心裡存著百姓，為他們的溫飽擔憂。

此後，胤禛年年夏至品嚐新麵，這成了一個習俗。從乾隆以後，各位皇帝在每年的夏至節，到地壇祭拜後，必須「原班原儀」先到雍和宮拈香拜佛，然後至東書院嚐新麥——吃新麥麵粉做的麻醬麵，史書上記載此事，「芳澤事畢，臨此園少歇、進膳」。另外，由於胤禛篤信佛法，深深影響了他的兒子乾隆，所以乾隆繼位後，對雍和宮進行了修繕，並於乾隆9年（1744年），將雍和宮正式改為藏傳佛教寺廟。從此，雍和宮開始了它既為皇家第一寺廟又為連接中國歷屆中央政府與蒙古、西藏地方樞紐、橋梁作用的輝煌歷史。今天，雍和宮屹立北京東城區，已經成為一處著名的旅遊勝地。

《雍正皇帝耕種圖》，體現了一代君王憂國憂民的情懷。

第四節 龍潛的日子

北祭南巡

在皇子們另立府邸的同年，康熙親往盛京拜謁祖陵，他帶領部分皇子7月出發，出古北口，穿越蒙古諸部落，到松花江及吉林烏拉（今吉林市北），南下至興京祭永陵，到盛京祭福、昭二陵。說起這三座陵寢，有必要了解一下他們的歷史。

永陵始建於西元1598年，原名「興京陵」，座落於遼寧新賓滿族自治縣城西21公里處的永陵鎮。清順治16年，即西元1659年改稱為「永陵」，滿語稱之為「恩德和莫蒙安」。陵內葬著努爾哈赤的六世祖猛哥帖木兒、曾祖福滿、祖父覺昌安、父親塔克世及伯父禮敦、叔父塔察篇古以及他們的福晉。所以，永陵可稱得上是清代皇家的祖墳。陵宮建築雄偉，由下馬碑、前宮院、方城、寶城、省牲所、冰窯、果樓等部分組成。陵寢背山面水，前有蘇子河如玉帶飄過，後有啟運山如屏風矗立。在蘇子河對岸，煙囪山與啟運山遙相呼應，使得處在山水之間的永

陵顯得格外壯闊。清皇室把永陵視為「兆基帝業欽龍興」之地，所以終年香火不斷。

福陵是清太祖努爾哈赤與皇后葉赫那拉氏的陵墓，面臨渾河，背依天柱山，這裡水繞山環，林木茂密，十分清幽。建築隨坡而建，起伏錯落，更顯高大雄偉。

昭陵是清太宗皇太極及其皇后的陵墓，因座落在瀋陽市北端，故又稱北陵。昭陵與永、福二陵不同，它建在平地上，四周建有圍牆，很像一座小城。主體建築由南至北依次為神橋、牌樓、正紅門、碑亭、隆恩門、隆恩殿、明樓、寶頂。這些建築物畫棟雕梁，黃頂紅牆，顯得異常雄壯。昭陵是上述三陵中規模最大、結構最完整的，與永、福二陵合稱盛京三陵。

在中國古代社會中，祖陵的地位是至高無上的，而皇家祖陵更具有不同一般的地位。每當國家有重大事情，或用兵勝利，都要告祭祖陵。康熙這次率子祭

昭陵。

祖，就是因為徹底消滅了噶爾丹的勢力，保證了北方邊疆安寧。在這次祭祖中，胤禛隨從侍駕，感觸頗多，作《侍從興京謁陵二首》記錄這件事，其中一首寫道：

龍興基景命，王氣結瑤岑。
不睹艱難跡，安知啓佑心。
山河陵寢壯，弓箭歲時深。
盛典叨陪從，威儀百爾欽。

從詩中可以看出，在祭祖過程中他從清朝發祥之地，深深體會到祖宗創業的艱辛，心中非常感慨。再看看當前父皇經過多年努力，使天下太平，國富民安，以盛典隆儀祭祀祖先，又是一番激情難抑。

北巡之後，康熙又多次帶領皇子們南巡視察。其中康熙41年南巡時，25歲的胤禛侍從出行。這次出巡的還有太子胤礽、十三阿哥胤祥。胤祥17歲了，3年前他的母親病逝，康熙命胤禛的母親德妃撫育他。本來，胤祥與胤禛關係密切，加上這層關係，他們兩人成為最要好的兄弟。而此時的胤礽，已經漸漸失歡於父皇，為了限制他的勢力發展，1年前，康熙命索額圖退休。以胤礽為首的太子黨集團中，索額圖是核心人物，命他退休無遺是康熙對太子的警告。

一路南下，來到德州時，不巧胤礽生病，就住了下來。胤禛和胤祥按照宮中尚書房規矩，照常讀書習字。這一天，康熙召見翰林院侍讀學士陳元龍等談論書法，興致所至，他帶領諸臣到皇子讀書處，胤禛和胤祥正在書寫對聯，大臣們「環立諦視，無不歡悅欽服」。他們對於胤禛的書法特感好奇，因為乍看之下，與康熙的書法一般無二。康熙微笑著解釋：「四阿哥臨帖很多，善於模仿，學習朕的字體頗為相像。」他非常欣賞胤禛的書法，曾多次誇獎他。說完，他命令胤禛題寫扇面，贈送在場大臣。諸位大臣深感榮幸，十分仔細地收藏起來。後來，康熙每年都讓胤禛題寫一百多幅扇面，做為贈送之禮品。

這件事傳到病中的胤礽耳中，他氣悶地想，我病得厲害，皇阿瑪不管不問，還讓他倆在人前出風頭！他心存不滿，與康熙之間的罅隙日深。就在這時，胤禛和胤祥前來探望他，胤礽沒好氣地說：「你們還記得我？」

胤禛和胤祥趕緊施禮：「這是哪裡話？太子生病，我們時刻掛念，不敢有絲毫怠慢之心。要是我倆哪裡做錯了，您隨打隨罵，可千萬不要動怒傷了身子。」

胤礽心裡清楚，胤禛和胤祥向來尊敬自己，從不違禮逾矩，特別是胤祥，年少俠義，文武雙全，深受父皇喜愛。基於此，胤礽很看重他，將他視為心腹。看到他們畢恭畢敬的樣子，他似乎得到了滿足，嘆息著說：「我病了，你們不來陪伴我，心裡煩躁。」

胤禛說：「您不要著急，我派人打聽了，當地有位名醫，醫術高明，我正想向您奏報一下，要不要請他為您看病？」

胤礽忙說：「真的？趕緊把他找來。」

胤祥說：「這事還沒有奏報皇阿瑪，不知道他會不會同意。」

胤礽哼了一聲，低聲嘟囔一句：「皇阿瑪巴不得我生病呢，還會同意找人為我看病！」儘管他的聲音很低，胤禛和胤祥還是聽到了，他倆對視一眼，垂著腦袋不敢接話。

第二天，胤禛和胤祥向康熙奏報為胤礽求醫一事，康熙沉默片刻，緩緩說道：「朕已經派了好幾個太醫為太子看病，效果都不算好。依朕看來，鄉村野醫哪裡有太醫醫術高明，他們往往徒具虛名而已。太子自幼生活宮中，更不能用鄉野之術療治，想來還是先回宮中為太子治病，南巡的事以後再說。」就這樣，這次南巡半途而歸。

第二年正月，康熙帶領原班人馬啟程南行，途經濟南，參觀珍珠泉、趵突泉，過泰安，登泰山，還繞道沂蒙，並在宿遷視閱黃河。過了黃河後，他們取道瓜洲渡長江，南下蘇州、嘉興，到達杭州，在演武廳射箭習武。在隨駕出京途中，胤禛作《早起寄都中諸弟》詩：

一雁孤鳴驚旅夢，千峰攢立動詩思。
鳳城諸弟應相憶，好對黃花泛酒卮。

詩作表明他思念兄弟，不願孤獨遠行，希望和兄弟們歡聚相處的心意。從這一點看來，他十分注重兄弟之間的情誼。當康熙看到他這首詩時，想起他為胤礽奏請醫病的事，誇讚他：「四阿哥不但誠孝父母長輩，還友愛兄弟，情深義重，品行極佳。」

北祭南巡，使胤禛的足跡踏遍半個中國，在巡遊中，他了解各地地理狀況，民風習俗，經

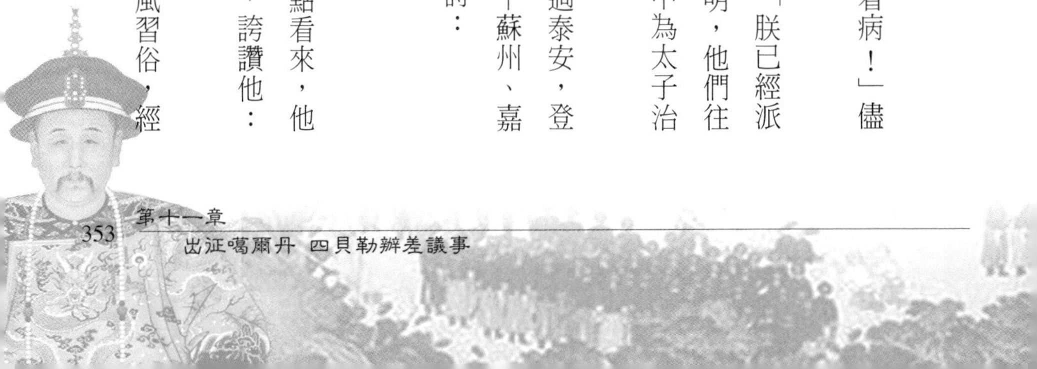

濟特產，以及宗教歷史；他還親歷父皇處理政事、考察地方官吏的活動，學習了很多從政知識。這些經歷，對他日後參與皇位爭奪以及治理天下，都有極為重要的意義。

結士納才

授爵貝勒以後，胤禛除了繼續苦讀，參與各種祭祀、了解民情外，還有機會團結了一批有用的人才。這些人中既有法海、李衛、鄔先生、傅鼐等他早已相識的人，也有後來結識的。其中最重要的一個當屬年羹堯。年羹堯字亮工，號雙峰，漢軍鑲黃旗人，他的父親年遐齡自筆帖式授兵部主事，再遷刑部郎中。後官至工部侍郎、湖北巡撫，是清廷高官。

1700年，二十來歲的年羹堯高中進士，為其顯貴的門第再添輝煌。在京期間，他和所有高官子弟一樣，一面參與考試一面忙著結交權貴名士。這天，他和朋友到胤禛府邸拜訪，沒想到，他和胤禛一見如故，談得十分投機。胤禛十分欣賞年羹堯的文才武略，對他說：「大多數學子考生只知道讀書作詩，難得你熟

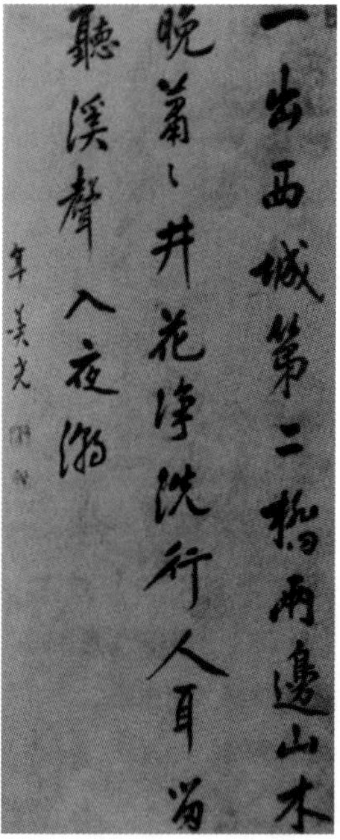

年羹堯手跡。

讀兵書，兼備文武。」

年羹堯恭敬地說：「貝勒爺有所不知，我自幼喜歡耍刀弄槍，不愛讀書寫字。可是我父親說，現在天下太平，沒有戰事了，你舞弄槍棒有什麼用？還是好好讀書，將來參加科考，也好獲得功名，有所出息。可我不喜歡讀書，先後趕走了十幾個先生，嚇得沒人再敢教我。後來不知怎麼回事，有位老先生主動教我讀書，在他嚴格管教下我才有了今天的學問。」

「呵呵，」胤禛笑道，「真沒想到，你還有這番經歷。話說回來，我覺得你父親說的也不全對，天下太平並不一定沒有戰事，要不然還設著兵部幹嘛？」

年羹堯笑了：「貝勒爺說得有道理，在下一心想著建功沙場，保衛邊疆，做個頂天立地的大將軍。」

胤禛說：「你有這番雄心壯志，將來定會建功立業。對了，我不明白那位老先生究竟用了什麼法術，讓你這等人物甘心苦讀詩書？」

年羹堯剛要回答，卻見外面進來一位下人，慌張地說：「貝勒爺，顧師傅病了，他家裡來人說請您去瞧瞧。」

顧師傅即顧八代，兩年前他退休回家，胤禛經常去探望他。顧八代一生廉潔奉公，兩袖清風，退休後依然過著清貧的生活，家裡很窮，胤禛每次去，都會對他有所接濟。常此以往，顧家人把胤禛當作救星，每每遇到難題都會前來求助。胤禛敬重顧八代，認為他「品行端方，學

術醇正」，對他家人的求助總是有求必應。他聽說顧八代病了，立刻想到他家人無錢為他求醫問藥，急忙起身親自趕往顧家。年羹堯看著胤禛如此重視一位退休在家的老師，心想，人人都說四貝勒性子剛烈，很難接觸，我看他倒是有情有義，很值得交往。他邊想邊回歸住處。

再說胤禛，到了顧家後立即為他請來醫生看病，並親自驗看藥方。他喜讀醫書，具有一定的醫學水平。顧八代醒來後看到胤禛在場，推辭說：「貝勒爺，您現在身分貴重，怎麼能屈尊看望一個退休的師傅呢？以後不要來了。」說完，他還訓斥家人：「貝勒爺事務繁多，你們以後再也不許去麻煩他了！」

胤禛安慰顧八代：「顧師傅不要多慮，民間有『一日為師，終生為父』的說法，你教導我十幾年，讓我學會很多知識，明白了很多道理，對我恩重如山，不管什麼時候，我都會敬重你，你千萬不要再說『屈尊』之類的話了。」

顧八代感激地熱淚盈眶，十幾年來，師徒兩人共同經歷的風風雨雨浮現眼前，讓他哽咽著說不出話來。

後來，顧八代病逝，胤禛親自為他料理喪事，出資安葬他。這件事情在京城內一時傳為佳話，人人都被胤禛尊師仁孝的行為感動，誇讚他是個仁義的君子。受此影響，不少賢才良士聞風而動，投靠到胤禛府下。其中一位叫戴鐸的從此與他關係密切起來，這位戴鐸在胤禛推薦下，曾經到福建做官，他初到任時，生活不習慣，受不了苦，想告病回家。胤禛收到他的信後，去信說：「為何說這告病沒志氣的話，將來位至督撫，方可揚眉吐氣，若在人宇下，豈能如意乎？」一方面鼓勵戴鐸積極向上，一方面也體現出他個人不肯久居人下，夢想一展抱負的雄心。

在他教導下，戴鐸放棄了告病的打算，積極為官，後來官至四川布政使。他深感胤禛之恩，成為他的重要謀士，並獻出著名的爭儲之計，決定了胤禛的最終勝出。

從戴鐸的故事中，我們看到果然胤禛不但善於識人，還勇於推薦人才，與他交好的年羹堯就是在他推薦下步步高升的。康熙48年（1709年），年羹堯遷內閣學士，不久升任四川巡撫，成為封疆大吏。這時的年羹堯還不到30歲，康熙對他的格外賞識和破格提拔，與胤禛的大力推薦有關。胤禛多次在父皇面前提到年羹堯文武兼備，是個不可多得的人才，時值準噶爾部首領策旺阿拉布坦入侵西藏，清軍出兵討伐準部。西川做為支援清軍供給的主要來源，軍事地位尤顯突出。所以，擔任四川巡撫的大員必須具備較強的軍事才能。這時，康熙想到了胤禛提到的年羹堯，委以重任。年羹堯不負所望，十分圓滿地完成了任務，進而得到康熙大力誇獎。

年羹堯立功，胤禛因薦人有功也得到獎賞，這次的雙贏進一步讓雙方的關係更密切了。

胤禛識人薦人的同時，還嚴格要求這些人。年羹堯出任巡撫時，胤禛親自送他出京，告誡他一定要為官清廉，不要徇情枉法。年羹堯一一答應，到任後積極做事，提出了很多興利除弊的措施，他還帶頭拒收節禮，「甘心淡泊，以絕徇庇」。康熙知情後很讚賞他的作為，對他提出「始終固守，做一好官」的厚望。可惜，年羹堯沒有做到始終如一，胤禛做了皇帝後，他自恃功高，做出了很多不合法度的事，被人彈劾，觸犯死律多條。儘管胤禛於公於私都對他懷有極深的感情和倚重，可是年羹堯罪孽深重，最終難逃法律制裁。

就在胤禛忙著結交人才的時候，清廷發生了一件震驚人心的大事，這件事情將暗流湧動的皇子之爭推向了前臺，拉開了他們爭奪儲君一位的序幕。本書主人公胤禛由此走向了宮廷政治鬥爭的前端，他能否脫穎而出，又會如何奪取天下？期間充滿了重重困難，上演了一幕幕驚心動魄的故事。

太子兩廢兩立，引發儲位之爭，面對父子反目，兄弟成仇，胤禛一度十分失望，沉迷佛事，不問政治。後來，他的門人戴鐸為他獻計，鼓勵他積極爭儲。戴鐸所獻的是什麼計策？胤禛有沒有採用？這中間出現了許多精彩故事。

讓我們拭目以待，看看這位歷史上頗具爭議的天子究竟如何奪取帝位，又是怎樣治理天下的。

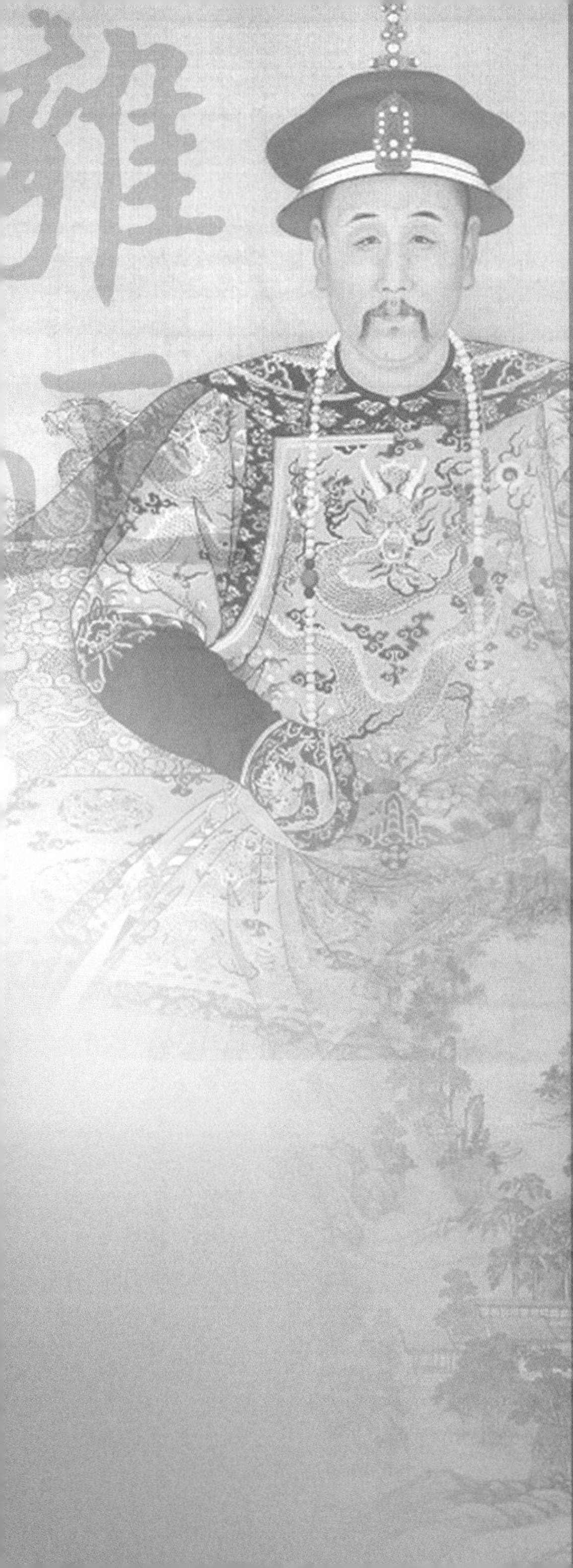

第十二章

用忍苦克己 韜光養晦定天下

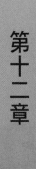

第一節 禍起蕭牆

一廢太子

康熙47年夏天，康熙出巡塞外，命胤礽、胤禔、胤祥等皇子從行。從前離京，康熙往往留下太子監國，這次卻把他帶在身邊，頗具深意。自從康熙27年打擊明珠一黨以來，康熙就非常注意皇子們結黨營私之事，多次嚴厲要求他們，誠心為人，龍潛的日子，不能私結團夥。可是，太子胤礽從2歲就做了太子，30多年的儲君地位使他權慾惡性發展，形成了太子黨派，他們急於接受政權，固定皇位。這樣一來，太子與康熙之間的摩擦不可避免地逐日遞增，產生了尖銳的矛盾。太子胤礽曾經說過一句非常有名的話：「古今天下，豈有四十年太子乎？」企圖早日登基之心溢於言表。不僅如此，胤礽與康熙的感情也趨向淡漠，甚至惡化。早在康熙29年，康熙第一次親征噶爾丹時生病，特命胤礽來見，就引發了康熙對他的很大不滿。此後，胤礽也很少對父皇表現誠孝，與胤禛等皇子的表現相距甚遠。

同時，胤礽十分驕奢，貪得無厭。從少年時代起就凌虐宗親貴冑和朝中大臣，有一次竟然鞭撻平郡王納爾蘇、貝勒海善。這些做法讓他失去了宗親支持，加上他與兄弟多有不睦，使得自己在宗族中非常孤立。康熙注重人倫常理，對太子所為極為不滿。更令人難以想像的是，胤礽貴為太子，卻貪財好利，跟隨康熙巡幸時，也敢向地方官勒索。康熙46年，胤礽到了江寧（今南京），知府陳鵬年反對加派，招待比較簡單，胤礽勃然大怒，竟要處死他。在張英、曹寅援救下才保住陳鵬年性命。康熙一貫實行寬大政策，而太子如此暴戾不仁，他實在難以接受。當時朝鮮使者來清，在了解了太子的所作所為後，說他必亡清國。

在這種情況下，康熙於42年關押了退休的索額圖，責備他「議論國事，結黨妄行」，命宗人府拘禁他。很快，索額圖病死，他的同黨也大多遭到鎖禁的命運。這次打擊索額圖，明顯是對太子的一次嚴重警告。

就在胤礽與康熙關係日趨緊張的時候，其他皇子們的勢力迅速強大起來。這些人中既有大阿哥胤禔，也有後起的八阿哥胤禩。其中多年來一直與他較量的胤禔對他影響很大。胤禔比太子大兩歲，身為皇長子，從小得到父皇寵愛，多次被派以重任。他19歲出任副將軍征討噶爾丹，領命祭華山，還督理永定河工程。年僅26就被封為直郡王，在眾兄弟中，除了太子，他的爵位最高。由於康熙與太子不和，為了牽制太子勢力，常常命他護佑自己，這些經歷和封賞成為他與太子抗衡的一大法寶，他企圖取代胤礽的野心日漸彰顯。

從以上情況來看，胤礽深陷重重矛盾之中，太子的地位岌岌可危。可是，他沒有看清自己的處境，更沒有採取有利的措施，反而在康熙47年出巡塞外時，犯下了致命的錯誤，致使第一次被廢事件發生。

康熙與太子同行，兩人的衝突表面化。每到夜晚胤礽就圍著康熙的行帳轉，從縫隙窺視父皇動靜。康熙對他早就有戒心，所以才命胤禔和胤祥隨行保護自己。胤禔一直想取代胤礽，發現這種情況自然不會放過他，急忙向康熙奏報。康熙心寒：「朕未卜今日被鴆，明日遇害，晝夜戒慎不寧。」

為了先發制人，在歸京途中，康熙突然召集諸王及副都統以上大臣，宣布太子罪狀，將其廢黜，加以監禁，並嚴厲打擊太子黨人士。

太子被廢，胤禔喜出望外，他以為康熙重用自己護駕，有意讓自己做太子。沒想到，康熙對他了解很深，認為他「秉性躁急愚頑」，所以在廢黜太子當日，明確指出：「並無欲立胤禔為皇太子之意。」胤禔失望之餘，做出了一個令康熙震驚的舉動，他討令殺害胤礽。他振振有詞地說：「皇阿瑪仁慈，誅殺胤礽會背上弒子罵名，可是太子黨勢力強大，為了不再讓他們危害朝政，兒臣願意替父下手。」

康熙大怒，指著胤禔說：「你不諳君臣大義，不念父子至情，說出這種話來，真是亂臣賊子，天理國法，皆所不容者。」對他非常失望乃至寒心。這件事也讓康熙看到了兒子們之間爭權奪位的殘酷性，他拘禁胤礽的同時，一併下令拘禁了三阿哥胤祉、四阿哥胤禛以及各年長皇子，防止出現亂子。

這次秋獮，胤禛沒有隨行，而是與胤禩留京辦理事務。當他聽說太子被廢時，十分意外，在被拘禁的幾日內，他時時思索著：「廢立太子，關係國本，真不知道日後會出現什麼情況？」從這份擔憂來看，他除了關心自己的命運前途外，更多考慮朝政問題，這一點與他人什麼都不顧地謀求儲位有著很大區別。

12天後，康熙回到京城，根據情況對兒子們做出了新的處理，有的釋放，有的繼續拘禁。命胤禛、胤禔、胤禟等人監視廢太子胤礽。在宣布廢黜胤礽的告天文書之前，康熙讓胤禔拿文書給胤礽觀看。此時胤礽被拘禁在上駟院旁，心情極度糟糕，看也不看說道：「我的皇太子是皇阿瑪給的，他要廢就廢，何必告天？」表示他對自己的被廢強烈不滿。

胤禔很高興地把這句話轉奏康熙，康熙生氣地說：「天子乃受天之命，這樣的大事怎麼能不告天？胤礽如此胡說，以後他的話不必上奏了。」

胤禔得意地傳達諭旨，胤礽卻又說：「皇阿瑪指責我種種不是，唯有一事，我不能承認。這就是弒逆的事，我雖犯下多種錯誤，但弒逆之心從不曾有，你們必須代我奏明。」

胤禔嚴辭厲色地回絕：「我等奉旨行事，你的話不能代奏。」

胤禛站出來說：「這件事非同一般，我們應該代奏。即便因此違抗了旨意，也該替他奏明。」

可是胤禔拒不同意。看到這種情況，胤禛堅決地說：「你不奏，我就奏。」胤禔無法，只好代奏。康熙聽了，略感寬慰，不但說他們奏得對，還命人拿去了胤礽項上的鎖鏈。在諸皇子為了奪位爾虞我詐，互相落井下石的時刻，胤禛勇於伸張大義，維護胤礽的正當要求，表現出大智大勇的一面。

廢黜太子，震驚朝野，在這一刻，清廷內部人心不穩，議論紛紛，為了各自的前途顧慮重重。已無奪嫡希望的胤禔依然不死心，知道自己無望爭儲，又向康熙推薦胤禩。在他的一番說詞中，引出了八爺相面的一段故事，不知道這個故事會不會打動康熙？

八爺相面

有一個相士名叫張明德，他曾經給多位王公大臣看過相，在京城很有名聲。有一次，順承郡王布穆巴請他看相，他竟然對布穆巴說：「公爵普奇請我看相，他對我說皇太子為人太惡，他們準備刺殺他，希望邀請布穆巴入夥。」布穆巴很驚訝，趕緊把這件事告訴了胤禔。

胤禔心下驚奇，警告布穆巴不要揭發此事，還讓他將張明德送到自己府中看相。事後，胤禔又把張明德推薦給胤禩。張明德為胤禩看相後，連聲說他：「豐神清逸，仁誼敦厚，福壽綿長，誠貴相也。」在他這番輿論影響下，胤禩在王宮貴冑中的影響越來越明顯。他從小追隨父皇寬仁的為人作風，注重籠絡人才，很會收買人心，與胤礽大不相同。有一年，他跟隨康熙南巡，招徠有名士人何焯侍讀府中，對其敬重有加。後來，何焯丁憂回蘇州長洲縣，胤禩多次親自給他寫信，叮囑他節哀保重，還委托他的弟弟在江南採購圖書。這件事自然引發士人好評，一時間不少「文士都說胤禩極是好學，極是好王子」。胤禩不但籠絡文士博取好名，還十分注意在宗親面前的形象，獲取他們的支持。裕親王福全曾在康熙面前稱讚他「有才有德」，希望他能繼承儲位。

如今，張明德又以相術之說為胤禩大造聲勢，極大地提高了他的影響力，很快形成了以胤禩為首的八爺黨。八爺黨覬覦儲位，發展到了計畫刺殺胤礽的嚴重程度。其中張明德就明目張膽地說：「皇太子暴戾，若遇我，當刺殺之。」胤禩很高興，與他密謀刺殺計畫。張明德大言不慚地

愛新覺羅胤禟（1683～1726年），清康熙帝的第九子，為皇五子胤祺同母弟。26歲時被封為貝子，與八阿哥胤禩結為黨援，縱屬下肆行無忌。

說：「我有十六個好友，個個都是武藝高強的好漢，招來一、兩個就能刺死太子。」胤禩當真與支持自己的胤禟、胤禵等人商量這件事。

就在他們緊鑼密鼓算計太子，謀取儲位時，胤礽被廢。消息傳來，他們驚喜不已，開始更為露骨地謀求儲位。這時，與胤禩早有勾結，已無奪嫡希望的胤禔首先出面向康熙推薦胤禩：「京城中有個有名的相士叫張明德，他為八弟相面時說他日後大貴。」希望以此打動康熙。

其實，康熙廢太子之前一直頗為欣賞胤禩，在廢除太子胤礽的第四天，就命他署理內務府總管事。內務府是管理清皇室內部事務的機構，每當發生重大事務時，皇帝常派兒子或者兄弟管理內務府事務。現在出現廢太子大事，康熙任用胤禩，可見對他的重視和信任，也希望他能夠把握機會，在政治上有所表現。然而，胤禩做事不實，只圖虛名，為此他犯下了一次致命的錯誤。

內務府前任總管是胤礽乳母的丈夫，名叫凌普，他仗著太子的勢力，貪婪無度，做了很多違法犯禁的事。胤禩掌管內務府後，首先需要處置凌普。本來，他與胤礽勢不兩立，完全可以藉機嚴懲凌普。可他心思極為乖巧，認為這是收買人心的機會，所以反其道而行之，竟然包庇凌普，準備了草結案。不想康熙慧眼明目，一下子看透了胤禩的心思，責備他：「八阿哥到處妄博虛名，凡朕所寬宥及所施恩澤處，俱歸功於已，人皆稱之。」他很擔心，胤禩與胤礽一樣與自己爭人心，奪權力，對他進行了口頭警告。

恰在這時，胤禔又提出張明德相面一事，康熙十分震怒，果斷地處死了張明德，指責胤禩陰謀奪嫡，將其索拿審理。胤禩奪位受到了第一次打擊。

與此同時，康熙嚴厲警告兒子們安分守己，不要藉機邀結人心，樹黨相傾。廢太子一個月後，他勸諭兒子們：「眾阿哥當思朕為君父，朕如何降旨，爾等即如何遵行，始是為臣子之正理。」他感到事態嚴重，還近乎哀求地說，他們爭競不息，自己死後，「必至將朕躬置乾清宮內，爾等束甲相爭耳！」他擔心兒子們為了爭奪權位，會出現五公子停屍爭位的可怕情景。這個典故說的是春秋時期，齊桓公去世後，他的五個兒子為了爭奪王位，在他的靈位前互相傾殺，致使齊桓公屍首停放了60多天，無人為他出殯下葬。

面對康熙的勸諭和哀求，兒子們似乎無動於衷。幾天後，胤祉揭發了胤禔厭勝的陰謀。原來，胤禔迷信巫術，在太子被廢前，他聽說胤祉的下人蒙古喇嘛巴漢格隆會此法術，就把他請來掩埋了十幾處鎮厭物件，打算咒死胤礽，自己繼承儲位。康熙聽說這件事，極為震動，下令圈禁胤禔，並著令朝臣商量重立太子一事。

一開始，大臣們不敢妄議儲君廢立，可是在康熙堅持下，一些活躍分子沉不住氣了，一位叫馬齊的開始聯絡眾臣，他跑到內閣對大學士張玉書說：「眾議欲舉八爺」，要大家保薦胤禩。接著，領侍衛內大臣、理藩院尚書、戶部尚書等人暗中聯結，早朝時，他們在手掌心寫上「八阿哥」三字，給眾臣觀看。朝臣見此局面，相繼推薦胤禩。

在這種風起雲湧的關鍵時刻，胤禛的表現與眾不同。他沒有像胤禔、胤禩那樣急切地渴求儲位，反而比較冷靜。康熙由於廢太子和諸子之爭心神疲憊，生了重病，大臣們虛應了事，忙於擁立新太子，對他的健康不加過問。而皇子們，大多數想著爭儲之事，對父皇的病也是視而不見。康熙傷心之極，不肯看病。胤禛十分著急，勸請父皇就醫：「皇阿瑪聖容清減，不令醫人診視，進用藥餌，徒自勉強耽延，萬國何所依賴。」他略懂藥性，因此又說：「臣等雖不知醫理，願冒死擇醫，令其日加調治。」康熙在刀光劍影的政治鬥爭中體會到了一絲親情，甚感欣慰，接受了他的請求，命他和胤祉等人檢視藥方和用藥，經過一段時間療治，終於恢復了健康。

胤禛在大風大浪面前的表現，為他贏得了父皇讚賞。接下來在廢立太子問題上，他獨特的表現更是令人稱奇。

再廢太子

廢黜太子，引發諸子爭儲，朝政混亂，康熙不得已再立太子。這時，許多人保薦了八阿哥胤禩。而胤禛卻不然，他多次在康熙面前為胤礽陳奏，特別是康熙下旨讓王公大臣保薦太子時，他做為貝勒，也有權投票，他竟然保薦了廢太子胤礽。康熙非常意外，詢問其中原由，胤禛不做回答，只是俯首哭泣。想必他一向尊奉胤礽，眼看著太子被廢以後，父子反目，家國不寧，心中焦慮，才做出這樣的選擇。不管他因何復薦太子，第2年2月康熙果然復立了胤礽。從這一點來看，胤禛心思細密，具有良好的政治敏感性，在諱莫如深的政治鬥爭中能夠保持冷靜的頭腦，善於掌握時機，做出準確的判斷。

太子復立，哄鬧一時的太子之爭暫時安靜下來。為了改善太子和諸兄弟的關係，也為了牽制太子勢力，康熙在復立太子的同時，授爵胤祉、胤禛、胤祺為親王，並一併晉封了其他皇子或者郡王或者貝子。當胤禛聽說從胤禟以下的幾位兄弟授爵貝子時，懇求父皇：「都是一樣的兄弟，他們爵位低，兒臣願意降低自己的世爵，提高他們的爵位，好使我們兄弟相當。」

康熙說：「授爵是根據個人的功勞而定，怎麼可能兄弟相當呢？」話雖這麼說，他心裡對胤禛還是非常滿意，想到這些天來諸子你死我活地競爭，唯有他肯擔當，多次為胤礽陳奏，因此傳諭旨表彰他：「前拘禁胤礽時，並無一人為之陳奏，唯四阿哥性量

《雍正皇帝行樂圖》局部。

過人，深知大義，屢在朕前為之保奏，似此居心行事，洵是偉人。」

胤禛聽了這話，誠惶誠恐地說：「兒臣唯願天下太平，不敢有絲毫私心。皇阿瑪褒嘉之旨，不敢仰承。」他對太子復立一事不敢確定，擔心日後受到牽連，也害怕引起兄弟嫉恨。這麼看來，他對這次政治鬥爭把握得十分恰當，顯示出靈活的政治才能。

10月，康熙賜胤禛雍親王封號。胤禛接受封號時，提出了一個請求，他說：「兒臣已經30歲了，請皇阿瑪將諭旨內『喜怒不定』四字，恩免記載。」多年來，他嚴格要求自己，手書「戒急用忍」四字掛在居所，日夜觀瞻自警，苦磨心性，個性變化很大。康熙聽了，仔細琢磨，說道：「四阿哥朕親撫育，幼年時微覺喜怒不定，至其能體朕意，愛朕之心殷勤懇切，可謂誠孝。十餘年來，實未見四阿哥有『喜怒不定』之處。」因此，特傳諭旨：「此語不必記載！」經過十幾年磨礪，胤禛終於換來今日的改變，得到父皇認可。

再說胤礽，復立太子後，並沒有接受上次被廢的教訓，反而變本加厲地集結黨羽，作威作福，與康熙的關係更加緊張。這樣持續了3年後，康熙忍無可忍，再次廢黜胤礽。進而又一次引發了儲位的爭奪。

這次爭奪，不管從朝臣還是皇子都更加成熟。八爺黨不肯再失良機，加緊謀位活動，而太子黨不肯就此退出，也是想盡辦法爭取復立。時值準噶爾部騷擾哈密事件發生，遭到圈禁的胤礽獲知消息後，希望利用這一機會建立功業，爭取復位。他在太醫為自己的福晉看病時，親自用礬水寫了一封信，讓太醫帶出去交給自己的黨人，讓他們保舉自己為征討大將軍。

礬水寫信，目的就是為了瞞人眼目。可是這件事還是被八爺黨人察覺，他們毫不猶豫地揭發了此事。這就是有名的「礬書案」。康熙命人徹查，粉碎了胤礽復位的陰謀。其後，雖有多位臣子懇請胤礽復位，皆被康熙嚴厲回絕。最終，胤礽喪失了復位的可能，導致康熙末年儲位長久虛空，而皇子之間為了奪位，展開了一次次親情相殘的鬥爭。

在這些鬥爭中，八爺黨的表現最為突出。太子復立之後，胤禩沒有聽從父皇勸誡，放棄奪位，而是繼續網羅人才，製造輿論，擴大影響。湖廣總督滿丕是胤禟的屬人，他送給胤禟2萬兩銀子，用它為十四阿哥胤禵建造花園，密切與胤禵的關係。胤禟富有財產，出手闊綽，收買宮內太監，伺察康熙動靜。他還結交西洋大臣，有位叫穆景遠的被他收買後，竟向時任四川巡撫的年羹堯送禮，對他說：「九爺像貌大有福氣，將來必定要做皇太子，皇上十分看重他。」年羹堯是胤禛的門下，是胤禛推薦的人才，現在八爺黨挖牆角挖到他門下，可見活動範圍之廣。

對於八爺黨的一切活動，康熙了然於心，深惡痛絕。有一次，胤禩生母二周年忌辰時，他出京祭祀，住在京北的湯泉。恰好康熙住在京北的遙亭，可胤禩沒有去請安，只派人送去了一隻將要死的鷹。康熙大怒，氣得心髒病發作，指責他：「不孝不義。」後來，胤禩得了傷寒病，十分嚴重，住在暢春園附近的園子裡。這時胤禛正隨從康熙從熱河回京，途中要經過胤禩的園子。他聽說了這個情況，有意探望胤禩，康熙對他說：「你們回去商量一下，把八阿哥移回他的府中。」

胤禛奉旨後，與兄弟們商議，胤禟憤怒地說：「八哥病得厲害，要是搬回家中，萬一不測，誰能承當？」他擔心胤禩死在路上。

康熙聞知後，竟說胤禩不省人事，如果你們把他移回家中，千萬不要說是我的旨意。皇子們這才明白，康熙轉移胤禩，是為了路過他的園子時，不會碰到不吉祥的事。從這件事中可以看到，他們父子之間情斷義絕，已無癒合可能。這也決定了八爺黨爭儲的失利。

那麼，在他們費盡心思爭儲之時，本書主人公胤禛都在做些什麼？他究竟又是如何獲取康熙信任最終勝出的呢？

第二節 雍親王在爭儲路上

雍親王「過三關」

胤礽第二次被廢，牽動著所有皇子的神經，幾乎每個人都為未來重新做了打算。這一點胤禛也不例外。在激烈的黨爭中，他的門人戴鐸、鄔先生等多次為他獻計，希望他能夠有所作為。眼看著父子反目，兄弟相殘，胤禛一度心緒煩亂，無所適從，多年與佛結緣的他將心思寄托到了佛事上，自稱為「天下第一閒人」，以求心靈慰藉。這段時間內，他不僅輯錄完成了《悅心集》，其中收錄了大量宣傳恬淡和出世思想的文章，還寫了不少表達個人心境的詩詞，有一首這樣寫道：

懶問浮沉事，問娛花柳朝。吳兒調鳳曲，越女按鸞簫。道許山僧訪，基將野叟招。漆園非所慕，適志即逍遙。

山居且喜遠紛華，俯仰乾坤野興賒。千載勳名身外影，百歲榮辱鏡中花。金罇潦倒春將

暮，蕙徑葳蕤日又斜。聞道五湖煙景好，何緣蓑笠釣汀沙。

這首詩讓我們看到，在紛亂的兄弟相爭面前，胤禛不問功名榮辱，唯願與山僧野老為伍，過清心寡慾的生活。他把自己定位為富貴閒人，做出了許多出人意料的事情。

當時，胤禛多次去柏林寺拜佛，與僧侶接觸。在諸位僧人引導下，他產生了隨僧眾坐禪的想法。康熙51年正月二十，在名望很高的迦陵性音禪師主持下，他和數十名僧人一起打七，用了兩枝香的工夫。第二天傍晚，他又來到柏林寺坐禪，三枝香時間後，洞達本來。迦陵性音禪師欣喜地恭賀胤禛：「王爺已徹元微。」胤禛與他交談很久，卻總覺得有什麼不對，因此心懷失望。

一向做事認真的胤禛不肯就此罷休，又去叩問章嘉大師。章嘉大師回答：「若王所見，如針破紙窗，從隙窺天，雖雲見天，然天體廣大，針隙中之見，可謂偏見乎？佛法無邊，當勉進步。」「針隙窺天」是一個抽象的說法，指出胤禛初步參禪，不過剛剛登上了解脫之門，還沒有悟透佛法精妙，沒有達到無有實我的境界。

胤禛聽了這番高論，非常高興。二月十一日，

《雍正皇帝行樂圖》局部。

他在雍親王府集雲堂組織眾人一起坐禪。三天後，他正坐禪，忽然出了一身透汗，感覺異樣，似乎自己和佛祖眾生同一鼻孔出氣。他急忙將自己的感覺告訴章嘉大師，詢問自己到了何種境界。章嘉大師回答：「王今見處，雖進一步，譬猶出庭院中觀天矣。然天體無盡，究未悉見，法體無量，當更加勇猛精進。」「庭院觀天」比起「針隙窺天」又進了一步，說明胤禛已經涉過重關。重關是佛家用語，又稱前後際斷，是指參禪者悟得山河大地，十方虛空，無非空華幻影。

胤禛十分相信章嘉大師的垂示，為了更深入一步，他在第二年正月二十一日，再次在堂中坐禪。這一次，他竟然踏入最後一關，達到了「達三身四智合一之理，物我一如本空之道」的境界。當他將自己的體會告知章嘉大師時，大師對他說：「王得大自在矣。」「大自在」意指境智融通，色空無礙。胤禛歡喜有加，慶快平生。在《歷代禪師後集後序》中，他追述了自己的參究因緣，對已故世的章嘉深懷感念：「章嘉呼圖克圖國師喇嘛，實為朕證明恩師也。」

參佛坐禪，與眾僧講論問難，大大提高了胤禛的佛學理論，有一次，他與京中高僧千佛音禪師講論。千佛音辯不過他，最後說：「王爺解路過於大慧果，貧衲實無計奈何矣。」胤禛還出資修建寺院，他在西山重修大覺寺，派迦陵性音禪師做主持。後來，這個寺成為西山名剎之一。

胤禛一心向佛，種種做法引起很多人注意，也讓他的門人不滿。他們擔心胤禛真的忘卻世俗，不參與競爭，成為一名佛門弟子。為此，戴鐸和鄔先生時時勸他，可他似乎聽不進去，依然故我。實際上，在當時環境下，胤禛的做法是非常成功的。一來可以避免父皇的猜忌，因為康熙多次下令嚴禁皇子結黨營私；二來可以消除兄弟們疑心，使自己免受攻擊。所以，參佛坐禪，成為胤禛保存實力，獲取父皇信任的重要手段。從這件事看來，胤禛在政治上具有敏銳的應變能力，這是他能脫穎而出的基本保障。

那麼，在爭儲路上，胤禛是不是一直一味自保，不求進取呢？他又會在什麼人影響下做出積極作為，確保自己能夠最終勝出呢？

戴鐸獻計，四阿哥繼承大統

面對著異常慘烈的儲位之爭，要想保存自己的實力已經很難，如何勝出更是難上加難。為此，胤禛的門人戴鐸、鄔先生等人多次祕密為其謀劃。他們眼看著胤禛深陷佛事，不求進取，

北京西山大覺寺。

十分著急，特別是胤禛幾次坐禪，使他們心中焦慮。這時，戴鐸終於忍不住了，提出了頗具綱領性的計畫，這就是有名的戴鐸獻計。

康熙52年，戴鐸奉差前往湖廣，臨行前給胤禛留下書信一封，為他提出了明確的奪嫡計畫。他寫道：「處英明之父子也，不露其長，恐其見棄；過露其長，恐其見疑，此其所以為難。處眾多之手足也，此有好竽，彼有好瑟，此有所爭，彼有所勝，此其所以為難。……其諸王阿哥之中，俱當以大度包容，使有才者不為忌，無才者以為靠。」這段話的大意是父親英明，做兒子的就很為難。不露才華，英明的父親瞧不上；過露所長，同樣會引起父親疑忌。所以，對父皇誠孝，適當展露才華才是最好的策略。而兄弟眾多，各有所長，相處起來也不容易，最好的辦法就是與兄弟友愛，大度包容，和睦相待。如果能夠對事對人都平和忍讓，能和則和，能結則結，能忍則忍，能容則容。使有才能的人不忌恨你，沒有才能的人把你當作依靠，這樣就會避開風險，樹立個人的威望和地位。

分析完父皇兄弟的情況後，戴鐸進一步寫道：「至於左右近御之人，俱求主子破格優禮也。一言之譽，未必得福之速，一言之讒，即可伏禍之根。主子敬老尊賢，聲名實所久著，更求刻意留心，……賢聲日久日盛，日盛日彰，臣民之公論誰得而逾之。」這段話提醒胤禛注意與康熙身邊的近臣搞好關係，博取他們的讚譽，彰顯個人聲名。

隨後，戴鐸針對用人、團結人才提出了主張，認為胤禛應當多多豢養門客，栽培黨羽，擴展自己的勢力。

最後他說：「我主子宿根深重，學問淵宏，何事不知，何事不徹……當此緊要之時，誠不容一刻放鬆也！」勸說胤禛趕緊行動，不能再遲疑不決了。

胤禛聽說戴鐸留下書信，就命人取來觀看。他看罷，凝視書信良久不語，心裡想了很多。最終，他在這份有名的書信中寫了一段批語：「語言雖則金石，與我分中無用。我若有此心，斷不如此行履也。況亦大苦之事，避之不能，尚有希圖之舉乎？……汝但為我放心，凡此等居心語言，切不可動，慎之，慎之。」他承認了戴鐸的建議是「金石之言」，但是他深知爭儲的艱難，也清楚目前局勢的危險，因此叮囑他不要妄議此事，並一再聲明自己沒有奪嫡之心。

儘管胤禛一再表明自己無望大位之心，但是他還是聽從了戴鐸的建議，開始了有計畫有步驟的爭儲之路。對他來說，誠孝父皇，友愛兄弟都很容易，多年來，他一直尊奉這條為人處事原則，早就得到康熙多次誇獎。至於聯絡百官、培植人才，他也有一定基礎，不過他接受了胤禩的教訓，從不顯山露水，而是默默地結交有用人才。所以，他的身邊人才雖不多，居於要職的也有限，卻各具特色，像年羹堯是川陝總督、隆科多是步軍統領等。這兩個握有實權的人物至關重要，是日後胤禛順利登基的保障。

在胤禛結交人才的過程中，有個人的故事非常特別。此人名叫鄂爾泰，鑲藍旗人，西林覺羅氏，字毅庵。康熙38年進士，官運不暢，初為侍衛，康熙55年，才做了內務府員外郎。為此他常常鬱悶，曾經作詩自嘆：「攬鏡人未老，開門草未生。」抒發自己不得志的心懷。

胤禛聽說鄂爾泰很有才能，有心與他交往。有一次，胤禛到內務府辦事，恰好鄂爾泰當差，胤禛要他為自己辦事。可是鄂爾泰卻不領情，拒絕道：「王爺宜毓德春華，不可交結外臣。」戴鐸聽說這件事後，覺得鄂爾泰不識抬舉，建議胤禛尋找機會報復他。胤禛卻說：「他不過區區郎官，勇於拒絕皇子，守法甚堅，可見是忠誠之人。」他不但沒有報復鄂爾泰，在登基後即刻召見他，委派任江蘇布政使。鄂爾泰在辦差過程中顯示出過人的才幹，得到一步步提拔，先後出任雲貴、陝甘總督，經略軍務，推行改土歸流政策，成為胤禛的左膀右臂，十年內召為保和殿大學士、軍機大臣，授一等伯。是雍正朝最重要的大臣之一。

胤禛外弛內張，表面上參佛修道，誠孝父皇，友愛兄弟，內地裡結交人才，暗蓄勢力，很快形成了以他為核心的一個小集團。在這個過程中，康熙對他委派的任務逐漸增多，顯示出對他的信任和重用。

康熙54年，西北軍事發生，康熙召見胤禛、胤祉，征求他們的意見。這次戰事是準噶爾部策旺阿拉布坦挑起的。自從噶爾丹被剿滅後，他成為準噶爾部汗王，開始擴展領土，不斷騷擾與大清搭界的地區。這年，他率眾佔領哈密，並打算南下西藏，虎視拉薩。胤禛聞聽這個消息，當即表示：「兒臣以為，當初剿滅噶爾丹時就該一併掃除策旺阿拉布坦勢力。現在他膽敢騷擾邊疆，自然應該用兵，以彰天討。」

準噶爾部落圖。

當時，各皇子競爭激烈，都把參與用兵當作提升地位的手段。前面說過的礬水案，就是此時發生的。康熙征詢胤禛的意見，顯示出對他的看重。同時，胤禛積極主張用兵，也表明他對這件事的態度。

康熙56年，明陵發生盜竊案，康熙命胤祉、胤禛前去查處，並讓他們到各陵寢祭奠。同年，皇太后去世，又是胤祉和胤禛承奉康熙旨意，轉達有關衙門和官員執行。第二年，皇太后梓宮安放地宮，康熙生病，特命胤禛去陵前讀文告祭。到了康熙60年，康熙登極大慶，典禮中最為重要的是往盛京三陵大祭，此時康熙年邁，不能親往，於是派胤禛帶領十二阿哥胤祹、世子弘晟前往致祭。到了這年三月十八日萬壽節，胤禛受命祭祀太廟後殿。冬至節，胤禛遵命在圜丘祭天。我們在前面說過，祭祀和兵戎是國家大事，胤禛參與軍事討論，多次祭祀，甚至代替父皇祭祀，體現出他在兄弟們之中獨特的地位。

不但如此，胤禛還處理了許多具體事務。康熙60年，發生了會試中由於主考不公，造成士子們匯聚副主考門前哄鬧的事。康熙命令胤禛和胤祉會同大學士王頊齡、戶部尚書王鴻緒複查試卷，調查此事。到了第二年，通州糧倉、北京糧倉發放中出現很多弊病，康熙又命胤禛帶領官員查勘。胤禛十分嚴肅地處理了這件事，不但盤查了糧存出納情況，查處了部分貪污官員，還嚴格了出納制度，增建倉廩，厲行官員獎懲制度。為此，他作詩紀念，詩中說道：「倉儲關國計，欣驗歲時豐。」表明他對社稷蒼生的殷殷關注之情。

在這個過程中，胤禛不忘孝敬父皇，父子之間的感情始終不錯。他眼見父皇為了廢立儲君之事勞神傷情，天倫之樂大減，常常心感不安，為此，他除了侍奉父皇左右，體貼關懷外，還多次請他到自己的園林遊玩，以享人間天倫，解心頭鬱悶。胤禛的園林就是著名的圓明園。「圓明」二字是康熙所賜，意思是「圓而入神，君子之時中；旺而普照，達人之睿智也」。胤禛非常重視這兩個字，認為這是父皇要求自己從政時，要符合時宜，既不寬縱廢弛，也不嚴刻病民。據《清聖祖實錄》記載，

圓明園圖。「圓明」是雍正皇帝自皇子時期一直使用的佛號，雍正皇帝崇信佛教，號「圓明居士」，並對佛法有很深的研究。

康熙先後臨幸圓明園11次，在這裡，他見到了胤禛的兒子弘曆，十分喜歡他，把他帶回宮中養育。弘曆就是後來的乾隆皇帝。康熙珍惜與胤禛一家的親情，書寫「五福堂」匾額賜給他。

所有的情況都在表明，胤禛透過努力，在康熙晚年獲得了父皇的極大重視和信任。不過，此時的康熙接受兩廢太子的教訓，一直不肯再立儲君。也就在這種情況下，迎來了康熙61年的冬至節。這天是十一月初九，早在兩天前，康熙從南苑打獵回到暢春園，即感身體不暢，於是命胤禛代行祭天大禮。祭天期間，胤禛每天派遣護衛、太監到暢春園問安，到了十三日，康熙病重，急忙召見胤禛。晚上七點多鐘，一代聖君康熙闔然長逝。他死後，虛懸多年的國本問題不得不解決了。步軍統領隆科多宣布遺詔，胤禛繼承大統。進而開始了一個新的帝王統治時期。

雍正皇帝的朝服像。

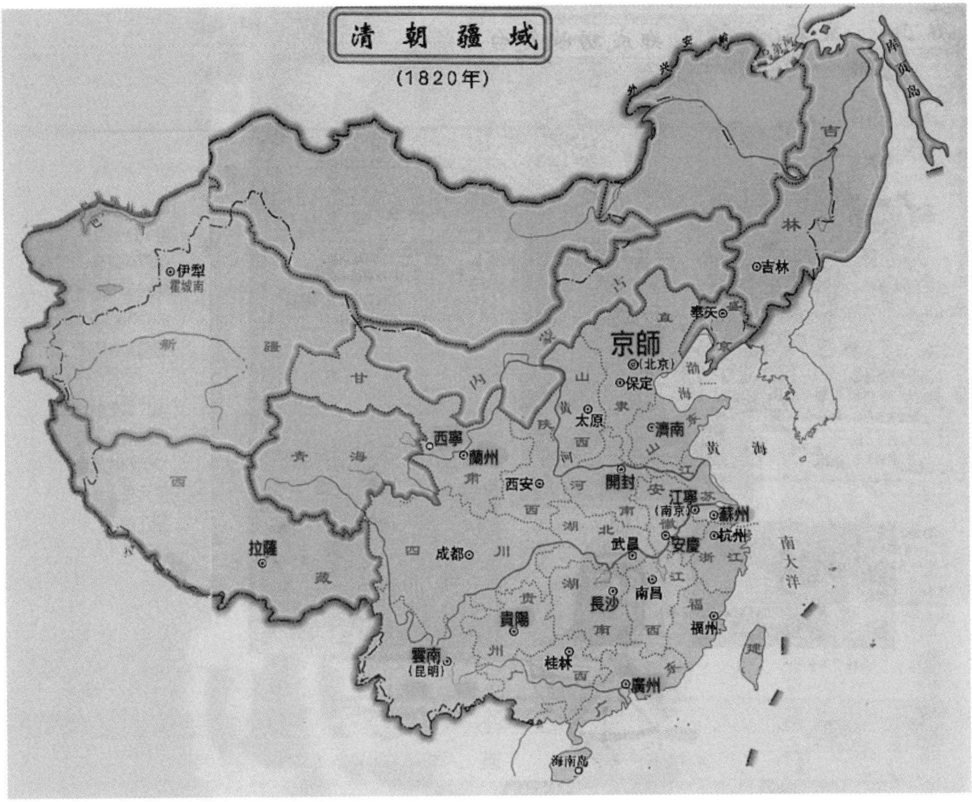
清朝疆域
(1820年)
伊犁
吉林
奉天
京師
(北京)
保定
太原
濟南
西寧
蘭州
西安
開封
江寧
(南京)
蘇州
杭州
安慶
武昌
拉薩
成都
南昌
長沙
貴陽
福州
雲南
(昆明)
桂林
廣州
海南島
黃海
南大洋

清朝疆域圖

雍正　大事年表

西元1678年（清康熙十七年），出生。

10月30日，愛新覺羅胤禛出生，為康熙帝第四子，母烏雅氏，孝恭仁皇后，時為宮女，次年受封德嬪。

西元1683年（清康熙二十二年），6歲。

跟從侍講學士顧八代學習，直至康熙三十七年。

西元1686年（清康熙二十五年），9歲。

康熙巡行塞外，胤禛隨行，同往的皇子有胤礽、胤禔、胤祉。

西元1691年（清康熙三十年），14歲。

胤禛奉父命同內大臣費揚古女那拉氏結婚，那拉氏為孝敬憲皇后。

西元1696年（清康熙三十五年），19歲。

康熙親征噶爾丹，諸皇子從征，胤禛掌正紅旗大營。

西元1698年（清康熙三十七年），21歲。

康熙授諸子世爵，胤禛為貝勒。

西元1699年（清康熙三十八年），22歲。

康熙為諸皇子建府，胤禛府邸在其中，為日後的雍和宮。

西元1703年（清康熙四十二年），26歲。

康熙南巡，至江寧、蘇州、杭州，胤禛及胤礽、胤祥隨行。

西元1709年（清康熙四十八年），32歲。

胤禛受賜王爵號雍親王，受賜圓明園。

西元1711年（清康熙五十年），34歲。

胤禛第四子弘曆出生。愛新覺羅弘曆就是後來將清朝的康乾盛世推向頂峰，同時又親手將它帶向低谷的乾隆皇帝。

西元1722年（清康熙六十一年），45歲。

3月，康熙帝命皇四子胤禛邸園飲酒賞花，並將其子弘曆養育宮中。

10月，雍親王胤禛等視察倉儲。

11月13日，康熙帝卒於北京暢春園清溪書屋。遺詔皇四子胤禛繼位，是謂雍正帝。遺詔真偽，引發繼位之謎。

西元1723年（清雍正元年），46歲。

7月，改國語固山額真為固山昂邦，伊都額真為伊都章京。頒行《孝經衍義》。命隆科多、王頊監修《明史》，徐元夢、張廷玉為總裁。

8月，召王大臣九卿面諭之曰：「建儲一事，理宜夙定。去年之事，倉卒之間，一言而定。聖祖神聖，非朕所及。今朕親寫密封，緘置錦匣，藏於正大光明匾額之後，諸卿其識之。」此為所定祕密立儲制度。上大行皇后謚號為孝恭皇后。採納直隸巡撫李維鈞的建議，推行「攤丁入畝」政策。

青海厄魯特羅布藏丹津叛亂，命年羹堯為撫遠大將軍討之。

西元1724年（清雍正二年），47歲。

1月，命岳鍾琪為奮威將軍，專征青海。

6月，以青海平定，勒石於太學。

西元1725年（清雍正三年），48歲。

3月，因年羹堯表賀日月合璧，五星聯珠，將「朝乾夕惕」誤寫為「夕陽朝乾」而受訓斥。以怡親王胤祥總理事務謹慎忠誠，賞胤祥在其諸子中指名請封一人為郡王。

4月，調年羹堯為杭州將軍。

6月，削年羹堯太保之職。

8月，削隆科多太保，命往阿蘭山修城。罷黜年羹堯為閒散旗員。雍正帝駐圓明園，加怡親王胤祥俸，果親王胤禮護衛。賜怡親王胤祥「忠敬誠直勤慎廉明」榜。

12月，下旨將年羹堯賜死，其子年富立斬，餘子充軍，免其父兄連坐。開始編撰《大清律集解》和《大清律曆增修統纂集成》。

西元1726年（清雍正四年），49歲。

是年定太監官銜，正四品總管為宮殿監督領侍銜，從四品副總管為宮殿監正侍銜，六品副總管為宮殿監副侍銜，七品首領為執守侍銜，八品首領為侍監銜。

罷江寧織造曹頫，查封家產。

從雲貴總督鄂爾泰上書建議，在西南地區實行改土歸流。

西元1727年（清雍正五年），50歲。

8月，定《恰克圖互市界約》，置辦理俄事大臣。

9月與俄簽訂《布連斯奇界約》，劃定中俄中段邊界。

定官員頂戴之制。

是年設立駐藏大臣制度。

西元1728年（清雍正六年），51歲。

12月，《大清律集解附例》成。

是年定皇后千秋節，王公百官咸蟒袍補服，但不向皇后行禮。

張熙赴陝投書，策動川陝總督岳鍾琪反清。

下詔宗室諸王停止兼管旗下事務。

西元1729年（清雍正七年），52歲。

3月，命傅爾丹、岳鍾琪率軍從北、西兩路征討噶爾丹。

5月，岳鍾琪上書言有湖南人張熙投遞逆書，策其謀反。訊由其師曾靜所為。命提曾靜、張熙至京。九卿會審，曾靜供因讀已故呂留良所著書，陷溺狂悖。至是，明詔斥責呂留良，並令中外臣工議罪。

是年刊刻《大義覺迷錄》，頒發各州縣學。

西元1730年（清雍正八年），53歲。

3月，頒行聖祖御纂《書經傳說》，雍正帝制序文。因諸阿哥已漸長大，且居宮中，嚴禁各處太監趨奉阿哥，並不許向各阿哥處往來行走。

4月，更定大學士為一品，左都御史為從一品。

5月，怡親王胤祥逝，雍正帝親臨其喪，諡曰「賢」，配享太廟。詔令怡親王名仍書原「胤」祥。

6月，賜怡賢親王「忠敬誠直勤慎廉明」八字加於諡上。定太監四品至八品不分正從。

10月，再定百官帽頂，一品加珊瑚頂……直至九品各不相同。

西元1731年（清雍正九年），54歲。

6月，清軍設伏擊敗噶爾丹策零叛亂。

12月，《聖祖實錄》、《聖祖聖訓》告成。

西元1732年（清雍正十年），55歲。

6月，清軍於光顯寺徹底擊敗噶爾丹策零叛亂。

12月，治呂留良罪，命將呂留良、嚴鴻逵、呂葆中俱開棺戮屍，斬呂毅中。賜皇四子弘曆長春居士號，皇五子弘晝旭日居士號。

西元1733年（清雍正十一年），56歲。

2月，封皇四子弘曆為寶親王，皇五子弘晝和親王，貝勒弘春為泰郡王。

4月，舉博學弘詞。

5月，續修《會典》成。

西元1734年（清雍正十二年），57歲。

4月，禁廣東進象牙席，並禁止民間使用。

5月，命弘曆、弘晝入值辦理苗疆事務。

7月，命果親王胤禮經理達賴喇嘛駐藏，並至直隸、山西、陝西、四川閱兵。

10月，敕續修《皇清文穎》。

西元1735年（清雍正十三年）58歲。

3月，雍正帝親耕耤田。詔曰：「地方編立保甲，必須俯順輿情，徐為勸導。若過於嚴急，則善良受累矣。為政以得人為要，不得其人，雖良法美意，徒美觀聽，於民無濟也。」

4月，《聖祖文集》刊成，頒賜廷臣。

5月，命果親王、皇四子、皇五子、大學士鄂爾泰、張廷玉等辦苗疆事務。

8月，雍正帝於圓明園病危，詔莊親王胤祿、果親王胤禮、大學士鄂爾泰、張廷玉，領侍衛內大臣豐盛額、訥親，內大臣戶部侍郎海望入內受命，宣旨傳位皇四子寶親王弘曆。奉大行皇帝遺命，以胤祿、胤禮、鄂爾泰、張廷玉輔政。以遺命尊奉弘曆生母熹貴妃鈕祜祿氏為皇太后。奉皇太后懿旨，冊立弘曆嫡福晉富察氏為皇后。

9月3日，弘曆即位於太和殿，以明年為乾隆元年。嚴禁太監傳播宮內外消息，驅逐內廷行走僧人及煉丹道士。大行皇帝梓宮奉安於雍和宮。

11月，上雍正帝諡號為敬天昌運建中表正文武英明寬仁信毅睿聖大孝誠憲皇帝，廟號世宗。

國家圖書館出版品預行編目資料

少年雍正／南宮不凡著.
－－第一版－－臺北市：宇河文化 出版；
紅螞蟻圖書發行，2009.10
面 ； 公分－－(Monarch ；9)
ISBN 978-957-659-737-4（精裝）

1.清世宗 2.傳記 3.歷史故事

627.3 98017851

Monarch 9

少年雍正

作　　者／南宮不凡
美術構成／Chris' office
校　　對／鍾佳穎、楊安妮、朱慧蒨
發 行 人／賴秀珍
總 編 輯／何南輝
出　　版／宇河文化出版有限公司
發　　行／紅螞蟻圖書有限公司
地　　址／台北市內湖區舊宗路二段121巷19號(紅螞蟻資訊大樓)
網　　站／www.e-redant.com
郵撥帳號／1604621-1 紅螞蟻圖書有限公司
電　　話／(02)2795-3656（代表號）
傳　　真／(02)2795-4100
登 記 證／局版北市業字第1446號
法律顧問／許晏賓律師
印 刷 廠／卡樂彩色製版印刷有限公司
出版日期／2009年10月 第一版第一刷
2018年 2月 第二刷

定價 299 元 港幣 100 元

ISBN 978-957-659-737-4 Printed in Taiwan